总　编　辑　张　立　张　欣
副总编辑　鲍　平　郭华省　张家英
编　　辑　王　雁

交通即沟通

中国交通广播的社会价值
对浙江电台交通之声的典型研究

吴红雨 徐 敏 邵志择⊙著

Jiaotong as Communication
Social Values of Jiaotong Broadcasting in China:
A Case Study of Voice of Jiaotong at Zhejiang Radio Station

ZHEJIANG UNIVERSITY PRESS
浙江大学出版社

图书在版编目（CIP）数据

交通即沟通：中国交通广播的社会价值 / 吴红雨，
徐敏，邵志择著. —杭州：浙江大学出版社，2016.10
ISBN 978-7-308-11607-7

Ⅰ．①交… Ⅱ．①吴…②徐…③邵… Ⅲ．①广播电
台－广播工作－研究－中国 Ⅳ．①G229.24

中国版本图书馆 CIP 数据核字（2013）第 115056 号

交通即沟通：中国交通广播的社会价值

吴红雨　　徐　敏　　邵志择　著

责任编辑	徐　婵	
责任校对	张一弛	
出版发行	浙江大学出版社	
	（杭州市天目山路 148 号　邮政编码 310007）	
	（网址：http://www.zjupress.com）	
排　　版	杭州中大图文设计有限公司	
印　　刷	浙江省良渚印刷厂	
开　　本	710mm×1000mm　1/16	
印　　张	20	
字　　数	328 千	
版 印 次	2016 年 10 月第 1 版　2016 年 10 月第 1 次印刷	
书　　号	ISBN 978-7-308-11607-7	
定　　价	46.00 元	

代序 信风扬帆方致远

当前的时代,是一个深刻嬗变的时代;今天的媒体,也正经历着一场空前激烈的变革。在这个深度融合、激越竞合的新媒体时代,用一本书的篇幅,从"交通即沟通"的角度,对国内交通广播发展历程进行梳理、剖析和探讨,有什么样的意义? 我想,其根本,就是见微知著、投石问路,以此探研传统媒体如何更好地认识和运用规律,如何更好地把握和实践机遇,从而激发广电人的干劲和勇气,整装行囊再出发,转型升级促发展。

规律是事物发展过程中内在的、本质的、必然的联系。互联网时代,流行一个热词叫"风口"。什么是"风口"? 从某种意义上来说,就是对规律的认识探索和对机遇的认知把握,它可以是"顺风而呼,闻者彰"的顺势,也可以是"好风凭借力,送我上青云"的趁势,又可以"忽如一夜春风来,千树万树梨花开"的借势。可以说,寻找到"风口",把握到规律,干事创业就有了"指南针",亦就能找到竞争制胜的"金钥匙"。当然,寻找发展的"风口",不可能是简简单单的一蹴而就,而需要下力气去摸索钻研,讲究一种"因势而谋"的洞察,"应势而动"的敏锐,以及"顺势而为"的智慧。

纵观百年广播波澜起伏的发展历程,其每一次跨越新生,都伴随着对发展规律和"风口"机遇的精准探寻。1920 年,世界上第一个广播电台在美国匹兹堡正式开播,"电与声"的碰撞,实现了"播与听"的可能,广播迅速成为风靡世界的传播新媒介,广播发展的第一个"风口"开启。而在中国人的集体记忆中,它不仅是开国大典上向世界庄严宣告"中国人民从此站起来了"的"话匣子",也是村口田间、工厂学校传播大事小情的"大喇叭";不仅是生产生活中一物难求的"稀罕玩意",也是婚庆嫁娶中宜室宜家的"三转一响",其传播作用和生活意义重要且深远。到了 20 世纪 90 年代,随着电视的普及发展,广播面临着影响力日渐衰退的尴尬境地。彼时,令广播绝处逢生的"风口"是"车轮子",一些具有敏锐眼光的广播人率先转型,交通广播应运而生。当城市里车轮滚滚向前,广播在"疑无路"的时候,迎来了发展的"又一村"。交通广播的出现,可以说是广播发展历程中的"二次革命",是改变命运转折的又一"风口"。其后,全国各地交通广播遍地开花,"万紫千红春满园",时至今日,依然兴盛未艾。

找到"风口"不容易,找到"风口"后迎风飞扬更不简单。如果只是一味被动"等风来",等来的或许不是"清风徐徐",而是竞争漩涡中的"疾风骤雨"。俗话说,"人间万事出艰辛"。回顾浙江交通之声18年的发展进程,犹记得办台之初几次被叫停,几次又倔强站起来的坚持;犹记得频道全体人员穷尽一切办法找出路,蹬着自行车给汽车报路况的坚毅;犹记得新人到岗要先去最艰苦的岗位锻炼,以"大石夯土"来"治军练兵"的坚韧。"千淘万漉虽辛苦,吹尽狂沙始到金。"浙江交通之声由此从无到有、从小到大,从白手起家到定位成型,从区域龙头到"全国前三",创造了"浙江首家亿元广播"等优良业绩。期间,一路风尘,一路拼搏,一路豪情,唱响砥砺前行、乘风而上的"奋斗曲"。

如今,我们正进入一个大数据、高智能、云技术的新媒体时代,新媒体在深刻改变整个世界的同时,也在加快重构广大受众的需求结构和广播电视的传播生态。在媒体融合上,国内不少广播电台正在先行先试,比如浙江交通之声,成立新媒体部,开通微信公众号,目前粉丝超过百万,微信推送的影响力在全国媒体公众号中位列三甲,民生榜排名第一。从目前情况看,广播电视发展新媒体,没有现成模式,没有既定范本,未知远大于已知,一切都在探索之中。但毋庸置疑,与移动互联相加相融,将是广播媒体转型变革、焕发新姿的下一个极其重要的"风口"。

"浩渺行无极,扬帆但信风。"站在新的时代"风口",广播迎来了前所未有的发展机遇,也面临着前所未有的竞争压力。风生水起,才知天高云淡;沧海横流,方显英雄本色。我们深知,只有胸怀凌云之志,勇尽担当之责,把握规律、顺时应势、加快融合,不断提高传播力、引导力、影响力、公信力,才能推动广播事业实现又好又快发展,才能为满足和引领人民群众精神文化需求作出新的更大努力。

是为序。

王同元

2016.6

目 录
Contents

导　论

一、交通与沟通的同源性

（一）传播（沟通）

"传播"是一个古老而流动的概念，它在历史进程中经历了曲折的演化过程，急需在当今传媒时代被重新审视和界定。

在中国古代的文献典籍中，有大量与"传播"相近或相似的词汇，如"传"、"播"、"布"、"扬"、"宣"等等。然而，作为英语 communication 的对译词，"传播"则是一个不折不扣的现代概念。这里，我们主要以 communication 的词义为切入口，剖析现代意义上的"传播"对城市交通的影响和塑造。

据考证，communication 的最早词源来自拉丁语 communis 和 communicatio，14 世纪在英文中写作 comynycacion，15 世纪后逐步演变成现代词形。① 而其含义也从 14 世纪产生之初的"聚会的方式"，嬗变为 16 世纪的"被传递的信息"。②

17 世纪末，communication 的词义又迎来了一次革命性的突破。由于工业技术的飞速发展，communication 作为"工具性、技术性的承载与运输"的抽象名词，被广泛应用于"公路、铁路、运河"以及后来的"通信工具"。③ 至此，communication 的词义与现代化过程中的"交通"融合在了一起。

---

① 郭庆光.传播学教程[M].中国人民大学出版社,1999:2.

② 克琳娜·库蕾.古希腊的交流[M].邓丽丹,译.桂林:广西师范大学出版社,2005:1.

③ WILLIAMS R. *Keywords*: *A Vocabulary of Culture and Society*[M]. Oxford: Oxford University Press,1985:73.

特别是 20 世纪以来,以广播、电视为代表的大众传播媒介蓬勃发展,这极大地固化了 communication 与其引申义"传播媒介"之间的对应关系。也就是说,将 communication 主要解释为大众媒介领域的活动,特别是传递信息的活动,不过是近一百年的事情。

如果我们给"传播"意义的生成与变化画一张简单的示意图,或许能更清楚地描述这一概念的成长与发展(见图 0-1)。

图 0-1　communication 词义的演化过程

因此,communication 在学理上已经被固化为与大众媒介及其活动相关,以及研究这一活动规律的学科。但在实际应用中,它的外延远不止这些。

(二)交通

在汉语中,"交"与"通"连用合成"交通"一词至少可以追溯到春秋战国时期,其词义直接来源于"交"与"通"两个词素的联合,"交"即相互、交错,"通"即沟通、通达。所以,交通的基本词义是相互沟通、往来通达。当然,它在具体的语境中其含义又稍有不同。《管子·度地》中"山川涵落,天气下,地气上,万物交通"意为相互作用;《史记·魏其武安侯列传》形容灌夫"诸所与交通,无非豪杰大猾",表示交友往来;韩愈说他和李白、杜甫之间"精诚忽交通",则突出彼此间精神世界的心心相印;而陶渊明所著的《桃花源记》中所写"阡陌交通,鸡犬相闻",最早将交通指代道路,可以理解为纵横交错、往来通达,与现代意义最为相近。[①] 目前,根据《辞海》的释义,"交通"是指"各种运输和邮电通信的总称",即人或事物的转运输送,以及语言、图文等信息的传送。

因此,从上述解释中,我们可以总结出"交通"概念的基本含义包括:(1)相互关系;(2)交友往来;(3)精神沟通;(4)道路交通。中国古人对"交通"的阐释几乎完全囊括了今天我们所说的"传播"的含义,并触及了"传播"的精髓——互动与沟通。"交通"是一个在内涵上更广于"传播"的概念。

---

① 《交通社会学》研究课题组. 交通的内涵和社会意义[J]. 武汉交通科技大学学报(社会科学版),1999(1):22-26.

我们再来看,在英语中,有两个单词与"交通"相对应,均含有往来、运输、通信等意义。一是 communication,其用法较为正式,侧重于广义的交通,指人员、物质及音讯在其主体间的位置变换。西方各国政府的交通部统一写作 Ministry of Communication,一般具有掌管运输(transportation)和邮电(post and tele-communication)两部分交通行政事务的职能。二是 traffic,它的用法更为随意,主要指车来人往,尤其是汽车和行人在道路上行进,属于狭义的交通。[①]

总的来说,不论是作为字面概念,还是物质实体,交通都已经与人类生活基本需求"衣食住行"中的"行"不可分割,是人与人之间相互沟通的行为方式和先决条件。

(三)沟通与交通的"交集"

纵观"传播"与 communication 的词义变化史,我们可以大致归纳出"交通"、"通信"、"会话"、"交流"、"沟通"、"传递"、"参与"等不下数十种意思。更有甚者,美国的传播学者通力合作,于 1976 年出版了《人类传播功能》一书,该书搜集和罗列了关于 communication 的 126 种各不相同的定义。但值得注意的是,在当前国内的传播学语境中,communication 被约定俗成地翻译为"传播",这是存在着一定问题和缺陷的。因为"传播"在汉语中多用以形容单向度、"一对多"、"传者主导"的信息传递模式,而 communication 本身却具有双向交流的含义,理应赋予其更多有关"分享"、"交流"、"互动"的内涵。而从这一点上来讲,"交通"更有互动与双向沟通的特征。

1.传播行为与城邦文明

追溯传播意义的生成和变化,我们不妨从回顾西方文明的起源古希腊开始。古希腊城邦时期,尚未形成"传播"的概念,但传播行为本身与整个城邦文明紧紧相连、彼此交融。语言、文字、话语的口语传播,广场、圣殿、剧场、体育学校中的公共交往,阅读、书写、公共碑文的文字交流,甚至公路、海路构成的城邦间交通,交融在一起,共同构筑了古希腊的城邦文明。[②] 可以说,传播构成了雅典文明的基础,交流是古希腊人生活的中心。

———————————

① 《交通社会学》研究课题组.交通的内涵和社会意义[J].武汉交通科技大学学报(社会科学版),1999(1):22-26.

② 克琳娜·库蕾.古希腊的交流[M].邓丽丹,译.桂林:广西师范大学出版社,2005:1.

然而，近一个世纪以来，大众媒介的急速膨胀不仅使人们加速背离"原始"的人际交流方式，而且使得传播学领域对于传播及媒介的理解越来越多地落在文字、影像方式的信息传递上，将口语传播意涵的众多面向之一——仅仅是之一的信息传递加以突显，削弱、窄化了传播的内涵。[①]

2. 传播行为与城市空间

传播内涵的狭义化还体现在传播含义对空间维度的忽视上，尤其是网络等新媒体的勃兴，导致人们对传播意义的理解集中在跨空间的远距离信息传递上，生活空间所构筑的交流关系及其意义几乎被人遗忘。事实上，传播的媒介和交流的工具并不局限于我们所熟知的大众媒介，实体空间也是传递信息、表征形象的媒介。例如，在城市空间中，以广场、街道、建筑物等为代表的物质实体，不但为城市居民的日常生活提供了社会交往的现实平台，而且构筑起了城市的集体记忆和文化象征。这种嵌入生活情境的实体媒介，对于城市运作和对外宣传具有不可或缺的重大意义。如上海外滩，既是上海的城市地标景观，又是一个多种媒介形态交融的城市空间，展示了一种人与自然、人与人之间的关系，在整合了虚拟和实体的多种媒介元素后，渐渐地成长为一个建构与传播上海现代性的媒介，昭示着传播的意义。[②]

3. 交通媒体重拾"communication"的本意

一个城市的交通媒介，除了突出传递有效实用的信息之外，在传播过程中还特别强调以下两点：其一，对传播方式的关注，交通媒体已从过多聚焦大众传播重新回归到对人际传播、群体传播的兼顾，体现人与人之间的关系建构，重拾社团、社区等社会关系对公民参与和公民意识的价值；其二，重视对城市文明以及城市空间的塑造和传播，强调城市中人们的行为本身对城市可沟通性达成的重要性，同时也注意到城市景观、空间布局对于城市公共交往的意义。

二、汽车社会中的城市沟通

（一）中国汽车社会的现状

"汽车社会"（Auto Society）的用法起源于日语"车社会"，最早用以指代 20

---

①　孙玮.作为媒介的城市：传播意义再阐释[J].新闻大学，2012(2)：41-47.

②　孙玮.作为媒介的外滩：上海现代性的发生与成长[J].新闻大学，2011(4)：67-77.

世纪六七十年代日本由于汽车迅速普及所形成的新的社会形态。目前,该术语是指社会工业和经济发展到一定阶段,特别是私家车大规模进入家庭后所引发的人际关系变化、社会节奏加快、城市交通拥堵等一系列社会现象。按照国际惯例,每百户居民汽车拥有量达到 20 辆以上,标志着该国正式步入汽车社会。根据国务院发展研究中心的调研数据显示,一个国家一般在拥有汽车的家庭达到 10%～20% 时开始进入汽车社会。

依据上述硬性指标,NTI(新势整合传播机构)汽车研究在 2010 年北京车展上发布《2009 中国汽车社会蓝皮书》,建议把 2009 年设定为"中国汽车社会元年"。该报告主要从以下三方面加以论述[①]:

1. 宏观层面:中国已经具备进入汽车社会的宏观经济条件

2009 年 10 月,中国第 1000 万辆汽车下线,标志着中国成为继美国和日本之后第三个汽车年产量超千万辆的国家,中国的汽车工业迎来成熟发展期。同时,中国汽车的销售市场完全没有受到国际经济危机的影响,其销售量超过1300 万辆,年增幅达 45%。其中,私人购车比例逐年上升,私家车保有量也呈现快速增长态势。这些都说明,中国汽车市场具有旺盛的生命力和无限的增长潜能(见图 0-2)。

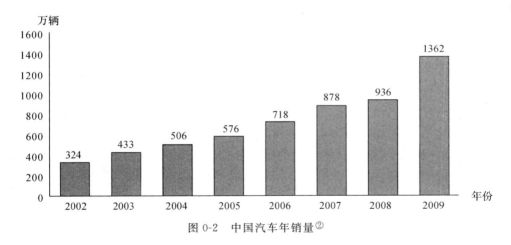

图 0-2　中国汽车年销量[②]

①　2009 中国汽车社会蓝皮书发布[EB/OL].[2010-04-24].http://auto.ifeng.com/news/comprehensive/20100424/283118.shtml.

②　数据来源:《中国统计年鉴》,2009 年数据为 NTI(新势整合传播机构)预测值.

2.微观层面:百户家庭汽车拥有量达到汽车社会的门槛

随着城市化进程的不断加深,城镇居民人均可支配收入在 2005 年达到 10493 元,首次突破万元大关。城镇居民家庭恩格尔系数①也从 1978 年的 57.5%,下降到 2008 年的 37.9%。这表明,城镇居民的经济水平显著提高,生活条件明显改善,有大量可自由支配的收入。于是,城镇居民对提高生活品质有了更多的向往和追求。以结婚"三大件"为例,从 20 世纪 70 年代的手表、自行车、缝纫机,到 80 年代的冰箱、彩电、洗衣机,再到 90 年代的空调、电脑、录像机,至 21 世纪有了更为直接的表述——房子、车子、票子。从这一历史变迁中,我们不难发现,汽车已经从过去的奢侈品概念,转变为现代人的代步工具。

中国每百户居民家庭汽车拥有量超过 10 辆的数据,是基于全国总体平均水平而言,并未考虑城乡差别。而事实是,在占全国人口总数一半以上的城市人口中,其每百户家庭的汽车拥有量已接近 20 辆。因此,无论是基于国际惯例,还是国内研究成果,在数量上,中国已经进入汽车社会的行列,汽车也真正进入到大众普及的阶段(见图 0-3)。

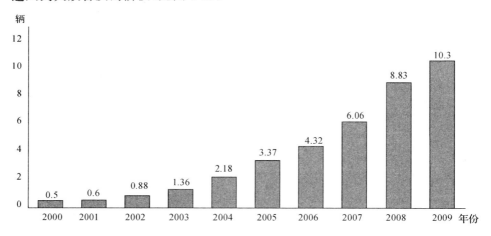

图 0-3 中国每百户居民家庭汽车拥有量变化②

3.社会生活层面:汽车已经成为全民议题

汽车的议题成为社会整体关注的焦点、热点,这是汽车社会形成的重要标志之一。因为汽车不再单纯是交通工具,它还是社会的有机组成部分,是人类

---

① 恩格尔系数(Engel's Coefficient)是食品支出总额占个人消费支出总额的比重.

② 数据来源:国家统计局数据库,2009 年数据为 NTI 预测值.

生存空间的拓展和精神属性的延伸。随着私家车保有量的迅速攀升,汽车与资源、环境、交通之间的矛盾被频频提及,特别是行车难、停车难、油价居高不下等现象已经成为困扰城市居民的梦魇。

以杭州为例,2013年4月2日,杭州主城区迎来了第100万个上牌者,这也意味着杭城的机动车保有量突破100万大关。而2002年时,杭城机动车保有量才12万辆。从12万到100万,杭城机动车保有量只用10年时间就完成了八倍多的增幅,而且还在以每月1万辆左右的增速继续增加。

100万辆车,到底要占用多少道路资源呢?我们可以做一个简单的估算。100万辆车,以每辆4米长计算,即使车头贴着车屁股,也长达4000千米。而杭州主城区目前的道路总长为2100千米,以双向六车道计算,里程数也不过12600千米。[①] 同时,按照杭州主城区的规模,机动车保有量在40万至50万辆之间比较合理,这100万辆远远超过了城市的规划预期。

但这仅是杭州主城区的机动车保有数量,再加上余杭、萧山等地,截至2013年10月,整个大杭州的汽车保有量已经超过252万辆。按870多万人的杭州常住人口数量计算,几乎每3个人就拥有一辆汽车。继北京、上海、广州等全国超一线城市,杭州目前的机动车数量排在全国第八位。

面对如此庞大的汽车群体,杭州直接面临着两大现实困境:道路资源紧张和停车困难。统计数据表明,除了公交车和出租车,每天只有约20%的汽车能在路上行驶,"停"才是城市汽车的运作常态。的确,素有杭州市区交通"风向标"之称的中河高架,目前已经没有平峰和高峰之分,实现了12小时"常态化拥堵"。据交警部门测算,现在中河高架每小时的平均车流量在5000辆上下,平均时速不超过20千米,与其最初设计的2200辆左右的合理车流量相比,高出了一倍多,中河高架想不变露天停车场都难!拥堵已经成为杭州车主心中难以抹去的痛。

同样,根据国际经验,城市汽车保有量与停车位的比例达到1∶1.3,能较好地满足人们的出行需求。但目前,杭州市区仅能提供40万个停车位,远不能与100万辆的机动车保有量相匹配。

被誉为"汽车之父"的德国工程师卡尔·本茨绝不会想到,在他发明汽车仅仅100多年后,人们便开始承受由汽车时代所带来的痛苦。

---

①　徐建国.滚滚车轮啊:杭城迎来第100万辆车[N].钱江晚报,2013-04-03.

（二）"车轮救电台"：中国交通广播勃兴的缘由

20世纪50年代，汽车制造商创造性地将电台接收装置作为汽车的标准配件加以统一安装，这为今日广播开辟了绝佳的契机，广播借助汽车工业的繁荣走上了复兴之路。

在中国，人们用不到20年的时间，整体性、大踏步地迈入了"汽车纪元"，而与之相配套的城市道路规划、城市交通服务等软件设施却没有同步跟上，这直接导致交通拥堵成为中国大中型城市的通病。正如中国科学院研究员牛文元所说："城市病的一个典型例子是交通拥堵。中国最大的15个城市，每天因交通拥堵约损失10亿元。北京上班平均耗时最长，达52分钟。"[1]

伴随着城市交通拥堵而来的，是城市居民极端渴望交通信息的社会现实。受恶劣交通状况的影响，城市人的出行始终处于"博弈"的状态，时刻要考虑避开拥堵，选择最佳线路，但对口职能部门却不能实时发布这些必要的交通资讯。于是，这种信息的匮乏和信息的需求构成了一个事物的正反两面，共同催生出中国交通广播这类专业频率，让它成为向城市人提供交通讯息的好帮手。可以说，交通广播频率的诞生，是机智的媒体人从交通拥堵背后挖掘出的"拥堵经济"和"拥堵市场"。

从中国首家交通广播——上海人民广播电台交通信息台在1991年诞生开始，经过十余年的发展，截至2005年年底，全国31个省、自治区、直辖市中除了西藏之外，全部办有交通广播频率；其中独立的交通频率有23家，复合性交通广播频率7家；在全国27个省会城市电台和五个计划单列市（宁波、厦门、青岛、深圳、大连）电台中，开办交通广播频率的有28家（新疆乌鲁木齐电台开办2个交通频率），其中开办独立的交通广播频率的有17家。[2] 在浙江，11家地市交通广播，至少已有6家呼着"交通之声"的台号；在杭州，可听见的16家电台中，5家广播直接定位汽车、交通广播。[3] 这充分说明交通广播的区域竞争已经进入白热化阶段，"同城竞争，同域竞争"成为中国交通频率的总体市场格局。

---

[1] 余惠敏.《2012中国新型城市化报告》发布，沪京深获前三甲[EB/OL].[2012-11-02].http://finance. people. com. cn/n/2012/1102/c70846-19477425. html.

[2] 邓炘炘，黄京华. 广播频率专业化研究[M]. 北京：中国传媒大学出版社，2006：106.

[3] 张立. 交通之声，继续领跑浙江广播[M]//潘力，杨保林. 困境与出路：新媒介生态下的中国交通广播. 北京：中国传媒大学出版社，2012：92.

2007 年,71 家中国交通广播会员单位共计创造广告收益 17.4 亿元,创历史新高(见图 0-4)。

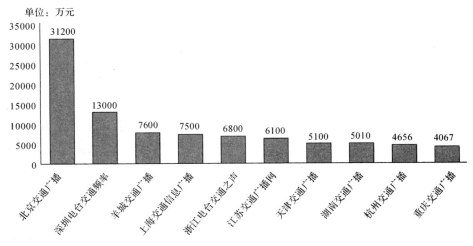

图 0-4　2007 年中国交通广播广告创收前十强①

这些数据不但折射出交通广播巨大的市场空间和广阔的发展前景,而且用事实印证了业界"车轮救电台"的说法并非空穴来风。

三、城市与传播:媒介的沟通作用

城市与传播,自现代性发生之时就相伴相随,有着不可分割的同构关系。② 但事实上,城市的功能和作用多被定义为工业、商业或贸易金融中心,它们作为传播和可沟通环境的角色却始终被忽视。③ 可以说,中国当前极度缺乏对传播媒介与城市发展间同构关系的观照,忽略城市的沟通性、媒介的中介性对城市变迁的重大意义以及对城市人群沟通方式和交流格局的再构建作用。

城市发展已经来到一个三岔路口。在这个历史节点上,我们不得不重新审视以下问题:即城市如何方便人们会面;城市如何促进人们及时交换意见、达成

　① 　数据来源:中国交通广播网.

　② 　陆晔. 城市传播:理论与实践意义[M]//陆晔. 中国传播学评论(第五辑)"交往与沟通:变迁中的城市". 上海:复旦大学出版社,2012:1-4.

　③ 　DRUCKER S J,GUMPERT G. Freedom of Expression in Communicative Cities[J]. *Free Speech Yearbook*,2009:65-84.

　　由此,便引出了两大研究问题:

　　(1)中国交通广播对于塑造城市的可沟通性有何独特的作用和价值? 随着城市化的大举推进,城市规模越来越大,城市人口越来越多,而人与人之间的沟通、交流也变得越来越少、越来越难。这一方面是由于以电视为代表的大众媒介全能性地介入个人生活,让人产生一种虚假的信息满足,认为缺乏人际交往也不造成什么影响;另一方面以网络技术、数字技术为核心创建的赛博空间的流行,看似便于传递信息、交流意见,但这种依附于虚拟空间的"屏幕交流"同样冷漠了人际关系,松弛了情感纽带,违背了沟通交流的初衷。那么,交通广播在信息交流和情感沟通方面能够起到怎样的功能,为创建"可沟通城市"做出怎样的贡献?

　　(2)浙江广电集团交通之声能否作为典型样本说明交通频率对于城市传播的意义? 2012年,浙江城市化率达到63.2%,高出全国平均水平12个百分点,稳居全国各省第三位。同时,2012年,浙江全省生产总值达34606亿元,GDP同比增长8%,人均生产总值首次突破1万美元大关。但紧跟这些辉煌数据而来的,是不容乐观的交通发展状况。截至2012年年底,浙江省汽车保有量为775万辆,杭州主城区汽车保有量也接近100万辆,大大超过合理的机动车保有容量。这些现实因素都极大地增强了浙江人的交通信息需求和城市沟通诉求。而浙江广电集团交通之声正是在这样的社会背景下成长起来的,并迅速占据了"中国广播前三强"的地位,于"2010年成为浙江广播史上首个创收超亿元的广播频率",2013年的广告创收突破2亿元。此外,通过前期访谈,我们的确发现大量事例可以佐证交通广播巨大的城市沟通能力,但这种沟通功能是否呈现为阶段性特征,会否随着城市公共服务体系的完善而弱化? 交通广播的"沟通型媒体"定位是否具有借鉴意义?

四、浙江广电集团交通之声与可沟通城市

(一)"可沟通城市"的理想描绘

芝加哥学派的后起之秀刘易斯·沃斯认为:"从社会学角度看,城市是一个

相对而言大规模的、密集的、由社会性质不同的人长久居住的地区。"①的确,从这个层面加以理解,城市是一个社会结构复杂、充斥着异质性元素的社会集体和实体空间。在这样的时空维度中,多种思想观念、价值体系、文化生态、生活方式相互交叉、相互影响、共同存在,构成了或彼此断裂或彼此并行的亚态生活圈。这些缺乏交集的人群,最终将给现代城市的整体认同感、归属感的形成带来巨大挑战和威胁。

这时,社会沟通成为联结异质群体、达成理解共识的不二法宝。而社会沟通的本质在于任何群体的任何意见或想法都能自由表达、有效交换和妥善协调。

其实,在城市生活中,对他人而言,每一个个体都是一个独立的"他者",但这并不能成为彼此对立、相互敌视的理由。个人作为参与社会整体沟通的一个部件,有权要求得到相应的关切和尊重。通过他(她)的沟通努力,城市共同体产生了合作和理解的基础,一种相互支持与信任的社会氛围开始扩散,从而引发更多城市人之间的共识和互信。

沟通是个人与城市共同体之间的联结纽带,它的社会功能是把个人带入社会,并将社会整体维系在一种可理解的情态当中,以达成最广泛范围内的共识与共享为基础和目的。换言之,通过沟通,形成一定的集体认同和社会整合,是确保城市综合体全面、有效运转的关键所在。

所谓的"可沟通城市"理念脱胎于对上述城市情境的概括。简言之,"可沟通城市"意味着城市结构和实体空间能够促成一个可以将其居民整合进的动态而有活力的整体的传播系统,同时可以使城市居民参与到社会公共生活中去,并为此承担一系列角色。② 而我们之所以特别关注中国交通广播的城市沟通价值,正是基于对"可沟通城市"理想蓝图描绘的憧憬。

(二)浙江广电集团交通之声对"可沟通城市"理念的延展

本着城市沟通的操作理念,在 18 年的发展历程中,交通之声不仅切实践行,构筑起了以音频为依托的城市沟通网络,而且凭借丰富的实战经验积累,拓

---

① HALEBSKY S. *The Sociology of the City* [M]. New York: Charles Scribner's Sons,1973:307.

② 陆晔. 城市传播:理论与实践意义[M]//陆晔. 中国传播学评论(第五辑)"交往与沟通:变迁中的城市". 上海:复旦大学出版社,2012:1-4.

展了"可沟通城市"理论体系的实际内涵,推动着想象中的"可沟通城市"模型的逐步具象化。我们提炼出了交通之声的三大特色——深度的服务意识、多样的公益活动、特殊的频率覆盖——来全面总结其业务实践对"可沟通城市"理念的延展。

1. 服务意识延伸可沟通城市理念

简单地理解,"可沟通城市"是指政府机构、社会组织、公民个体、城市空间等城市结构实体之间具备通畅、无障碍的交往渠道和传播网络。而传播媒介是提供对话服务的绝佳载体,作为信息中介,它联通了所有有沟通需求的城市构成者,打破了彼此孤立无援、沟通无门的窘境。同时,所谓媒体服务性,其字面意思就涵盖了媒体以第三方姿态联结服务享用者和服务提供者的位置,展现出双向互动的城市活力。因此,对城市或是媒介服务功能的强调,都是对城市可沟通性认识的深化,是"可沟通城市"的题中应有之义。

浙江广电集团交通之声管理层从开台之初就试图通过创办交通广播频率来弥补城市服务体系的缺口。因而,其办台宗旨经历了从"报道交通,服务大众"到"动态广播,服务媒体"的转变,但"服务"宗旨始终不变,服务意识已经深深植入每一个交通之声人的大脑中。作为交通之声的创始人,首任总监董传亮详尽定义了"服务媒体"的八大要求:以信息服务为基础;动态服务是根本;以具体的人为服务的关注点,做到点对点服务(适位服务),准确、周到的服务(精细服务)和有实际效果的服务(实用服务);并以开放的思维充分思考服务对公众的延伸意义以及基于现有信息的可延续服务(延伸服务);同时思考通过服务所能达到的引导听众选择正确社会行为,通过节目的倡导形成风气、产生影响的引导服务;创新服务。①

交通台成立之后,人们逐渐认识到服务是媒体的重要功能,甚至在市场环境下,服务功能还能带来经济效益。这是交通之声快速发展之后媒体人的反思和总结。可以说,服务媒体是一个时代的产物,即特定时期的需求成就了服务媒体。②

而在具体业务操作层面,交通之声由线下建立基层社会服务网络和线上全

---

① 董传亮,张立,郭华省.沿着趋势的方向,寻求并创造机会——勇立潮头的浙江广电集团交通之声[M]//潘力,杨保林.困境与出路:新媒介生态下的中国交通广播.北京:中国传媒大学出版社,2012:96.

② 与浙江广电集团副总编辑、浙江广电集团交通之声首任总监董传亮的访谈。

天候播出全方位服务资讯两大部分共同构成。一方面,交通之声主动与省内大大小小1000多个政府职能部门和行业组织机构建立了密切的合作关系,其中包括省应急办、公安厅交管局、交通厅、高速公路交警总队,还有各地水电、煤气、公交、消防,以及全省十一地市的各大出租车公司等等,整体架构起了涵盖市民生活方方面面、角角落落的社会服务网络,使社会组织和社会个体之间的服务往来更加频繁、更加紧密。另一方面,电台立足于广播媒体的机动性和灵活性,致力于打造"服务于交通人生活的新闻资讯台"。①

从全天整半点时刻的路况信息和气象资讯服务,到《93第一财经》的理财金融类服务;从《93车世界》的爱车养护、新车试驾的汽车基础服务,到《有理走天下》、《小崔热线》的交通汽车投诉维权服务;从《丁建刚房产时间》的房产楼市咨询,到《健康最重要》的保健养生知识普及……交通之声不放过任何一个服务领域和服务细节,争取把媒体服务发挥到淋漓尽致。此外,为了便于听众寻求帮助和服务,电台还成立了听众服务中心和全省通用的咨询电话96093,全面汇总听友们的服务需求,并尽力协助解决。

交通之声要做一个有行动力的广播,既能动口也愿动手;要实实在在地为听众服务,跟听众贴在一起,这是我们的宗旨。②

浙江广电集团交通之声在中国交通广播实践上,率先将社会服务、媒体服务、广播服务的理念引入了城市空间,既彻底变革了广播从业者的业务思维,也极大地便捷了社会公众的城市生活,使城市沟通更为顺畅、正面和具象。

2.公益活动塑造可沟通城市形象

西方学者认为,城市形象是通过大众传媒、个人经历、人际传播、记忆以及环境等因素的共同作用而形成的。而城市形象塑造的成败取决于社会对城市形象的认知、城市机会的发现、城市性格的塑造、历史文化的珍视和文化意识的回归等。③ 通俗而言,城市可以通过举行节日庆典、举办博览会和国际会议、开展公关活动、组织体育赛事和文娱表演等方式,建构城市形象传播的正向效应,引导城市个体主动卷入城市形象的同构性关系。但其关键在于,这些活动到底能在多大程度上允许和动员城市人群的参与,以及到底能产生何种社会体验和

---

① 与浙江广电集团交通之声副总监兼广告部主任张欣的访谈。

② 与浙江广电集团交通之声总监助理兼93节目中心主任张家英的访谈。

③ 何国平. 城市形象传播:框架与策略[J]. 现代传播,2010(8):13-17.

社会评价。这意味着,在城市形象塑造的过程中,需要大量的意见表达、行为交流和情感反馈,即蕴含着城市沟通的思维方式。所以,社会活动的成功策划和运作对于塑造"可沟通"的城市形象至关重要。

受到收听环境、收听群体、播出方式的影响,听众对于交通广播传播内容的认知往往只是一种"浅阅读"、"浅收听"和"浅理解"。如何让这种"浅触动"、"微感动"穿透虚拟广播对话空间,切切实实地为形塑良好的城市形象出力,成为摆在交通广播人面前的难题。经过不懈的探索和努力,浙江交通之声提出了"打造立体化广播平台"的口号,即力图通过大量的社会公益活动,加强线上、线下的互动,将飘浮在城市上空的电台声音与深入日常生活的电台活动有机结合,从而再度拉升电台的社会影响力(见表 0-1)。

表 0-1　浙江广电集团交通之声公益行动大事表

时　间	活动概要	具体内容
2001 年	创建 93 的士爱心基金	因浙江广电集团交通之声收听率位居浙江广播第一位,所有员工捐出当月工资,成立 93 的士爱心基金,专门用于资助困难出租车司机。
2003 年	成立高考应急服务车队	组织出租车免费接送路途遥远、交通不便的考生参加高考。至今,该志愿者活动已持续 10 多年,成为"爱心浙江"的标志性活动。
2007 年	举办倡导文明出行系列活动	在全国首创"公民教育实践"活动,发出"我爱斑马线"、"改变陋习　珍爱生命"、"你不是塞子"等一系列文明出行倡议,成为"和谐浙江"的重要组成部分。
2008 年	为汶川地震受灾学生募捐活动房	根据一线志愿者的反馈,灾区青川县清溪小学急需活动房教室。经过 10 天连续滚动报道,成功募集 600 平方米活动房教室,并落实运输、搭建工作。这批活动房成为国内在青川援建的第一所板房小学。
2009 年	启动"爱心斑马线"活动	浙江广电集团交通之声联合浙江省文明办、杭州市文明办、杭州市公安局交警支队共同策划的"爱心斑马线",成为杭州的城市标志和新代名词。
2010 年	组织"援助大西南"爱心行动;为玉树地震灾区学生募捐课桌椅和善款	通过广播节目、现场拍卖、募捐等方式,为西南干旱灾区筹集现金 40 多万元,物资 60 多万元;在一周时间内,为玉树灾区学生募集 1.05 万套课桌椅和 408 万元善款。

时　间	活动概要	具体内容
2011 年	推出文明出行全省巡回宣传月大型公益活动	※活动包括斑马线守护行动、关爱交警送清凉、八方名嘴倡议文明出行等主题活动,并首创情景剧公益演出。 ※主创人员走遍全省 11 个地市及 13 个县(市、区),行程 3000 多千米,现场直接参与群众超过 30 万人。
2012 年	推广"爱在后备厢"慈善义卖活动	浙江广电集团交通之声联合《钱江晚报》、浙江省阳光教育基金会等社会组织共同主办后备厢义卖活动,资助贫困山区学生。

对于广播频率而言,举办社会公益活动既是一种品牌推广,又是一种经济效益和社会效益并存的品牌共赢。交通之声每年至少要策划、组织、举办 300 多场大型社会活动,其媒体公信力、影响力、推广度、接受度、到达率都是从这其中发育而来的。①

这些社会公益活动以关怀弱势群体、关注交通生态为基点,将城市中的孤立个体团结、糅合为一个整体,将平时抽象的声音沟通转换为人与人之间的直接交往。在活动过程中,参与者不但拉近了彼此间的物理空间距离,而且通过交流经验、建立友谊,架起了心灵沟通的桥梁。这一方式有效地逆转了美国社会学家西里尔·布莱克笔下的"社会原子化"倾向,重塑了社会成员的城市集体感、归属感和认同感。同时,这些公益活动所传递出的社会温暖、社会正能量,对于"可沟通城市"形象的正面推进会产生极大助力。

3.整频道运作打造无缝隙的城市传播

新公共管理改革浪潮的风起云涌,催生了一种全新的管理风格和管理角色——"无缝隙政府"。根据无缝隙政府理论创始人林登的描述,"无缝隙组织是指可以用流动的、灵活的、完整的、透明的、连贯的词语来形容的组织形态,以一种整体的而不是各自为政的方式提供服务"②。换句话说,这是一种突出"结果取向"和"顾客取向"的政府管理方式,要求打破机构部门、官僚层级和政府职能的边界,向公众提供全方位覆盖服务的管理思想。而我们所创造的"无缝隙

———————

① 与浙江广电集团交通之声副总监兼广告部主任张欣的访谈。

② 拉塞尔·林登.无缝隙政府[M].汪大海,吴群芳,等译.北京:中国人民大学出版社,2002:4.

导论

城市传播"的说法,正是借鉴了上述理论的精髓,实质上是指代传播媒介突破特定地域界限、职责范畴、信息框架,进行"一站式"信息沟通的新型媒介做法。浙江广电集团交通之声以同频同步的信息技术为依托,以各地记者站为根据地,强调重大事件报道中的整频道运作。

所谓整频道运作,是指利用和调动整个广播电台的人力、物力、财力资源,投入新闻事件的报道和大型社会活动的举办,而不是单纯依靠节目部或新闻部进行单线操作。这种资源整合、集中力量办大事的理念,便于提升电台报道和电台活动的质量,便于形成整体统一的对外印象和形象。这是浙江广电集团交通之声始终保持优势、持续发展的关键因素之一。[①]

其中,遍及浙江省11个地市的完备记者站网络,对于整频道运作发挥着无可替代的作用。这是因为,记者站本身就肩负着报道动态信息、建立服务网络、扩展活动区域、增加电台收益等四大功能。[②]

而这种综合性的功能目标定位,折射出的就是交通之声冲破职能壁垒、倡导团队协作的工作信念。同时,作为与当地群众直接接触的最前线平台,记者站的设立,极大地缩短了事发地与电台总部的空间距离,确保信息交往与沟通的准确度和反应的时效性。这也是交通之声经常能抓住突发事件、首发报道的原因所在。

另一方面,整频道运作的优势还在于拆除了电台内部的信息"柏林墙"。全台出动、全力以赴的团队工作方式,无疑意味着彼此之间的信息流通和互动。这样,从事件的发生到消息的获取,从信息的传播到听众的知晓,都由同一批人共享式地操作完成,其间没有任何的沟通缝隙和传播阻隔,最大限度地保证了信息的时效性、精准度和可信度。

因而,可以说,虽然整频道运作是电台内部的信息运作机制和信息管理流程,但它对于城市沟通性的塑造有着不容忽视的影响力。因为它以电台内部的信息共享和协同操作为基础,搭建起了城市传播和城市沟通无障碍、无缝隙的平台,让城市人群能在同一集中空间中获得各种信息和服务。这也是城市可沟通性的题中之义。

---

① 与浙江广电集团交通之声副处级调研员(原广告部主任)马良奎的访谈。
② 与浙江广电集团副总编辑、浙江广电集团交通之声首任总监董传亮的访谈。

五、结　语

　　沟通是人类形成社会共同体的主要方式,它在很大程度上形塑着城市空间形态、城市交流格局和城市人际关系。在现代化、数字化、信息化相融合的时代背景下,重新认识城市与民众的沟通、交往关系,再次审视城市与传播媒介的同构关系,是一个与人类生存发展息息相关的现实课题,具有重大的理论和实践意义。

　　然而,由于城市化进程的突飞猛进摧毁了传统人际关系的亲密纽带,割裂了人与人之间的群体联系,使看似生活在同一城市空间内的社会成员各自躲进了自己的小世界里。隐藏在城市规模扩张和城市人口膨胀现象背后的,是城市人群在空间、情感方面前所未有地被彼此疏离和孤立,城市内大规模的沟通困境不言而喻。因此,对城市传播或城市可沟通性议题的探讨和挖掘开始逐步进入学术界的研究视野,成为崭新的学术研究领域。其中,不少学者将目光投向报纸、广播、电视等大众传媒媒介,企图从中找到促进城市有效沟通、重构城市共同体的方法和途径。

　　中国城市化的发展图景是对世界城市化历史的回顾和浓缩,但因为跨越式的发展步伐和爆炸式的增长速度,使得中国城市化所带来的城市矛盾有集中爆发之势,尤其是城市的沟通难题,成为横亘在公众日常交往中间难以跨越的鸿沟。更糟糕的是,作为主流传播媒介的报纸、电视,以及以新媒介姿态出现的互联网,似乎都对消解当代中国的沟通困境难有建树,"可沟通城市"变成了一种遥不可及的理论想象。

　　此时,中国交通广播以其特殊的成长背景和特有的沟通价值进入我们的研究视野。这一方面源自交通和沟通的词义同源性,两者从本质上都格外强调在交流、互动中的信息双向流动;另一方面是由于交通广播自身的业务实践的确对沟通城市移动人群发挥着不可取代的作用。这两大因素综合,引出了关注沟通与交通广播联系的理论基点。其中,浙江广电集团交通之声作为后起之秀,在大量总结"前人"成功经验和失败教训的基础上,勇于改革,积极创新,用扎扎实实的交通信息和社会服务,将原本已"社会原子化"的城市个体重新联结到一起。经过 18 年的发展积累,它无论是在提供基础交通信息、社会服务与援助方面,还是在对重大突发事件的报道、媒介舆论监督、社会预警与应急和社会情绪

导论

疏导方面,都站在行业引领者的位置。可以说,交通之声以自身的业务实践和媒介功能转型,努力践行并成功实践了"可沟通城市"的基本理念。

我们认为,要切实解决城市共同体的沟通难题,绝非易事。但以浙江广电集团交通之声为先行者代表的中国交通广播对"沟通型"媒体道路的探索,却为消除沟通障碍提供了解决思路,也为建构"可沟通城市"提供了合理且现实的想象。

第一章　中国交通广播的基本范式

　　中国改革开放最显著的特征之一就是城市的飞速发展,城镇变为城市,城市变成都市,都市不断膨胀,在珠三角和长三角以及其他部分地区,早已形成西方现代化过程中出现的城市群。城市的维系依靠城市的"神经系统":交通和信息。库利曾经指出,现代城市与交通的形态密切相关,而在交通运输三要素,即道路、交通工具和运输动力(way,vehicle,and motive force)中,动力是最重要的[①],因为它代表着速度。动力和交通工具的结合在现代城市中无疑指向汽车,汽车把城市与城市、城市与乡村、市区与郊区快速地联系在一起,形成完全不同于畜力、步行时代的社会形态和生活方式。另一方面,城市不仅是一个地理概念,还是一个文化概念,生活在城市中的人们在生活方式和生活态度上迥异于生活在乡村的人们,在媒介形态较为单一的报刊时代,城市生活的一大特色就是阅读报纸,因此阅读报纸是维系城市以及衡量城市影响力的一个指标[②],那时的城市发展也与报刊的多寡相埒。事实上,城市的发展确实以媒介形态的不断丰富为指标,因为城市生活需要足够的信息才能正常运转。城市的日常运转以交通运输和交通信息为最重要基础,没有它们,货物和人流无法畅通,就无法保证正常的城市生活。对个人而言,生活在城市中而没有信息的指引可以说寸步难行,最简单的情形就是:如何快速到达工作、学习、娱乐的目的地? 如何快速回到居住地? 也许,交通三要素应该增加第四个要素:信息。城市中能提供信息的媒介除了传统媒体之外,如今又有网络新媒体,但是在所有媒介中,广播电台在提供交通信息上至今还没有遇到其他媒介的有效挑战,这与广播的特点有

---

　　① COOLEY C H. The Theory of Transportation[J]. *Publications of the American Economic Association*,1894,9(3):17-18.

　　② PARK R E. Urbanization as Measured by Newspaper Circulation[J]. *American Journal of Sociology*,1929,35(1):64.

关。广播电台的特点有许多,其中最值得关注的就是传播的即时性和接收信息的便捷性,另外还有一个商业特征:免费收听。可以说,城市化与广播交通信息的传播有着内在的联系,在当今中国城市化、城镇化作为一项基本国策的前提下,城市化与交通信息的关系尤其值得研究。

第一节 中国交通广播的独特性

一、中国的城市化与交通信息广播

改革开放之初的 1980 年,我国的城市发展方针是:"控制大城市规模,合理发展中等城市,积极发展小城市。"国家希望以此来控制大城市的人口增长,但效果并不理想。到了 20 世纪 90 年代,一方面县改市、乡改镇速度加快,另一方面大城市人口增长迅猛,形成了小城市(镇)人口和数量快速增长、超大城市人口和数量也急剧攀升的局面。考虑到大城市规模未得到有效控制,新设的 200 多个城市和 8000 多个建制镇需要进行有效引导并纳入合理发展轨道,1990 年的城市发展方针调整为:"严格控制大城市规模,合理发展中等城市和小城市。"[①]但效果依旧不佳。中国沿海地区的特大城市通过设置各类开发区,使城市规模进一步扩大,如上海浦东、苏州新加坡工业园、天津滨海新区、大连新区[②]等,用地规模都在 70～200 平方千米,有的甚至超过了老城区的用地规模。表 1-1、表 1-2 为 1995—2003 年全国城市数统计表。

---

① 顾朝林. 新时期中国城市化与城市发展政策的思考[J]. 城市发展研究,1999(5):6-13.
② 顾朝林. 新时期中国城市化与城市发展政策的思考[J]. 城市发展研究,1999(5):6-13.

表 1-1　全国城市数统计表（1995—2000 年）① 　　　　　　　　（单位：个）

年份	合计	人口 200 万以上	人口 100 万～200 万	人口 50 万～100 万	人口 20 万～50 万	人口 20 万以下
1995	640	10	22	43	192	373
1996	666	11	23	44	195	393
1997	668	12	22	47	205	382
1998	668	13	24	48	205	378
1999	667	13	24	49	216	365
2000	663	13	27	53	218	352

表 1-2　全国城市数统计表（2001—2003 年）② 　　　　　　　　（单位：个）

年份	合计	人口 400 万以上	人口 200 万～400 万	人口 100 万～200 万	人口 50 万～100 万	人口 20 万～50 万	人口 20 万以下
2001	662	8	17	141	279	180	37
2002	660	10	23	138	279	171	39
2003	660	11	22	141	274	172	40

从以上两表可知,城市总数在 1995—1997 年间逐年增加,1998—2003 年开始减少。200 万人口以上和 100 万～200 万人口城市逐年增加,2000—2001 年间增长迅速,特别是 100 万～200 万人口城市,2001 年为上一年的 5 倍,增速迅猛。20 万～50 万人口城市数在 1995—2000 年逐年增加,2001 年以后逐年递减。20 万以下人口城市数在九年间呈现递减趋势,2000—2001 年间减幅最大,2002 年后略有增加。2001 年之后初现 400 万以上人口城市,后逐年增加。

总的来讲,1995—2003 年的九年间,50 万以上人口城市数逐年增加,2001 年后增速增加。其中 100 万～200 万和 50 万～100 万人口城市增长迅速,2001 年后更是出现了 400 万人口以上的特大城市。50 万以下人口城市则逐年减少,特别是 20 万以下人口城市,减幅较大。

近十年来,中国城市发展更是呈现出速度快、规模大、都市化趋势明显等特点。以杭州为例,2000 年时,当时的萧山和余杭城市化水平分别只有 40％和

①②　数据来源于国家统计局数据库。

第一章　中国交通广播的基本范式

36％,基本上还是以农村为主的地域,杭州都市区仅限于中心市区 683 平方千米的范围,人口 245 万,是一个只有中心市而没有外围县的都市区。此后十年中,萧山和余杭二区加快了城市化进程,与中心城区的交往更加密切,2010 年它们的城市化率均超过了 60％,这使杭州成为既有中心市又有外围县的大都市区,市域面积达 16596 平方千米,市区面积 3056 平方千米,总人口增长到 624 万。[①] 比杭州更大的城市或正在向大城市发展的中等城市,也与杭州一样,市域面积和市区面积都有不同程度的扩展,尤其是市区面积的扩大速度近几年来有加快之势。毫无疑问,中国交通广播电台的繁荣得益于改革开放以来城市化步骤的逐步加快,因此,中国交通广播的独特性离不开中国城市飞速发展这个背景。

大体而言,自 20 世纪 90 年代初以后,中国的城市化进程明显加快,与此同时,专业化的交通广播电台也开始出现,先是从上海、北京等一线大城市,数年之后,二、三线城市也纷纷出现了专业交通广播。以前业界有"车轮救电台"之说,实际上,推动电台发展的根本动力是城市化程度的加深,无论是交通广播还是其他类型的专业台,都得益于城市的不断扩张和城市人口的膨胀。中国城市的都市化与西方城市的都市化有所区别,欧美等国的城市在 20 世纪上半叶就已经逐渐远离工业化模式——工业化城市(industrial city),而向花园式城市(garden city)过渡,这种都市化是以散居、多中心、郊区化(dispersed, multicentered, and largely suburbanized)为特征的,洛杉矶是最为典型的现代都市。[②]

中国的大城市虽然不全是工业化取向的发展模式,但是也没有形成现代型的花园城市模式,大量的人口仍然居住在市区,虽然"市区"在不断扩大,人口却并未有效分散到都市的外围,结果是,无论城市多么大,大部分城市人口仍生活、工作于"市区"。这个所谓的"市区"并非行政概念上的,而是地理概念上的,比如杭州市区的行政概念包括萧山、余杭,但是地理上的市区仍以西湖、上城、下城、拱墅、江干、滨江为中心,只不过这些区的区域面积在不断扩张而已。中国城市的发展大多呈现出从中心向四周延展的一般城市化模式,由此导致工作

---

① 宁越敏. 中国城市化特点、问题及治理[J]. 南京社会科学,2012(10):19-27.

② KOTKIN J. The City：A Global History[M]. Phoenix：an Imprint of Orion Books Ltd.，2006:113.

场所和生活场所的分离半径扩大,其后果之一就是交通成本增加。据中国科学院可持续发展战略研究组发布的《2012中国新型城市化报告》称,北京上班所费时间为52分钟,杭州最近五年来也因交通拥堵而比十年前多花费出行时间十多分钟[1],这还不包括为了工作和其他事务而耗费在路上的时间。

对城市居民而言,流动不再是"远行",而是一种生活常态,人们每天都要上班、上学,出行是生活必需。随着城市化的不断加快,城市交通方式发生了巨变,无论是公共交通、出租车还是私家车,数量都迅速上升,一方面增加了人口流动性,另一方面也带来了交通拥堵。城市居民感受最深的城市病就是交通拥堵,拥堵在路上的人们对于自身的处境和解脱困境的迫切需求已经导致了某种程度上的"道路心理综合征",诸如路怒、狂躁、沮丧等心理状态是大多数驾驶者都体会过的,就乘客而言也在不同程度上有拥堵的烦躁,如果考虑到城市生活本身给人的压力,道路拥堵所造成的心理问题可能更大。

在这样的情况下,无论是乘客还是司机,所有流动在路上的人们,都急需交通信息的指引。无论是报告拥堵信息还是畅通信息,都能在一定程度上减缓人们的心理压力,了解到拥堵的情况有时反而会让人平静下来,这可说是一种"认命心理";如果有畅通的信息传来,那就会出现"希望心理";没有任何信息的交通处境大概可以称为信息黑洞,人们的心理处境也会是一种"黑暗心理"。这和一般社会处境与信息的关系大致相同,只要有信息的传播,无论是好消息还是坏消息,都能让人真切地了解到自己的处境,能了解自己的处境就能想办法适应环境。有一个例子可以说明这一点:2012年国庆节,全国的高速公路第一次免费通行,国庆这一天堵在高速公路上的人们通过交通电台了解到现实的情况之后,许多人反而以度假的心情下车玩起了各种花样,打球、遛狗,甚至打牌。

拥堵情况在欧美各国都有,拥堵情况较严重的往往仅限于较大的城市或大都市,而且拥堵大多出现在上下班高峰期或者节日期间,这与它们的公共交通尤其是地铁的发达有关,也与人口相对不多,不那么集中于城市中心有关。公共交通发达意味着对交通信息的需求相对减少,因为地铁和地面公共交通都有系统的管理,运行班次、时间已经较为固定,只要交通参与人数不过量,一般不会出现异常情况,因此也就不需要特别的交通信息服务。这也是西方主要大城

---

① 孙自法.研究报告证实北京"首堵"人均上班多耗时14分[EB/OL].[2012-11-01]. http://news.xinhuanet.com/local/2012-11/01/c_123897486.htm.

市并未出现众多电台专业于交通信息传播的根本原因之一。

相比西方大城市,中国的情况有些特殊。在中国,城市拥堵在中等城市以上是普遍现象,这当然是中国城市化在二十余年来骤然加快所致,与此同时,公共交通的发展却明显滞后,除北京、上海等少数城市之外,大城市的地铁只是在最近十余年来才得到批准建设,杭州地铁一号线直到 2012 年年底才投入运营。关键是,地铁的大量建设似乎并没有减少地面交通的压力,北京、上海的情况正是如此。这主要是城市人口暴增所致,交通的发展跟不上人口增长的速度。地铁如此,地面交通可想而知,即使公交增加线路和班次也无法满足快捷的交通需要,公交优先的政策在许多城市往往由于道路资源有限也未能见效。由于公交系统的缺陷,也由于经济的飞速发展,私家车激增便是必然结果。借助自备车出行给城市交通带来的问题不仅仅是车流量大增,对城市管理者和出行者而言,城市交通的不确定性也大大增加,而这正是交通广播发达的主要原因之一。这可以从两个方面来理解:

第一,相对于公共交通,私家车出行的特点是时间的随意性,即使在早、晚上下班的时间段之内,私家车也可以选择自己的出行时间,这就造成交通流量变化的随时性。出行的人,尤其是驾车出行的私家车车主,每天面对的道路交通情况可能都是不同的,即使在同时段出行,一周七天也可能各不相同。因此,私家车车主出行时处于一种"博弈"困境,会不会堵车?哪里堵车?什么时段堵车?只有在了解交通信息之后才能知道,而许多车主是在上车之后才通过电台了解相关情况的,这时他(她)已经是交通的参与者,是车流量的一分子,仍处于出行"博弈"之中,仍想方设法力图改变路线以便快速到达目的地,车载电台的交通信息便是唯一的选择。

第二,私家车增加的结果之一就是交通事故率的增长,在城市道路上,事故就意味着交通拥堵。事故发生的偶然性使道路交通的不确定性大大增加,事主报警,信息只在事主和警察以及保险公司之间传递,堵在路上的交通参与者需要及时了解为什么堵车以确定自己的出行计划是否能够按时完成。这时,唯有交通广播能够及时沟通交通参与者以消除城市交通的不确定性。

二、城市交通管理与交通广播

有一个现象值得我们注意,西方国家的交通广播信息远没有气象信息那么受人关注。比如在美国,气象消息是广播和电视极为重要的信息资源,NBC 广播公司因为母公司收购了气象频道(Weather Channel)而在早、晚间新闻节目中增加了专业性较强的气象消息,其早间新闻节目甚至将气象播报员作为常规主持人参与节目的整个播出过程,不时插播气象消息。彭博电台(Bloomberg Radio)作为一个财经电台,每隔 15 分钟便播报一次气象消息,但是,他们对交通信息并不关注。其他电台也没有像中国那样,急切地开办或转向交通专业频率。也许,他们的常规交通没有多少值得报道的内容,堵车或者畅通属于正常,只在灾害性天气或车祸发生时才有新闻可报。中国的城市交通与欧美相比,其管理的复杂性和难度远远高于欧美国家。

中国进入汽车社会也就是这二十余年的事情,原本并没有多少现代交通文化熏陶的市民把许多陋习带入了汽车时代。交通参与者不遵守交通规则是当今中国城市交通最令人烦恼的问题,交通礼仪则尚付阙如。不遵守交通规则的直接后果是交通混乱,为了应付由此导致的交通问题,交通管理部门力图在以下几个方面加强服务和管理:(1)及时提供出行信息;(2)及时公布交通管理措施;(3)宣传交通法规和良好的交通意识、交通习惯;(4)加强交通管理者与交通参与者之间的沟通与理解。这些都需要媒体的配合,而交通广播无疑是最直接、便捷的媒介。

1. 及时提供出行信息

交通管理部门(主要是指交通警察管理部门,如杭州市公安交通管理指挥中心,各地名称可能稍有不同)拥有现代化的监测设备,基本上可以做到对城市交通状况作即时、全方位的监测。诚如曾任上海市公安局交警总队总队长陈志康所言:"我们专门打造了一个收集、处理路况信息的系统平台,并组建了一支专门播报路况信息的队伍,确保路况信息的定点、定量发布。"这些信息原本作为指挥交警处理交通事务的依据,在处理具体交通事务上发挥着巨大的作用。而这些交通信息属于公开信息范畴,凡是交通参与者都可以了解,交通广播可以通过电波把原本只有交警了解的信息告知所有人,以便大家出行,客观上也起到了交通参与者主动调整交通路线以缓解交通压力的效果。从这个意义上说,交通广播也是"空中交警",这是交通管理者乐见的。

2. 及时公布交通管理措施

日常的交通管理难免会有临时的交通控制措施,诸如封道、改道、卡口等等,遇到节假日还会有更多的交通管理措施,这些信息都必须及时让大家知晓,除了在道路上设置临时标志以及交警现场指挥之外,交通广播也可以充当"空中指挥室",指挥的不是交警而是众多的驾驶者。

3. 宣传交通法规和良好的交通意识、交通习惯

交通法规的贯彻有赖于交通参与者的自觉,但是也离不开宣传教育。交通管理者可以通过正、反面的事例警示交通参与者,如从 2013 年 3 月起,杭州交警启动了全市城市道路严重交通违法行为集中整治行动,对八类严重影响交通的违法行为进行严惩。媒体积极响应,尤其是交通广播电台,经常配合交警及时曝光一些违规行为,这样结合的效果还是比较明显的。[①] 杭州在机动车礼让行人的宣传上也是由交通管理者与浙江交通广播等媒体合作,加上公交管理部门的大力配合,以及广大车主的响应,终于初步形成了驾驶者良好的交通意识和交通习惯。

4. 加强交通管理者与交通参与者之间的沟通与理解

管理者和被管理者在目标上是一致的,都希望交通更加通畅、出行更加愉快,但是在实践中也会有不理解甚至摩擦。作为第三方的交通广播,可以在很大程度上代替交通管理部门起到联系、沟通和缓解矛盾的作用。比如浙江交通广播,他们一方面与交警部门保持着紧密合作的关系,同时也代表听众对交警的执法行为进行监督。由于交警、电台和听众都是为了解决交通领域内的问题并服务社会,所以浙江交通广播的理念是"帮忙不添乱",即与交警一起,同时扮演缓和民众和交警矛盾的缓冲器和润滑剂。对于如今信息高度发达的社会而言,交通广播"帮忙不添乱"的理念能够在监督交警执法的同时把问题的负面影响降到最小,改善交警服务的同时不激化社会矛盾。

从上述几个方面也可以看到,交通管理部门不仅合理利用媒体为管理工作服务,更重要的是意识的转变,从简单的因管理需要而执法转变为执法与服务并举,进一步言之,交通执法也是一类服务,而提供交通信息服务也是执法的另一种形式,这就是交通管理部门愿意和媒体合作展开交通广播信息服务的基础。

---

① 祝晓艳. 杭州整治交通违法"风暴行动",一周查处 11664 起[EB/OL]. [2013-03-28]. http://www.chinanews.com/fz/2013/03-28/4686118.shtml.

三、汽车消费与交通广播

"拥有桑塔纳,走遍天下都不怕。"这是 20 世纪 80 年代的一句广告词,那时的桑塔纳主要属于政府用车,少数先富起来的人把它当作地位的象征,一般家庭还在为拥有一辆自行车而奋斗。1994 年,中国开始实施家庭轿车发展战略,私家车才开始进入家庭,但也仅限于特别富裕的家庭。到 2000 年,我国民用汽车拥有量约为 1600 多万辆,国产新车每年达到 150 万辆,但与其配套的道路、停车场、车库等设施建设却相对滞后,在北京、上海等特大城市,交通压力逐渐显现。事实上,交通信息广播正是首先出现在如上海、北京、广州等现代化大城市,目的是为车主提供及时的路况信息,提供娱乐节目帮助他们打发堵在路上的时间。交通拥堵也引起了政府的重视,开办交通电台成为部分城市政府便民项目中的一部分,最终促成了部分交通广播的创办,最典型案例为上海交通广播电台的创立。

进入 21 世纪以后,中国的私家车数量可以用井喷来形容,从 2001 年的 82 万辆,增加到 2007 年的 532 万辆。至今,中国轿车市场中私家车的比例已经达到 83.2%,在中国 1600 万辆汽车拥有量中,私人购买占据绝对主导地位。据国家统计局的信息,到 2012 年年底,中国私人汽车保有量已达 9309 万辆。中国社会科学院社会学研究所等机构联合发布的《2012—2013 年度中国汽车社会蓝皮书》指出,中国在 2012 年已经进入汽车社会,每百户家庭汽车拥有量超过 20 辆,而五年后这一数字还会翻一番。[①] 杭州市区的汽车保有量从 12 万到 100 万只用了十年时间[②],交通压力每日都在增加。

汽车时代固然给城市交通带来了难以彻底解决的问题,但是对电台而言则是福音。对比中外电台的类型可知,交通电台的兴盛是真正具有中国特色的媒介现象。

以美国为例,2002 年,全美广播协会(NAB)的全国广播电台频率定位统计

① 陈梦阳,初杭. 消费投诉日增:中国汽车市场面临成长烦恼[EB/OL]. [2013-03-28]. http://news. xinhuanct. com/auto/2013-03/28/c_124513211. htm.

② 杭州机动车保有量突破 100 万,交通压力大增[EB/OL]. [2013-04-03]. http://auto. qq. com/a/20130403/000082. htm.

显示,在全美 13817 家电台中,新闻/谈话台 1761 家,老年台 816 家,体育台 391 家,音乐台 9000 多家,居榜首。音乐台又分为流行音乐台、乡村音乐台、摇滚音乐台等。该统计显示,在这 9000 多家音乐台中,乡村音乐台最多,占 2134 家;成人抒情、热门成人抒情、轻柔成人抒情、城市成人抒情四类加起来共 1577 家;摇滚、另类摇滚、古典摇滚、现代摇滚加起来共 1172 家;福音、南部福音、黑人福音加起来共 635 家;节奏蓝调、成人节奏蓝调、老年节奏蓝调加起来共 287 家。①不仅如此,各音乐台有不同的运行方式,如有主持人、无主持人、A/C 格式、CHR 格式等。

一些发达国家对城市交通信息的广播也很重视,但是专门办一个台的情况很少,即便有交通广播,也多为应急广播形态,主要播报公共服务里的灾害性新闻,一般是在出现突发事件的时候插入普通广播中,与中国实打实地做交通信息传播的交通广播差异较大。

后来发现他讲的交通广播跟我们做的不一样。他们做的是公共服务的灾害性的(信息播报)广播,应急广播。他是一到这个时候,就把你的频率覆盖掉了。谈到后面我就觉得不对了,然后我就跟他们说我们有哪些东西,就发现他们是没有的,交通广播是我们中国特有的。②

诚然,西方发达国家比我们更早进入汽车时代,为什么在中国才出现交通电台热?除了上文所述的城市化所导致的交通压力等因素之外,汽车消费主体的弱势地位也是重要的原因。③

汽车消费猛增使得汽车消费中的纠纷日益增多,国家在汽车消费政策上的滞后更加剧了这一状况。据车市场研究机构益普索发布的报告显示,2012 年中国消费者对主流汽车厂商投诉量增长 54.6%,远高于中国新车销售增长率,其中,汽车质量问题投诉超 50%。而根据中国消费者协会的数据,2013 年全国消协组织受理交通工具类投诉 26438 件,汽车质量、售后服务等问题已成为消费者投诉重点。由于评判机构和第三方检测机构缺失、维权辅助力量不足等问题,中国的汽车消费者在消费争议中处于弱势地位,常常面临维权无门的尴尬

① 张勉之.世界广播趋势[M].北京:中国广播电视出版社,2005:16.

②③ 与上海广播电视台总编室副主任(原上海交通广播台长)乐建强的访谈。

境地。① 汽车三包政策难产十余年，2012 年年底，国家质量监督检验检疫总局才正式发布《家用汽车产品修理、更换、退货责任规定》（总局令第 150 号），而且到 2013 年 10 月 1 日起才开始实施。

　　交通广播为听众服务，作为车主的听众自然把交通电台作为消费维权的重要媒介。只要粗粗了解一下各地的交通电台就可以知道，几乎每个台都有汽车维权的节目，它们已经成为交通电台除交通信息播报之外最受人欢迎的节目，如浙江广电集团交通之声的《有理走天下》节目，自创办以来，一直致力于为消费者维权，在听众中享有盛誉。由于交通电台的听众群体相对专业化，是汽车及其衍生产品和服务的消费主力，这也使得汽车生产厂家和售后服务单位以及汽车服务企业不敢轻视交通电台的维权节目，这种媒介舆论的压力在许多时候比消费者协会更管用。反过来说，交通电台也只有在这方面实实在在地为听众提供必要的帮助，才能真正赢得听众的支持。此外，由于汽车消费中存在诸多问题，消费者普遍存在着对厂家、商家的不信任，他们不得不关注买车、养车过程中的许多专业信息，以便在消费过程中更好地保护自己的利益。大部分交通电台都在车辆购买、保养、维修等方面提供专业知识，也经常与听众互动，咨询汽车专家，为消费者服务。

第二节　中国交通广播三大范式

　　城市的急速扩张，人口的大量涌入，汽车消费的膨胀，公共交通的不完善，道路建设的先天限制和一定程度上的滞后，这一切都导致中国的城市交通病来势汹汹。中国的交通广播就是在试图缓解这种病症的努力下开办起来的，比如上海交通广播的创办就是市政府主动作为的成果。1991 年 9 月 11 日，上海市人民政府办公厅下发了建立上海交通信息台的文件，成立交通广播电台被提上日程，并被列为为民办事的十大项目之一，为民办事实际上也就是缓解交通压力，为市民出行创造更好的环境。由于政府的大力支持，上海交通广播电台在

　　① 陈梦阳，初杭. 消费投诉日增：中国汽车市场面临成长烦恼［EB/OL］. ［2013-03-28］. http://news. xinhuanet. com/auto/2013-03/28/c_124513211. htm.

创办之初就获得了其他电台无法获得的交通讯息资源。

广播业界大致认同目前中国交通广播存在三种范式:第一种是行政推动型的,以上海交通广播为代表,以下称上海范式;第二种是市场驱动型的,代表为羊城交通广播,以下称羊城范式;还有一种是以电台自身为主导的,其中北京交通广播是翘楚,以下称北京范式。以上三大范式开启了中国交通广播的历史,并引领了其后出现的一系列交通广播电台,在中国交通广播史,甚至中国广播史上都具有举足轻重的地位。

上海范式出现最早,发起主体为政府,属市政工程的一部分,创办经费由财政直拨和收费两方面构成,即便是针对车主的收费行为也由财政部门开展,后再统一由财政部门分拨给交通广播电台,基本可以理解为电台运营经费由政府资助。得益于创办初期浓重的行政色彩,上海交通广播电台在一开始就得到了包括建委和公安等部门在内的支持和协助,掌握了海陆空三方的交通信息并获得建委开发的一套先进的全城电子地图,在交通信息提供、路况播报和节目设置等方面走在前列。但也因为其行政色彩过浓,创办初期的上海交通广播电台很快成为上海公安执法、宣传和信息发布的平台,类似公安台,更像官方机构的窗口。但是,由于创办初期没有很强的市场意识,近年来,上海交通广播电台的市场发展受到一定的限制。

与上海交通广播电台不同的是,羊城交通广播电台由企业发起建立,电台和公安加入,成为三方合办的电台,运营模式市场化色彩浓重,目标听众人群定位为出租司机,创办经费主要由合作各方出资和收费构成。同是收费,羊城范式的收费与上海范式有较大不同,羊城范式中针对车主的收费主体为企业,而非政府部门,不经过拨款环节,完全是自收自用,受政府管束较小。同时,因为该模式从创办开始就向市场看齐,受政府干预较少,使得该模式的自由空间较上海模式大,在节目和理念上的创新力度较大,出现了如"路氏家族"等一批品牌节目和"办看得见的广播"等创新理念,并为之后出现的一系列广播电台所跟随和效仿。同时,因为从创办开始政府的扶持力度较弱,部分资源受限,其中较为突出的是大调频的获得受限,在一定程度上阻碍了该模式的进一步发展。

与前两种范式不同的是,北京交通广播电台的创办完全是媒体主动的行为,虽然有公安部门的加入,但主动权一直由电台掌控,专业化特点突出。跟羊城范式不同的是,北京范式创办之初的目标听众人群不是出租车司机而是出租车中的乘客。电台在创办初期就树立了服务理念和市场共赢理念,重视为交通人群提供服务和品牌建设,近年来发展势头良好。北京交通广播电台也开启了电台、交警共同办台的先河,其模式为后来一系列新起的交通广播电台所效仿,其倡导的服务理念和市场共赢理念也给其他电台提供了借鉴。

(一)中国交通广播之上海范式

1.创建背景

(1)必要性。20世纪90年代初期,上海城市轨道交通刚刚起步,地面道路情况复杂,由于人口密集,道路交通压力大。当时上海机动车拥有量是22万辆,且处于上升状态,人均占有道路面积不足2平方米。1990年,党中央、国务院决定开发上海浦东,市政府下大力气抓道路等基础设施建设,以期从根本上改善上海交通状况,使之适应经济的急速发展。当年,上海市区约有200多处马路施工,包括地铁、污水处理、邮电通信等,施工面积达50万平方米,使原来拥堵不堪的道路交通愈发不堪重负,"骑自行车比乘汽车快,甚至有的路段乘车不如走路快"的现象比比皆是。

那个时候上海刚刚开始建设,你们现在看到的这些高架都是没有的,当时上海的交通拥堵已经到了不能容忍的地步,基本上到了现在大雾时的情况。当时做过一个统计,全世界最堵的地方在哪里,说是上海的公交车。当时上海的公交车都是要人推着上去,一个平方米少说有15个人。然后路堵,公交车也严重不足。① 交通拥堵使得市民怨声载道,没有交通信息更使得人们无所适从,这也是上海市政府创办交通广播的初衷之一,即为市民出行提供信息服务。

(2)行政性。关于上海交通广播的创办,上海广播电视台总编室副主任(原上海交通广播电台台长)乐建强回忆道:当时的上海领导提出了一个"为人民办事"的活动,第一轮启动工程中,就把上海交通作为一个大方面,一是提高公交运能,二是启动高架建设。还有就是要建立交通广播台,当时叫作"空中红绿灯",这样一个定位完全是上海市政府的意见。② 上海市政府规定由上海市广播电视局和上海市公安局两个单位实施建设,上海市广播电视局将任务下派给上海市人民广播电台,上海市公安局则将任务下派给交警总队,电台创办受到多方协助。这么一个定位,起初完全是行政命令,但是后来全国所有的交通广播都受上海这一模式的影响。

(3)困难。创办交通广播史无前例,想法提出后遇到了困难,主要表现为思

---

①② 与上海广播电视台总编室副主任(原上海交通广播电台台长)乐建强的访谈。

想观念上的阻力。首先,与当时的规定和要求不符。在当时驾驶员培训学校的教材里,开车时不准听广播是明文规定的,带教的师傅也会训导自己的学生,要求他们在开车时思想高度集中,眼睛不看不该看的东西,嘴巴不说不该说的话,耳朵不能听广播。其次,内部观念转变问题。公安机关对外公开发布信息历来需要经过多道审批程序,交通广播需要指挥中心将信息以最快速度公开播报的想法受到质疑。本着"有利于公安交通管理工作,有利于群众出行"的原则,原来的层层审批改为在过程中的监督管理,发现偏差立即纠正,观念上的障碍得到清除。

2.创建过程

上海市政府下达创办交通广播的命令后,上海市公安局就介入交通广播的创办过程中,而建台的费用则主要来自于车辆年检时需要上交的"交通诱导服务费"。该笔费用由政府委托车管所代收,然后再通过财政拨款的形式将钱拨给电台,由政府主导,属于政府预算中的一部分。这样财政拨款的方式在交通广播创办初期维系了交通广播的正常运作。这在当时是一笔比较大的收入,大概持续了十余年。①

1991年4月25日,国家广电部正式批复,同意建立"上海人民广播电台交通信息台",播出频率为中波648千赫,功率为10千瓦。1991年9月30日,上海人民广播电台交通信息台开播,频率为中波648千赫,节目宗旨为"缓解交通、方便市民"。当时的工作人员仅五人。之后,上海交通广播又与上海市建委达成友好合作关系,获得了一整套交通网络系统,为交通讯息的及时播报奠定了基础。

3.发展概况

上海交通广播开办初期围绕交通的四个层面展开:(1)信息传播层面,包括正点播报上海交通指挥中心提供的市区48个重点路口及周围道路的通行情况,通往浦东的黄浦江越江大桥和江底隧道以及机动车渡口的畅通与堵塞的信息,上海市区内影响道路交通的市政煤气、自来水、电话、园林等施工路段情况等信息;(2)行为规范层面,即介绍交通法规,传达交通管理部门为维护交通安全而临时采取的各种措施;(3)知识传播层面,即介绍所有跟交通有关的政策法规和行为规范;(4)受众情绪调节层面,表现为开设一些音乐节目,主要播送富

---

① 与上海广播电视台总编室副主任(原上海交通广播电台台长)乐建强的访谈。

有民族特色的歌曲和国外的优秀歌曲,曲调多轻松明快,适合行车人员和司机收听,以期起到调节心情的作用。

创办初期,交警介入的成分明显,主要表现为播报交通路况讯息、在广播里讲述交警的故事等,有点像给交警办的台。我当时说了一句很难听的话。交警密集的信息播报是很正常的,是别的台没有的,那时候我是在做新闻,但是除基本的节目框架之外,填充的部分,都跟交警相关,那些交警中队的好人好事。我当时就说了一句:就像黑板报。[①] 当然,这个阶段也有像《街头巷议》这样的栏目,积极与市民沟通,多方位听取并反映对改善上海交通的建议和呼声,为政府管理部门与公众搭建起"政策上情下达、民意下情上达"的桥梁。

后期经过频道专业化改革和对节目的调整,交警的身影才逐渐淡出广播。具体发展概况如表1-3所示[②]。

表 1-3 上海交通广播发展大事记

时 间	事 件
1997 年 6 月 4 日	上海交通广播在强生、大众两家出租车公司挑选了 60 名出租汽车驾驶员,组建第一支"路况信息员"队伍。
2002 年 7 月	上海文广新闻传媒集团对上海交通广播实施重组,重组后的上海交通广播保留原来的交通路况信息和交通类专题节目,增加了房产、财经、健康等非交通类服务性专题节目以及以音乐为主的娱乐休闲节目。 上海交通广播由小调频换成大调频(FM105.7),基本上覆盖上海全境。电台的目标听众由原来的出租车司机转变为所有流动人群,一批著名主持人,如方舟、阳阳、梁妮加盟交通广播。道路交通信息收集开始采用新技术,主持人开始在播音台前看着视频监控图像和电子地图直播实时交通路况。
2003 年	上海交通广播电台以 2183 万的经营收入挤进全国前十名,一改 2002 年以前广告创收欠佳的状况。
2005 年	上海快速路信息广播发布系统正式开通。通过电子地图、监控摄像头和专用网络,上海交通广播电台可以随时掌握第一手权威信息,调控上海 1000 多个交通路口的监控摄像头,了解上海地铁所有线路的实时运营情况以及全市三万多辆出租车的行驶动态和驾驶员信息,并通过车载电话随时和行驶中的驾驶员通话,以了解交通状况和突发事件情况。
2006 年 1 月	上海交通广播的路况播报出现在同城媒体东广新闻台的节目中,两个频率在节目创新和广告创收上成功实现双赢。

---

① 与上海广播电视台总编室副主任(原上海交通广播电台台长)乐建强的访谈。

② 参考《交通广播二十年》(文汇出版社 2011 年版)以及 FM105.7 上海交通之声官网。

34

续表

时　间	事　件
2006 年 9 月	开播 15 周年之际,上海交通广播电台携手长三角十余个城市的 19 家交通广播电台在沪结成了战略合作联盟,正式启动路况信息、主题活动、节目资料等全方位合作。
2009 年 10 月 9 日	上海东方广播有限公司成立。
2010 年 3 月	上海交通广播全新改版,推出"智者乐行"全新理念,将听众变为用户。新推出的"1057 车主宝典"项目通过手机客户端应用软件将个性化的路况信息以直观图形方式推送到听众个人,同时伴随以新闻资讯、DJ 互动、活动社区、打折优惠等服务性内容,听众只需下载注册即可成为用户。通过在客户端上加入广告,上海交通广播创新创收,广告收入持续增加。
2010 年 5 月	第 41 届世界博览会在上海举办,上海交通广播电台提供大量适合广播的世博会服务信息专递内容,每天 60 次滚动播报世博会交通信息,为做好世博会交通疏导服务发挥了积极作用。
2012 年 1 月 2 日	上海交通广播推出"更懂你的心",进一步贴近都市生活,以 25～54 岁的私家车车主为目标受众。通过权威播报与个性播报相结合,全方位发布交通资讯,加强互动,满足受众要求。

目前,上海交通广播采用双频率(FM105.7/AM648)和双直播室(广播直播室/交警直播室)播出,覆盖范围除上海外还包括沪宁、沪杭及长江三角地区的公路与城市,覆盖人群超过 1 亿,有效听众近 260 万。

4. 价值

由于上海交通广播是政府主导的模式,对像浙江广电集团交通之声这样的市场化交通广播电台而言,直接借鉴的意义不大,但是上海范式也有一些独特之处:首先,电台对核心技术的掌握和利用较早,这对于交通信息的传播至为重要。上海交通广播在创办初期从上海市建委获得一套全程电子地图,就当时而言该技术非常先进,为电台获得及时路况资讯提供了便利。其次,全方位掌控海、陆、空讯息,构建"大交通"概念。这样就突破了交警管理的局限,在一定程度上减少了公安的行政干预,有效拓展了交通广播的业务范围。第三,勇于拓展直播形式,突出表现为率先采用空中路况直播。为庆贺开播一周年,上海交通广播电台曾推出特别节目"空中一小时",节目主持人在两三百米的高空观察地面道路交通情况并及时进行疏导。节目主持人的信息播报和指令通过中波 648 千赫的电波传送到驾驶员和市民耳中。此后,空中直播又被多次运用于八运会、世博会等重要活动中。

（二）中国交通广播之羊城范式

1.创建背景

羊城交通广播的创办有主客观两方面的原因。客观层面上是道路交通拥堵所致，与上海不同的是，堵的原因不是车多，而是道路建设落后。但是，广东人从堵车中看到了商机，所以广东人办交通广播更多的是从市场、商业运作上面来讲的①。从主观层面来讲，广东是改革开放后走在比较前面的省份，又毗连香港，市场化氛围较为浓厚。1992年邓小平南方谈话使得整个社会的氛围更为开放，也进一步解放了思想，给一些有新思想、新想法的人提供了一次很好的机会。

因为看到了交通广播的市场和社会需求，广州市经贸信息公司提出了创办交通广播的想法，于是联合电台和交警，最终成立了羊城交通广播。但是，交通广播的整个思路都是当时广东人民广播电台的领导层制定的。②

2.创建过程

与政府主导的上海交通广播不同，羊城交通广播因为是市场发起，走市场化路线，创办过程要艰难得多。

创办交通广播的想法首先由广州市政府下属的广州市经贸信息公司的领导提出，最初只是看到了交通这一还未有人涉足但庞大的市场，想通过办台赢利。考虑到当时电台规定主频道不能由外人经营，该公司于1991年开设了一个副讯道，并找到外商投资，保证运营。同时，考虑到开设频道需要电台支持，于是与电台下面的一个公司合作，并联合交警科研所。1992年，副讯道试播。因为效益不好和收听设备上的问题，副讯道试播一年后于1993年宣告终止。三方商议后，电台决定将一个闲置的中波频道替换原来的副讯道，并开始收费。羊城广播台开创了收费办台的市场模式，在车管所设了收费点，等于是听广播的司机要交钱。③与上海交通广播的收费模式不同的是，羊城交通广播的收费模式是公司委托车管所代收，与政府无关，纯粹是企业化运作的模式。后来，随着车辆的增多，司机怨声载道，2002年之后电台终止了收费，决定靠广告经营。

考虑到中波很难拉到广告，电台决定将中波换成调频。因为是三方协办的电台，没有大调频的资格，最后只拿到了小调频。到目前为止，该电台仍然只是一小调频电台，只能通过多设点来扩大影响力，这在一定程度上阻碍了电台的

---

①②③　与广东人民广播电台总编室主任（原羊城交通广播电台台长）林玲的访谈。

进一步发展。

3.发展概况

1993 年 7 月 30 日,羊城交通广播正式开播,又称广东人民广播电台交通广播,每天 24 小时播出,深夜由机器自动播放音乐节目。羊城交通广播覆盖大广州及其周边市县地区,实际包括珠江三角洲大部分地区在内均能收到信号。办台宗旨为"宣传交通、服务交通"。与上海交通广播一样,发展初期的羊城交通广播以交通讯息播报为主,听众定位为出租车司机。

考虑到广州地区的交通收听市场在不断变化,而且随着私家车的不断增加,听众群的档次逐渐提升,羊城交通广播与时俱进,开始关注私家车车主和白领人群,并为其提供全方位的服务。2007 年 1 月 8 日,羊城交通广播全面改版,打出"换新装、上新路"的口号,提出要做最有用的电台,展现广播的精彩。2007 年羊城交通广播推出的新节目增强了服务性、欣赏性和娱乐性。

2008 年 1 月 28 日,羊城交通广播推出改版后的全新节目。新节目在坚持服务交通、疏导交通的基础上,以"和谐交通,一路轻松"为基本思路,贯彻以人为本的方针,为听众提供更为人性化的服务。在 2008 年广州地区收听率调查中,羊城交通广播的节目收听率在赛立信的收听调查中位居第二、三位,更在央视索福瑞的收听调查中长期位居第二。

4.价值

因为是以市场为导向的广播电台,羊城交通广播从创办至今一直走市场化路线,高度关注市场需求,同时有较强的市场危机感和行业竞争感,创新意识和竞争意识突出。该电台在节目形态创新和理念创新上尤为突出,走在其他交通广播前面,并为其他电台所借鉴和仿效。

(1)节目形态创新。羊城交通广播首先提出了节目播报角色化的理念,以增加节目播报的趣味性和生动性。

1993 年 7 月 30 日起,羊城交通广播对交通消息的播报形式进行了包装,推出"路氏家族"。路氏四兄妹分别为路路通、路灵灵、路文文和路琦琦。四人定位不同,其中路路通是司机老友,路灵灵是司机妹妹,路琦琦是司机太太,路文文是司机女友。四人播报风格各异,路路通风趣幽默,路灵灵机灵可爱,路琦琦温柔体贴,路文文善解人意。除了为每个人设计数十款版头外,还为每个人设计了几十款口语和警语。口语为播报语言,警语穿插在口语中。电台在强调四人个性的同时,也强调"路氏家族"风格的统一,在节目中对四人进行统一包装外,对外宣传主打"路氏家族"品牌。同时,为其量身制作了一系列节目,如《路氏提点》、《路氏家族金光闪闪》、《金光闪闪好人篇》、《金光闪闪秒锦囊》、《金光闪闪有样学样》、《路氏家族有趣局》等。路氏四兄妹对交通消息播报各具特色的演绎很快使"路氏家族"在交通信息节目中独树一帜,成为羊城交通广播的王牌节目,长盛不衰,为一些广播电台所效仿,其中便有浙江广电集团交通之声的《路灵灵》和《有理走天下》。

因为羊城交通广播的节目办得好,办得出彩,吸引了其他交通广播的同行前去取经学习。他们主要是来拿节目表,然后跟我们聊,因为我们的节目是广东话的,他们听也听不懂,但是这个思路呢,全国各地,现在办得好的都来过了,都跟我们交流过了。他们拿着节目表,很详细地一个节目一个节目地问。有些主持人来,也问得很仔细。①

(2)理念先进。第一个较为突出的理念是"看得见的广播"。广播的特点可以简单地概括为有声无形,同时具有同步性和伴随性,且互动性强。在 20 世纪中期电视尚未普及之时,广播优势明显,但当电视开始进入千家万户后,广播的竞争优势受到削弱,媒介主导地位开始被声像俱全的电视取代。在图像年代与电视一较高下需要全新的办台理念,广播从无形到有形的设想便成就了"看得见的广播"的理念。

所谓"看得见的广播",即"让广播的神秘适可而止地走到阳光下,走到听众中,把时空广播的感觉变为主持人与听众面对面的广播"。② 其实也就是让广播走出演播室,消除广播只闻其声不见其人的弱势。

相较原来看不见的广播,看得见的广播好处明显。"从产业化经营的角度看,看得见的广播能够提高企业的社会知名度,促进企业经营理念的实施,推动企业发展。从企业文化的层面讲,看得见的广播通过策划户外活动,能够彰显电台的文化精神和整体素质。从经营创收的角度看,办看得见的广播是广播产品销售的一种手段,也是开发多种经营的一种手段,一来可以增加广播广告经营品种,二来通过打造主持人带来的偶像效应可以在公众中产生影响力,最终实现赢得市场的目的。从培养主持人角度出发,看得见的广播可以让走出演播

---

① 　与广东人民广播电台总编室主任(原羊城交通广播电台台长)林玲的访谈。

② 　潘永汉.办看得见的广播[M]//潘力,乐建强.交通广播总监启录.北京:北京广播学院出版社,2004:24.

室的主持人有更多展示才华和个性的机会,利于其丰富个人阅历,获取主持经验,同时培养主持人在播音室里做到'眼中有观众'的播音技巧。从价值观理念看,看得见的广播符合广播'三贴近'的特点,反映了其'贴近都市、贴近市民'的价值观和'引领都市潮流'的价值观。"①

提出该理念的羊城交通广播将"看得见的广播"付诸实践,开展了一系列主题活动(见表1-4)。②

表1-4　羊城交通广播主题活动

2010 年 3 月 14 日	羊城交通广播联合广东省消费委员会、南方电视台、羊城晚报社、新浪广东等多家媒体举办"爱在 1052——关注 315,关注消费者权益大型咨询会",邀请知名主持人和消费者委员会、资深维权律师,在现场面对面接受消费者投诉。
2010 年春节期间	羊城交通广播与南方电视台联合推出"温暖回家"公益活动,帮助无法回家过年的听众在节前顺利回家,平安过节。
2010 年年初	面对西南大旱,羊城交通广播组织"爱在 1052——'南粤甘泉'抗旱救灾系列行动"。

另一个较为突出的理念,用电台总监林玲的话说就是"整体效应"。所谓"整体效应",就是把节目、广告组合起来,形成强大的"广播气场",具体表现为羊城交通广播的节目不是像珠江经济台那样走大版块模式,版块间彼此独立,而是基于市场和听众需求把它作为一个整体来设计和安排,类似于集群效应。也就是说,交通广播的每一个节目单列出来的竞争优势可能没那么强,但是把节目排到一起形成一个节目群的时候,它的整体优势就发挥出来了,其实这就是"节目聚合",同时把广告整合进聚合起来的节目中,形成集中的广告效应。

节目的整体效应靠的是整体的规划,节目的骨架要非常扎实和清晰。具体而言,就是以交通消息作为主线、主干,里面有各种的信息服务,此外加入音乐、歌曲,外带广告,这是节目的"竖线";然后再设计横向的节目,按照司机出行的需要来设计节目,比如说早晚的高峰期,两个高峰时段要抓住,要提供比较完善的资讯类的服务,其他的时段就要轻松一点,这就是节目的"横线"。③ "竖线"和

---

①　潘永汉.办看得见的广播[M]//潘力,乐建强.交通广播总监启示录.北京:北京广播学院出版社,2004:24.

②　王媛.广东交通广播品牌价值构建的启示[J].中国广播,2011(2):77-79.

③　与广东人民广播电台总编室主任(原羊城交通广播电台台长)林玲的访谈。

"横线"构成了节目的整体性,产生了强大的辐射力。羊城交通广播在节目结构上的创新确实产生了独特的结构效应,单个节目之间存在着有机的联系,节目之间的过渡随着听众的需要而渐变,张(交通信息播报)弛(音乐、娱乐等)结合,更贴近车内听众的收听心理。

(三)中国交通广播之北京范式

1.创建

北京交通广播的创办背景同样是车辆增加、交通拥堵。司机对交通讯息的需求加大,交警管理交通也需要广大交通参与者配合。北京交通广播的创办既非政府行为,也非台外公司促成合办,而是电台主动拓展的结果。北京交通广播的前身是北京电台与北京市公安交通管理局在北京经济台合办的"红绿灯"节目,然后从节目扩展为整个电台都以交通为主。1993 年 12 月 18 日北京时间7 点整,北京交通广播正式开播,播出频率为中波 927 千赫(后改为调频103.9),是与北京市公安交通管理局合办的电台,也是北京人民广播电台七个系列台之一。

2.发展概况

开播伊始,北京交通广播就致力于为驾乘移动人群提供良好的服务,使节目更具"交通"专业特色。它以城市交通信息为专业性内容,把提供及时、准确、权威的路况信息作为核心内容。为了满足听众获取实用性信息的需求,北京交通广播建立了一套满足听众需求的现代化路况信息网,并将路况报道由静态转为动态,由单向改为双向,由点到线到面,充分体现了一个交通广播频率应具有的专业精神。[1] 2001 年,在全国广电系统中率先通过 ISO 9001 质量管理体系认证,获得与国际接轨的"通行证"。[2]

在广播经营方面,北京交通广播表现突出。开播之初,北京交通广播率先在全国实行广告经营行业代理制,并不断对自身的经营模式进行调整和完善,1994 年下半年就实现盈利,创收 318 万元。1999 年率先在全国实行广播竞标政策,2000 年广告创收达到 6032 万元,位列全国广播单频道广告创收第一[3]。

① 孙树凤.北京交通广播的借鉴意义[J].中国广播电视学刊,2003(10):15-17.
② 李秀磊.北京交通广播[M]//潘力,杨保林.困境与出路:新媒体生态下的中国交通广播.北京:中国传媒大学出版社,2012:8.
③ 李秀磊.北京交通广播的"昔"[M]//交通广播二十年.北京:文汇出版社,2011:13.

2002 年突破 1 亿元大关,2003 年达到 1.5 亿元,2005 年突破 2 亿元,2007 年超过 3 亿元,2008 年达到 3.34 亿元。2008 年荣获"中国广告 30 年历史贡献奖"。2009 年,在全球金融危机的冲击下,北京交通广播审时度势,把握机会,果断采取合理、适当、有效的广告策略,使得广告收入逆势增长,继续保持全国广播媒体单频道第一的佳绩,一举突破 4 亿元大关。[①]

进入 21 世纪,北京交通广播积极融入新媒体。目前,北京交通广播已经推出北京交通广播网,通过这个全新的平台,交通广播的节目、主持人、品牌活动得到了进一步的宣传推广。随着微博的广泛应用,北京交通广播也以频率、栏目等为主体加入其中,通报路况、提供实用信息、收集线索、展示北京交通广播员工的风采。通过微博的强大功能,北京交通广播在新媒体中扩大了影响力。[②]

由于北京交通广播在节目设置运作、品牌构筑等多方面的努力,自 2000 年来,该台已经连续 12 年成为中国最具广告吸引力的交通广播台。以 2007 年为例,北京交通广播广告创收超过 3 亿元,是排名第二的深圳交通电台的近三倍。[③] 北京交通电台也是行业内第一个通过 ISO 9001 质量管理体系认证的电台,确立了"交通广播"作为中国广播媒体强势品牌的地位。

3.价值

在中国交通广播三大范式中,北京交通广播电台可以说是发展最成功的一个。因与公安交警合作办台,与目前大多数交通广播电台的创办模式一致,可借鉴之处较多,概括起来,主要有五点:市场共赢理念、目标听众服务意识、定期的市场调查机制、品牌意识和内部激励机制。

(1)市场共赢理念。开播之初,北京交通广播率先在全国实行广告分行业代理制,电台的广告外包给专门的广告公司。北京交通广播的创始人最早提出了这种市场共赢理念,按他的话说就是想方设法让广告商赚钱,进而留住广告商,最后实现双赢的目标。如果你赚到钱了呢,你就不跑了,你就好好干,但是你赚到的那个钱,自然是小钱,我赚到的是大钱,我让你赚到小钱,就意味着我

———————

① 李秀磊.北京交通广播[M]//潘力,杨保林.困境与出路:新媒体生态下的中国交通广播.北京:中国传媒大学出版社,2012:10.

② 王玉玲.北京交通广播——多渠道营销战略巩固品牌核心价值[J].传媒,2012(11):25-27。

③ 数据来源:中国交通广播网.

一定赚到了大钱。① 实践证明该理念确实有效,1994年下半年电台就实现盈利,创收318万元。1999年,电台率先在全国实行广告竞标政策,2000年广告创收达6032万元,位列全国广播单频道创收第一。2002年北京交通广播的广告收入突破一亿元,此后连续11年位居全国广播单频道广告收入首位。

(2)清晰的听众定位和目标听众服务意识。北京交通广播在创办初期就将目标听众人群定位为出租车上的乘客,同时将司机看成"广播的开关源",这一点跟上海、广州、浙江等后来跟进的交通广播都有所不同,北京交通广播从一开始就非常明确:目标受众群体为乘车的人,而非司机,包括出租车司机。所以他们根据坐车人的需求设置节目,但同时编排各种类型的活动服务好坐在前排的"开关源"——司机这一群体。

为了稳定出租司机的收听,让他们一上车就打开北京交通广播,最大限度发挥其辐射乘客的作用,电台在开办初期就树立了良好的目标听众服务意识,通过开展一系列针对出租司机的服务,强化其同电台的黏合度,进而辐射到车上的乘客。这在一定程度上扩大了听众群体,丰富了电台的节目形态。目标人群很明确,第一,我们要照顾到司机,乘车人什么都有,领导、打的的,确定不好,那我就先顾司机。抓住了这些,也就抓住了那些人,因为司机开着收音机,你乘客不听也得听。司机需要什么,想要什么,除了我们这里能做的,还可以牵线搭桥再帮着他干点什么,人嘛,就这样。你得跟听众建立起关系,让他觉得这里跟他有关系,他听了,就愿意参与了,所以在这些方面,我们确实做了不少工作。简单说,现在还有给司机找对象的呢。②

正是因为这种思路,司机成为北京交通广播的忠实"开关源"。但实际上,完全针对司机群体的节目在北京交通广播中还是比较少的。

(3)定期的市场调查机制。为了满足目标听众需求,使节目更具针对性,北京交通广播注重对节目进行定期的市场调查,通过市场调查了解目标听众的喜好再决定是否开办相应节目,以确保节目适应听众需求。

北京交通广播在节目安排以及其他内容的选择上确实是比较精细的,每一个节目开办之前都要经过科学调查,确保其针对性和有效性。节目开办一段时间后也会开展对节目影响力的市场调查,并根据调查结果做出相应调整,好的

_____

①② 与北京交通台首任台长的访谈。

节目保持,差的节目删除,以确保节目质量。[1]

(4)品牌意识。北京交通广播有较强的品牌意识,注重打造品牌,树立媒体形象。他们主要通过三种形式来打造品牌形象。第一,开展各类主题宣传活动,如 2012 年"北京最美乡村路"大型评选宣传活动、每年进行的国际车展、"路德日"等报道。第二,热心公益。电台自开播以来就热心公益,到目前为止已开展一系列公益活动(见表 1-5)。公益活动充分体现了北京交通广播服务于社会、承担社会责任的公众形象,进而强化和突出了其媒体品牌,这也是北京交通广播相比其他交通广播的一大亮点和特色。开播以来,北京交通广播为各类社会公益事业的捐助款额和发起的各类公益行动累计募集善款数额超过 2.2 亿。[2] 第三,包装频率。其中包括创办《百姓 TAXI》(现更名为《北京漫步》)杂志和宣传画册,制作公益广告,举办文艺晚会和主持人演唱会,制作特色鲜明的台歌、台标识、台训等,以期在听众心中树立良好的品牌形象。

表 1-5　北京交通广播举办的主要公益活动

开播之初	北京交通广播号召员工积极投身"希望工程",33 名员工每人都资助一名失学儿童。
1996 年	北京交通广播在出租车行业中募集善款 65 万元,在河北武邑县鲍辛庄建起一所希望小学。1997 年 5 月,北京的士希望小学落成,成为希望工程启动以来首座以行业名称命名的学校。
1998 年	长江、松花江流域发生特大洪涝灾害,交通广播发出"众志成城,重建家园"倡议,向洪水灾区募集善款 230 万元,除救助灾民外,还在湖北恩施重灾区建立两所希望小学。
2000 年	北京交通广播联合中国青少年发展基金会等发起建立中国第一个专项公益基金——"北京的士爱心公益基金",先后分六批向 30 多名特困出租司机及家庭发放资助款,资助金额达 20 多万元。2004 年 7 月,基金还向近四万名出租司机捐赠了价值 500 万元的职业病治疗药品。
2003 年	电台成立北京交通广播名人俱乐部,组织公众人物参与交通安全大型公益宣传活动,开展"交通安全夏日文化广场"和"有爱就有希望——为特困大学生募捐宣传周"等活动。

(5)内部激励机制。为了确保节目专业性,打造品牌节目,培养一批专业人

---

① 与北京交通台首任台长的访谈。

② 李秀磊.北京交通广播[M]//潘力,杨保林.困境与出路:新媒介生态下的中国交通广播.北京:中国传媒大学出版社,2012:9.

才,北京交通广播较早对内部管理体系进行了改革,率先建立内部激励机制,改变原来吃大锅饭的局面。北京台之所以有今天,是因为它较早地在内部改革,调理了内部激励机制,就是现在所说的什么事业单位改革,要绩效工资,北京电台从九几年就开始了。[①] 改革后,电台按质按量计工资,同时按照收听率给予奖惩。每个节目都要招标,一个节目多少钱,一个月多少次,每个人都知道自己的收入有多少。另外,每周、每月都有市场数据,根据节目的市场情况来确定奖励份额,这样就对提高节目的质量起到了推动作用。[②]

就岗位管理而言,对所有工作人员评定一、二、三等级。岗位管理的目的是在内部形成合理的竞争机制,充分调动员工的积极性。[③]

第三节　中国交通广播范式的评估与变化

一、范式评估

交通广播首先在北、上、广三大城市创立,得益于三个城市的经济发展情况和汽车数量的猛增。三大城市也有各自不同的情况,交通广播的出现时间存在差异,后期发展情况均不同。

上海首先创办交通广播是主客观原因的结合。客观上,改革开放后,长三角地区的经济发展比珠三角地区快,城市化进程较快,交通拥堵已严重妨碍市民出行,影响生活质量,市民和交警都苦不堪言;主观上,市政府很重视交通管理,将改善交通作为十大民生建设之一予以重视。到目前为止,在交通领域的行内人看来,上海的交通管理在全国范围内是领先的。这也很好地解释了为什么中国第一家交通电台出现在上海,而非拥有中国第一家经济广播电台——珠江经济台的广东,也非首都北京。

而上海交通广播又是三大范式中较为特殊的一个,因为它的创建得益于政府行为,带有一定计划经济的色彩,与政府等职能部门的紧密结合是它的一大

---

①②③　与北京交通台首任台长的访谈。

特色,给该台带来好处的同时也带来了弊端。好处是它能够坐享政府为其开办和发展制定的优惠政策,跟建委的合作帮助其获得全市的交通网络系统,不管在当时还是现在,这套技术都是非常先进的,也是很多地方台无法效仿的。弊端在于容易故步自封,缺乏后劲。凭借全国第一交通广播的优势,在创办初期的一段时间里,上海交通广播一直走在其他交通广播的前面,无论是在节目形态上还是技术应用上,创造了多个第一,但随着羊城交通广播和北京交通广播的崛起,上海交通广播的办台模式很快就显得落后了。个中原因很多,比如他们把重心放在电视上而轻视广播,导致交通广播的人员配备不够强大。同时也与它长期养成的依附政府的习惯相关,"皇帝女儿不愁嫁"的心态导致其缺乏持续创新的动力和意识。

羊城交通广播从创办至今完全走市场化道路,面向市场的经营管理模式为电台的发展提供了相对自由和灵活的环境,也使该台在市场竞争面前时刻保持着危机感和创新意识,这在节目设置和营销上都有较为突出的表现,同时能使该台根据市场和听众群的变化而适时转型。比如,在 20 世纪 90 年代初期,该台主要针对职业司机;但是到了 20 世纪 90 年代中期,私家车逐渐增多,电台的定位就开始往中产阶级靠拢,节目也开始讲究品位。①

但是羊城交通广播电台的市场化模式也存在弊端。因为从创办副讯道开始,就一直有电台外面的力量参与,电台归属权在开始的一段时间里并不完全属于电台,导致母台(广东人民广播电台)对其的支持力度很小,连大调频资源都没有批给它,这一失误直接导致今天的羊城交通广播仍然是小调频,覆盖范围受到限制,这在很大程度上限制了它在珠三角地区的发展空间。

总的说来,羊城交通广播在交通广播历史上具有举足轻重的地位,它打响了交通广播市场化的第一枪,开创了交通广播市场化的先河,节目的多样化和活泼性都得到业内的认可,也为许多地方的交通广播所效仿。在输出办台经验上,羊城交通广播是值得称道的。

北京交通广播是三大范式中最晚出现的,但就目前的创收情况看,却是三大范式中发展最好的,广告创收多年来一直位居全国交通广播榜首。这得益于它在全国首创广告分行业代理制,以及电台长期以来与各广告商保持的良好合作关系。

---

① 与广东人民广播电台总编室主任(原羊城交通广播电台台长)林玲的访谈。

除了广告创收全国领先外,北京交通广播的专业性也一直为人称道,它的专业化可以概括为既叫好又叫座,叫好的原因主要是它的内部体制,其中包括内部激励制度、分台竞争、绩效工资、员工分等的理念,很好地在台间和台内保持了一种积极向上的竞争氛围,进而提升了电台的专业性和竞争力。同时,也得益于总台对其的支持。当时的北京人民广播电台非常重视处于一线且发展前景大好的北京交通广播,在资金和人员上给予大力支持。

物力上的支持表现为增添新设备、更新旧设备,这使得北京交通广播从创办初期就有很好的硬件条件,为今后的发展奠定了基础。北京交通电台的设备、工具,在全国是唯一的,在世界上是一流的。①

同时,北京交通电台特别重视对人才的培养,不定期地组织一批员工出国访学或者在本地进修,提高了台内工作人员的业务素质,帮助他们开阔眼界、创新思维。台长本人也曾多次出国访问,吸收先进办台理念。这是北京交通广播获得成功的一个关键。②

节目叫座得益于对市场调查的重视。时任北京交通台首任台长认为这一做法对于北京交通广播的成果至关重要。

从办交通广播开始,北京交通台每半年、一个季度就开始调查,那时候都是比较密集的,现在每周都有数据了,它可以检测节目的变化以及这个节目的生命力、在听众中的影响力,这是很重要的。③

节目叫座也与品牌意识分不开,通过不同形式的主题宣传活动和公益活动,让更多的听众参与到活动中,增加了与听众的黏合度,由此确立了北京交通广播的社会美誉度,这对于提高节目的渗透率和影响力都是有益的。北京交通广播的公益活动在全国交通广播中较为突出,也启发了各地交通广播,如捐助出租车司机的"爱心基金"就曾为浙江广电集团交通之声所效仿。

北京交通广播是三大范式中最成功的一大范式,起步最晚,但发展最好,专业性强的同时也很好地兼顾了市场,可谓名利双收。当然,这除了得益于电台的创办团队具有远见和积极创新外,也得益于它起步晚的事实,这样就可以规避其他交通广播的很多缺点,继承和发扬他们的优点。

---

① ③ 　与北京交通台首任台长的访谈。

② 　与广东人民广播电台总编室主任(原羊城交通广播电台台长)林玲的访谈。

第一章　中国交通广播的基本范式

二、范式转移及其原因

从三大范式的发展历程中不难看出，就性质而言，交通广播经历了从最初的交警宣传执法平台到市场化运用的商业电台的转变；就提供的内容而言，中国交通广播的三大范式经历了从专业到综合的转变、从交通到大交通概念的转变；就理念而言，经历了从纯粹的信息播报到提供服务的转变；就目标听众群定位而言，则经历了从单一的出租车司机人群到包括司机和私家车车主在内的移动人群的转变。究其原因，以上转变的发生主要与听众人群的转变、类型化广播的发展、交通资源垄断优势被打破、社会环境的变化等因素相关。

（一）听众人群转变

交通电台的听众群经历了从以出租车司机为主到出租车司机和私家车车主兼顾，以私家车车主为主的转变。

产生上述转变的原因主要有两点：一是经济发展带来的私家车的日益增多，随之而来的便是私家车车主群体的日益壮大，而私家车车主较原来的出租车司机拥有更强的消费能力，更能吸引广告商；二是各地交通广播兴起后竞争加剧，节目同质化问题严重，交通广播已有的针对出租车司机的节目过于陈旧、不合时宜，需要寻求新的突破口，定位亟待转型。我们不能光服务出租车司机，因为现在坐车和开车的人跟以前不一样，我们是不是该考虑这些人群。还有，高速出行这一方面，肯定不是以出租车司机为主的。那么，我们就考虑要转型，出租车司机不放弃，但要考虑更多的私家车车主。[①] 相比出租车司机，私家车车主的知识层次更高，对节目的要求更多，也更苛刻，对广播的专业性提出了挑战。

在处理出租车司机和私家车车主这两类听众群体的关系上，各地交通广播偏重也有不同。开始的时候，交通广播以出租车司机为主要听众人群，为留住这部分人群，除了通过节目直接为他们服务，还对他们关爱有加，以浙江广电集团交通之声为例，电台会组织为一些需要帮助的司机朋友捐助"爱心基金"。只要出租车司机遇到困难，包括生病、车祸、抢劫，我们都会第一时间为这些司机捐助。在出租车司机群体中形成口碑就是从那个时候开始的，因为他们觉得自

---

① 与浙江广电集团交通之声总监助理兼 93 节目中心主任张家英的访谈。

己是被关爱的。① 如前所述,北京交通广播走得更远,为了增加同出租车司机的黏合度,增加司机对节目的参与度和关注度,甚至还曾通过广播给司机师傅找对象,他们把这种事情也视为听众服务。

随着私家车的爆发式增长,交通广播开始将节目重心放在更具消费能力、更能吸引广告客户的私家车车主上,专门针对出租车司机群体的节目明显减少,主要通过线下的活动将他们变成节目源,发展成为电台为民服务的一支队伍,变成行动力的载体。这主要是因为出租车司机群体更容易组织起来为电台所用,凝聚力更强。以浙江广电集团交通之声为例,较为典型的案例便是"阳光车队"。阳光车队由一群出租车司机组成,刚开始的时候主要是为交通之声提供路况讯息,类似于爆料人,人数也较少,发展到后期,加入阳光车队的人数越来越多,它成为一个较大的固定群体,成员在继续充当信息员的同时还参与到很多电台组织的活动中,是电台活动营销大军中的一分子,在帮助电台树立品牌形象的过程中功不可没。我对阳光车队感到非常自豪。这群人在出租车司机这个群体中是最优秀的,虽然从事的职业比较辛苦,但他们总是积极乐观。我们在恰当的时间把这群人组织起来,而且其中很多人从开台就跟着我们,跟着我们走了 16 年。②

在维系同这部分固定听众群兼参与者的关系上,浙江广电集团交通之声也陷入过迷茫。以前,节目的设置就直接针对他们,但现在已经没有专门为他们设置的节目。出租车司机群体有段时间很失落,觉得"93"(浙江广电集团交通之声的播出频率是 FM93)不要他们了。③为了弥补这一点,交通之声也采取了一系列措施。首先,要让他们有荣誉感和自我价值的呈现。我们给他们设置专门的 LOGO,出去戴着这个徽章,别人就知道你是"93"的阳光车友,这就区别于普通的驾驶员。所有阳光车友做的爱心活动,我们都会给出证明,让他们到公司和运管获得加分。其次,从情感角度出发,我们会将当月生日的驾驶员聚在一起,选一天由主持人、记者轮流陪他们过生日。不仅会买生日蛋糕,还会给"寿星"发一些实用的小礼品。这个传统一直持续到现在。我们还会特意为这群人过中秋、端午、小年夜等传统节日。因为这群人本来就没有休息,而且很多是外地人,甚至过年都回不去。所以,小年夜我们甚至会邀请他们全家一起吃

---

① ② ③ 　与浙江广电集团交通之声总监助理兼 93 节目中心主任张家英的访谈。

个饭,搞个联欢,然后安排台里的记者、主持人跟他们一起表演节目,开展互动。[①] 目前,阳光车队是交通之声一支非常重要的听众队伍,也是重要的品牌传播渠道。当然,如今的交通广播听众主体已经不再局限于出租车司机和乘客了。这是最近十多年来交通广播发生的最大的变化之一。

(二)资源优势转弱

汽车时代的来临,使得交通广播对城市交通管理的协助作用引起了各省市政府的关注和重视。政府积极鼓励各级广播电台开办交通广播,在政策和经费上给予支持。

21世纪,交通广播进入了稳步、持续发展阶段。目前全国除西藏自治区外,所有的省、直辖市、省会城市和许多地市都开办了交通广播。此外,一些综合频率也纷纷在交通高峰时段开设交通节目。从1991年至今,全国已有交通广播频率百余家。就一省内部而言,交通广播也呈现出遍地开花的态势,如江苏省一省就有交通广播14家,杭州除了浙江交通广播外,还相继出现了"西湖之声"汽车电台、杭州交通广播等,交通资源垄断的局面被打破,各交通广播争夺交通资源成为常态,交通广播间的竞争加剧。

城市交通的日益发达、城市车辆的日益增长都为交通广播创造了更大的空间,而随着广播伴随性趋势的日益强化,越来越多的专业化广播频率开始把竞争的目标投向这一空间,交通信息播报不再仅限于交通广播,而分布于不同的专业台中。

此外,网络、手机延伸服务、声讯电话服务和车用GPS服务的产生,平面如黄页、各种指南、地图等的丰富,也在客观上蚕食着交通广播的生存空间,冲击交通广播一度对交通讯息独占的局面。

随着交通资源垄断优势的改变,未来交通广播的定位可能会向服务性和伴随性转移,但交通广播在交通资讯专业化方面的地位不会动摇,这得益于交通广播多年发展积累的资源和培养的一批专业人员。信息获得的有效性是有差异的,比如你的汽车现在方便上网,你会看到网上的信息有效性和它覆盖的广泛性还是差的。现在北京有交管局的网、我们的网,北京交通委员会还有一个吧,但我觉得还是我们的更新最快,因为我们是一直有人在那里盯着这些东西的,一直有人在做这个事情,这是一条;还有就是,有些信息,是他们没有的,他

---

①　与浙江广电集团交通之声总兼助理兼93节目中心主任张家英的访谈。

们还要问我们要,比如说一些小街小巷。那些地方,出了事儿,警察也不知道,警察也不在那里。司机在那里,信息及时性和鲜活性都比较好。警察呢,他主要管主干道,有些小的他也管不了这么多。①

总体而言,虽然交通广播的绝对资源优势不再,但是既成的交通信息传播格局仍然不会有太大的改变,即使智能手机和移动上网发展迅猛,也不能从根本上改变广播本身具有的传播优势——伴随性收听,何况交通管理部门对开车使用手机的管理措施也在一定程度上限制了移动上网对交通广播的威胁程度。移动上网反而对交通广播更加有利,因为微博等终端应用的兴盛给交通广播提供了新的信息渠道和沟通渠道。比如浙江广电集团交通之声的官方微博目前已有130万粉丝(至笔者撰稿时),为电台举办活动、联系听众、发布信息以及听众爆料提供了更多的便利。

(三)类型化广播的发展

类型化广播的概念源于美国,原意是格式化的广播(Format Broadcasting),即频道不再分拆时段去打造不同栏目,而是全频率地去打造一种概念,传播一种文化,经营一类人群。换句话说,听众在任何时候收听这个频道,听到的内容都是基本相同的,不再需要在固定时间锁定自己喜欢的内容,这就极大地拓宽了受众对整个频道的接受程度。

类型化广播的另一个特点是伴随性,不再仅把广播当成宣传工具,这本身就是一大跨越。国内较为知名的类型化广播是中央人民广播电台的音乐之声、经济之声等频道,其频率覆盖全国,实现了类型化广播对收听人群的区隔作用。但是,类型化的整频道概念在我国仍然没有得到广泛关注,类型化广播仅限于某些地区的电台的区域性类型化,这与国有电台机制不无关系。

随着类型化广播的需求日趋扩大,一些民营的广播广告运营公司抓住市场的空白,在全国一些城市进行了开拓性的发展,整体代理甚至承包广播媒体,在打造出黄金频率的同时也开启了类型化广播在中国的加速发展,在市场运营上收益颇丰。

与美国等西方国家的电台基本为类型化广播的情况不同,中国类型化广播的数量还不多,发展也较为缓慢,但随着广播竞争的日益加剧,资源垄断局面被打破和新技术日益出现并普及,类型化广播很有可能成为未来中国广播的主

49

① 与北京交通台首任台长的访谈。

流,当然也是交通广播转型的一种途径。类型化广播提倡的去版块化、全频道包装和运营的理念已经在一些较有影响力的交通广播得到应用,如羊城交通广播和浙江交通广播就在尝试这样做。类型化广播注重广播对听众的伴随性,这一特点也得到一些交通广播的认可,比如北京交通广播就曾设想向伴随性媒介转变。

(四)广播生态环境变化

1.技术革命兴起

以新兴科技为代表的新媒介技术革命方兴未艾,媒介交叉、媒介融合、媒介互动已成为各种媒介不得不考虑的发展趋势。在全媒体时代,交通广播已不再局限于声音广播,而呈现出音频广播、视频广播、网络广播、手机广播、数据广播等全方位发展的态势。

就技术层面来讲,更新换代速度非常之快,能否拥有先进技术并在第一时间掌握和运用成为新媒介生态环境中媒体竞争的重点。浙江广电集团交通之声在全省范围内的成功也得益于同频覆盖这一先进技术的应用,这一技术使该电台的频率能够覆盖全省,突出了传播渠道的优势。北京交通广播近年也开发了一款软件,集收听、互动与服务于一体,方便私家车车主收听电台、与主持人互动的同时,及时获得帮助。通过这款软件,可以实时收听交通广播,也可以跟主持人互动,可以说话,可以发短信,它无论在何时何地都能使广播和听众之间保持互动。乘坐出租车的听众可利用这个软件寻找离你最近的出租车,可以与该车的司机互动,司机也可以及时找到你,拉你去目的地。①

新媒体的不断涌现,也使得新闻线索的获得更加容易,与此同时加剧了信息同质化问题,进而加剧了媒体间的竞争。在独家信息越来越难获得的今天,如何将一样的新闻做出新意和亮点成为媒体需要重视的问题,交通广播也不例外。未来的交通广播可能会更偏重服务,而非纯粹的交通信息播报。北京交通广播提出一个概念——陪伴。也就是说在这个点车很多,一开就堵,一堵就烦,我跟您说笑话,我给您说路况,我不停地给您讲笑话,给您说点可乐的事儿,那主持人说得神采飞扬的,会缓解人的心情。这也是人们听的原因,这个叫什么,叫服务也是可以的。② 从现在各地的交通广播节目来看,服务听众已经是很明

---

① 与北京交通台首任台长的访谈。

② 与北京交通台首任台长的访谈。

显的发展趋势。

新技术也会改变广播原有的生态,创造出新的广播形态,有益于广播发展。比如微信的出现就在很大程度上提高了广播和听众之间的互动效率。现在有许多广播节目利用微信制作节目,甚至包括征集选题、提供内容,当然更多的是有选择地播出听众的意见(包括声音信息与文字信息)。像微信这样的互动手段,对音频的利用可能又会给广播带来新的形态。曾经的热线让广播一下子火了,交流形式发生了变化,老百姓觉得他就是我,我就是他,我参与了你的传播,跟网络的传播又不完全一样,它是一种真实的传播,具有很大的魅力。[①]

2. 社会环境趋向规范

改革开放初期城市服务功能缺失,交警执法不当的现象普遍,车主投诉很多,交警和车主间的矛盾较多,于是广播投诉类节目应运而生,并在规范交警执法及缓和两者矛盾方面发挥了重要作用。一些交通广播的品牌节目里就有投诉节目,如浙江广电集团交通之声的《有理走天下》。《有理走天下》节目走红的背景是道路交通执法问题严重,车主对此十分不满,这才有电台站在听众这边向管理者讨说法。但是,随着中国法制环境的不断改进,交通执法日益规范,交通广播中一些曾经红极一时的投诉类节目开始显得不合时宜,亟待转型。像《有理走天下》这个栏目,由于对交警的投诉逐年下降,所以栏目的触角已经不仅仅在交通执法领域,而逐渐延伸至一般消费领域,成为老百姓消费投诉的一个窗口。

设想,如果道路交通参与者的素质不断提高,道路违章以及由违章所造成的拥堵现象得到缓解,再加上公共交通(特别是地铁)不断完善,道路建设更加完备,交通广播也许会逐渐失去它的优势;人们的日常出行将更便捷,也更规范,不会频繁遇到大量的不确定因素,因此也会减少人们对交通信息的需求。而对出行不确定因素的消除正是交通广播赖以存在和发展的基础。再者,如果汽车消费环境也更趋规范化,正常的投诉渠道能够发挥有效作用,那么人们对交通广播的依赖性也会降低。正如上文所说,西方发达国家之所以没有专业性的交通广播,其中一个重要原因就是他们的社会环境、汽车消费环境、交通环境都比较规范,因此也就不那么需要专门的电台服务。

---

① 与浙江广电集团交通之声总监助理兼 93 节目中心主任张家英的访谈。

第四节　浙江交通广播范式

　　浙江广电集团交通之声可否称为上述三种范式之外的第四种范式？也许自成一派的称谓不那么重要，但是交通之声确实有别于前三种交通广播范式。就其创办模式而言，浙江是北京范式的延伸，也是电台和公安交警部门合作创办。但是，北京是首都，是直辖市，北京交通广播主要服务于北京市区，而浙江是一个省，地理范围远大于北京市，交通之声服务于浙江全省，一个频率覆盖全省的交通广播在全国的交通广播中也是不多见的。相比羊城交通广播，虽然都属于省级电台管辖，但是羊城台是小调频，在技术覆盖上不能与浙江台相提并论。与上海交通广播相比，浙江交通广播是以电台为主体，政府色彩淡，办台的自主性高。由此可见，浙江广电集团交通之声的特点还是很明显的。

一、发展历程

　　1997 年，浙江人民广播电台和浙江省公安厅交通警察总队（现名为浙江省公安厅交通管理局）开始筹办交通广播。就交警方而言，启动创办交通广播是为了完善交通管理，主要有三大任务：第一个任务是宣传交通法；第二个任务是提供交通信息，就是实时提供交通安全、道路通行、交通管理政策信息；第三个任务是接受群众监督，维护群众利益。

　　创办初期，交警总队和广播电台有明确的任务分工，交警总队主要负责提供信息和资源，广播电台主要解决播报和人才问题。办台费用双方各出一部分，以交警总队为主。

　　浙江广电集团交通之声于 1998 年 5 月 18 日正式开播，是浙江省内首家交通类专业广播，浙江省文明办、纠风办、应急办、公安厅交管局、交通厅、高速公路交警总队等为其重要战略伙伴，它还与浙江高速、民航、铁路、公路、路政、航运、气象中心等合作。

我们可以通过表 1-6 大致了解交通之声的发展重点①：

表 1-6　浙江广电集团交通之声发展重点

1998 年	交通之声第一个记者站在绍兴成立,2000 年基本完成浙江 11 个地市的记者站派驻。
2000 年	经国家广电总局批准的同频同步覆盖技术在浙江交通广播试点通过验收,首家实现同频同步收听。两年时间里广播信号同频同步覆盖浙江 11 个地市。广播信号有效覆盖了浙江接近 80％的区域,为交通人在浙江大地构筑了庞大的广播服务网、交通诱导网,忠实听众超过 810 万人。
2003 年	交通之声主动申请实践广播文化体制改革,被列为全国广播文化体制改革试点单位②。 同年,第一个省外记者联络站在上海挂牌。 中央文化体制改革工作拉开帷幕,浙江广电集团交通之声成为广播文化体制改革的全国唯一试点单位。
2005 年	宣传与经营成功剥离,交通旅游传媒公司成立。③
2006 年	通过浙江交通旅游传媒有限公司投资黄山广播,交通之声开办了国内首家股份制合作广播——黄山交通旅游广播。④ 同年,交通之声的广告创收跃居省内广播单频经济创收第一位,并搅动和引领着浙江广播的发展。
2008 年	交通之声通过交通旅游传媒公司组建的汽车呼叫服务中心 96093 正式启用,广播服务从有声语言服务向生活事务服务延伸。⑤ 7 月,交通之声与旅游之声实施频道整合,在"一套班子、一个团队、两个频道、一个经营平台"的指导思想下,实现了广播的新闻信息资源共享、活动资源共享、后勤资源集约、频率平台优势互补。⑥
2009 年	交通之声在频道内部尝试推行节目制播分离,探索广播在更深层次上的变革,推动实现广播向产业方向的更大进步。⑦ 同年秋,交通之声节目全新亮相,全面升级,以此为契机,打造"交通第一广播"的形象,树立"大气、灵气、侠气"的频道风格定位,由服务交通向服务汽车人转变,适应汽车时代新的社会形态和受众变化。

续表

2010 年	交通之声广告创收突破亿元,同比增长 40%,由此成为浙江广播发展史上的首个"亿元广播"。 同年,交通之声由专业交通广播向以交通为特色的新闻资讯台转型,突出强调浙江"交通第一广播"的目标定位,以新闻立台。频率以"满足汽车人生活需求"为追求,以交通特色动态新闻报道、出行生活资讯服务为主轴,大力彰显节目的大气、侠气、灵气风格。
2011 年	被评为"中国广播前三强"。 推出新闻、资讯、汽车、娱乐四大节目纵贯线,提出全面覆盖交通人生活,加大与新媒体融合,加大新技术开发,加大节目研发,加大品牌节目与主持人打造,加大广告经营多元化实践,继续引领浙江广播发展潮流。

自 2000 年以来,浙江广电集团交通之声一直引领浙江广播,至今连续创造着全省收听率第一、覆盖面第一、广告创收第一、影响力第一的骄人成绩。

二、浙江交通广播的优势

(一)全省同频同步覆盖

只要在浙江省的主要交通道路上,就可以收听到浙江广电集团交通之声的节目,车主在全省不同地方穿行无须换台。一个频率听遍浙江,这是交通之声的独特资源,也是竞争中的制高点。

同频的效果相对较好,不同频的话它的优势就不明显了,它的硬件也决定了,你说跨海大桥,人家听不到,"93"能听到,高速上人家听不到,我能听到,你当然听我啦,因为只有我一个是同频。像 2012 年国庆节的时候,路上这么堵,全部都是听"93"的,没有办法了,我们不断发布高速路况、各个路口的出行信息,全体记者都到一线去。①

作为全省唯一拥有同频覆盖技术的广播电台,交通之声在全省交通电台中覆盖面最广,听众最多,影响力最大。

(二)服务理念贯彻始终

交通之声从创办之初就提出打造"动态广播,服务媒体"的口号,虽然经历了领导的变化,但服务的理念一直都得到很好的传承与发扬。

---

① 与浙江广电集团交通之声副总监兼广告部主任张欣的访谈。

交通之声还有一个听众服务中心，专为听众服务，下设客服电话96093，这是省内电台中唯一一个专门为听众开设的客服电话，全省通用，不用加区号。

（三）资源优势明显

18年来，浙江广电集团交通之声在不同领域积攒了大量优势资源，为其发展奠定了坚实的基础。

第一，电台在全省范围内构建起与各政府职能部门的资源网，方便电台能够拿到第一手资料。

第二，形成广告客户网。16年来的专业化运营为其在广告客户群中树立了良好的口碑，也培养了一批老客户，这成为营销的一大优势。这些客户也是口碑传播者，通过他们，交通之声有效地开拓了更多的客户资源。在客户管理上，交通之声做了大量的日常工作，客户满意度常年保持稳定。[①]

第三，庞大的优质听众群。交通之声16年来对专业化和权威性的追求和坚持，为其在全省范围内培养了一批忠实的听众。电台还专门设立了听友俱乐部，为其活动的开展和一些主题营销打下了基础。交通之声的听友俱乐部很庞大，各地也有听友群互动，电台搞活动往往一呼百应，积极参与的听众极多。[②]

第四，最权威、最专业的资讯发布通道。与省内其他交通广播相比，交通之声发布的交通讯息是最准确的，交通新闻是最及时、最详细的，这得益于该台分布在各地的记者站和同频覆盖的技术，交通之声能在第一时间得到省内最新的交通讯息并根据新闻价值做相应的深度报道和跟踪报道。数据发布的全面性也是其他台所不具备的，海、陆、空的交通信息都能及时播报，这得益于办台初期与海陆空相关部门都建立起的良好关系。比如说海上的，以前还没有海事，只有港航部门。以前我们报八月十五观潮的信息，台风来的时候，包括天文、海讯这些都会报，这些都是因为开台就建立了良好的网络。[③] 杭州路况、高速路况，哪怕是气象，交通广播也是独家跟省气象台合作，独家进驻动态气象直播室，这是其他台没有的。[④]

第五，独有节目资源。其中包括外聘的很多业界高手，如在新闻评论领域的曹景行、房产方面的丁建刚。也包括电台自创的新节目，如《小崔热线》等，同时电台也从外面引进节目，如《环球音乐风》。因为是电台的独有节目资源，其

[①②④] 与浙江广电集团交通之声副总监兼广告部主任张欣的访谈。

[③] 与浙江广电集团交通之声总监助理兼93节目中心主任张家英的访谈。

他电台并不具备,所以节目竞争力强。

同时,台内其他各从业人员,如路况记者也非常敬业,在业内为该台赢得了口碑,也可算是一类节目的独有资源。

(四)立体化推广

立体化推广是浙江广电集团交通之声近年来推出的又一营销理念,也是该台营销领域的一大优势。

相比传统意义上的营销模式,立体化推广注重对频道拥有的资源进行立体式呈现,通过资源的多重整合吸引客户市场,提高营销实力。比如多个客户联动的营销,汽车与房产结合、金融与市场结合,有时候还与浙江人民广播电台的其他频率合作进行营销,甚至与电视、报纸一起进行营销活动。这些立体营销都是交通之声在这几年中的成功尝试。③

这种营销方式当然也得益于交通之声自身建构的立体化平台。交通之声由两个台和一个传媒公司构成,下设听众俱乐部、自驾联盟体系、杂志、网络等,此外还有专业的客户服务中心,针对 VIP 客户也有专门的服务,这些都是资源整合所形成的平台优势。④

(五)全频道运作

全频道运作,即利用和调动整个台的资源,不是单独依靠节目部或者新闻部,而是发挥全频道优势。广播是一个系统工程,不是一个节目一个主持人就可以,因此需要整体设计,打出组合,以整体的品牌形象为后盾。交通之声引进了数位个体主持非常强的主持人,利用交通广播的整体力量,把这些主持人整合进团队和节目,结果发挥了他们作为单个主持人时不能发挥的作用,电台和主持人都得到了长足的发展,这就是团队在起作用。① 集中力量办大事在交通之声得到很好的体现。只要大一点的活动,无论是新闻还是营销,我们都是整频道运作,上到台长、下到员工,都充分实现资源整合,集中力量办大事,容易对外形成一个整体的形象。不管是节目部还是活动部,从策划到实施,都动用了台里一切能够利用的力量。②

(六)对突发性事件的处理尤为突出

在突发性事件报道上,浙江广电集团交通之声的快速反应是值得称道的,

---

① 与浙江广电集团副总编辑、浙江广电集团交通之声首任总监董传亮的访谈。
② 与浙江广电集团交通之声副处级调研员(原广告部主任)马良奎的访谈。

比如在 1998 年春运浙江大雪期间,交通之声连续 60 小时直播,从早到晚全方位地报道这场大雪,随时为广大出行者提供信息。他们的直播报道也赢得了公安部门的高度认可。那段时间交通全瘫痪了,树枝也全压断了,汽车站滞留的旅客很多。我们那时候主要是跑,一个是跑路面,一个是跑车站。那时候车站的信息也没像现在这么公开,我们也都是拿着对讲机报出来的。交警总队对我们的认可是从这一次开始的。他们真正地体会到,这个广播对我们的交通管理还是挺有用的,给他们的印象很深刻,他们就觉得确实要运用好广播。①

(七)"帮忙不添乱"的理念

由于浙江交通之声是与公安交警部门合办的电台,合理处理与交通等职能部门的关系直接关系到资源的获得和传播,从合作的理念来说,也应该支持交通管理部门的执法行动。从办台目的来看,无论是电台还是职能部门,都是为了创造更畅通有序的交通环境,这也符合市民的利益,目的一致,帮交警的忙也就等于帮市民的忙。同时,帮忙也不是无原则的。实际上,交通之声对交通执法的监督力度也很大,《有理走天下》原本就是代表听众监督执法部门的节目,在听众中享有很高的地位,而交通执法部门对此也没有过多的意见,监督其实也是帮忙的另一种形式。对于这一点,交通执法部门也是认可的。高速交警碰到我,他们的政委总队长跟我说,你们来做批评性报道我们放心,"你们的分寸把握得很好,不会放大,不会曲解"。政府也需要你发出些反面的声音,对于老百姓来说,所谓的正确舆论也是很重要的。②

(八)理念先行,执行力强

从创办初期的同频同步覆盖,到新闻立台理念的提出,再到"帮忙不添乱"等理念的提出,浙江交通之声的创新理念和实践不断涌现,媒体负责人敢于提出新的想法,涉足新的领域。按台领导的说法是"插红旗理论":哪座山上没有红旗,我们的小分队就上去插红旗,大部队再慢慢上去。③

同时,勇于将最新理念付诸实践,很好地规避了广播易于模仿和复制的弱点,在交通广播日趋同质化的当下走出了一条独具个性的道路,引领省内其他交通电台。

---

① 与浙江广电集团交通之声总监助理兼 93 节目中心主任张家英的访谈。
② 与浙江广电集团交通之声总监张立的访谈。
③ 与浙江广电集团副总编辑、浙江广电集团交通之声首任总监董传亮的访谈。

如果不在一个点上占据市场的绝对优势,如果不在一个点上做到极致的话,永远是人家的一个参谋部,你策划了,没做,他做了,还放大做,说起来是人家那个台做的。这样的情况在我们省里太多了,我们做消防警示牌,这次去温州的时候,他们说温州某台也做了,我们是红色的,它是蓝色的。所以说你永远是一个参谋部。① 因为交通之声有较强的执行力,从同频覆盖到建立网络,交通之声一点点拓展业务空间,并逐渐在业界和社会上拥有越来越大的社会影响力。

三、对浙江交通广播的评价

浙江广电集团交通之声发展至今已有 18 年的历史,18 年间从无到有,从默默无闻到引领全省交通电台,可谓用实际行动证明了自己的能力,同时,在全省范围内树立起了威望和"交通第一广播"的品牌。何以如此?

最重要的一点是其创立初期对同频同步技术的垄断。因为是全省唯一一个拥有同频同步技术的广播电台,且频率覆盖浙江全省,竞争力和影响力不言而喻。

另外,还得益于两任领导的创新理念,其中包括全频道运作理念、服务理念、"帮忙不添乱"理念等,因为理念先进且先行,同时拥有较强执行力,抢占市场意识和专业人才,创新理念得到了很好践行,使得交通之声在发展过程中拥有了一批独有资源,如《有理走天下》等一批知名节目和一批固定听众,广告创收也逐年增加,且在突发事件报道上赢得了口碑。

但近年来,随着微博、微信等新技术的不断涌现、社会环境的变化、各地交通广播兴起带来激烈的竞争,浙江交通之声面临的挑战和问题也不少。

首先,资源垄断地位被打破。随着网络的不断普及和新技术的不断发展,交通资源不再为交通之声一台所垄断,而是成为各大媒体的共享资源,如何突破这一瓶颈并继续保持其专业立台的理念是亟须解决的问题。

其次,部分优势理念在新环境下反遭困扰。其中包括全频道运作意识和服务理念。全频道运作意识面临的困境主要是与广告对节目版块化需求之间的矛盾。为了投放方便,广告商更希望广告以版块的形式出现,而非全频道提倡

---

① 与浙江广电集团交通之声总监张立的访谈。

的对频道进行整体打造和包装,导致的结果是一部分线性节目编排被原来的大版块取代,全频道优势在逐步减弱。服务理念更需拓展到移动人群生活的各个方面,而不能拘泥于交通领域。随着交警执法的日趋规范和合理,交通台曾红极一时的投诉节目,如《有理走天下》变得不合时宜,需要转型,面对日趋规范的社会环境,交通之声未来的节目定位也亟待调整。

为此,现任领导张立也在《交通之声,继续领跑浙江广播》一文中表示:"利用交通之声多年积累的快速反应机制、新闻信息网络和动态广播布局下形成的良好节目习惯,大力展示交通之声对突发性公共事件的新闻报道能力,快速、高效、服务周到的特点,把动态广播的特性张扬到极致。"[1]

交通之声的提升空间还很大,未来的发展道路还很长,当然,面临的挑战和机遇同在,目前最需要引起全台重视的是对现状的全面了解,同时吸取全国范围内其他成功的交通台的办台经验,对电台的未来有较为清晰的布局和设想,用现任浙江广电集团交通之声总监张立在《交通之声,继续领跑浙江广播》一文中的一句话来总结:"对于现在的交通之声,我想可能改良比改革更合适,改进比改变更有效,改造比再造更科学。"[2]

结　语

中国交通广播至今已有二十余年的历史,它是在 20 世纪 80 年代中后期到 90 年代初"广播热"的基础上发展起来的,从原来的"经济台热"到广播的多元化,再到多元化前提下的"交通广播热",从中我们可以看到中国广播事业在改革开放之后清晰的发展轨迹。这当然离不开中国的政治、经济、社会、文化的大背景,对广播而言,尤其重要的背景是听众的群体特征。

最初的"珠江经济广播范式"所面对的听众是刚刚开始过上温饱不愁的生活的城市人群,他们对娱乐和服务的需求在单一的"人民广播范式"中从未得到

---

[1]　张立.交通之声,继续领跑浙江广播[M]//潘力,杨保林.困境与出路:新媒介生态下的中国交通广播.北京:中国传媒大学出版社,2012:93-94.

[2]　张立.交通之声,继续领跑浙江广播[M]//潘力,杨保林.困境与出路:新媒介生态下的中国交通广播.北京:中国传媒大学出版社,2012:93.

满足。此后的城市调频广播热体现的是城市人口对流行文化的狂热。杭州的西湖之声之所以在当时获得成功，正是因为它满足了城市人群对流行文化的需求。那也是一个电台去政治化的时代，由此使得中国的广播事业获得了前所未有的发展空间。城市的发展以建筑物和道路交通的发展状况为标志，20世纪90年代的城市道路只有在特大城市才显出繁忙的景象，机动车逐渐增加，由此导致道路渐趋拥堵。为城市出行者服务是上海、广州、北京三大交通广播出现的初衷，但是最初的听众对象则主要是出租车司机和乘客。私家车的逐渐增多使广播获得了一个独特的听众群，他们出行频繁、关注交通、关注汽车、消费力强。正是这个听众群，使得原来的经济广播以及其他部分专业台纷纷转向交通广播。

中国的交通广播具有很大的复制性，三大范式为各地交通广播所效仿，浙江广电集团交通之声的最初发展也经历了效仿阶段。但是，交通之声之所以成为一种范式，是因为它的创新，不仅在于全省同频播出，更在于它善于整合各种资源，积极拓展每一个可能的发展空间，"插红旗理论"所体现出来的抢占意识、敢于作为的精神是它获得成功的关键。其实，上海、广州、北京三大交通广播之所以被称为三大范式，主要就在于它们抢占了先机，在当时的广播专业化过程中看到了广播发展的一个新领域。浙江交通广播范式的特别之处还在于，它是第一个把全省交通纳入广播范围的电台，不仅考虑到了一个城市的发展，还把其他城市以及城市与城市之间的交通纳入视野。宏观的视野、全方位的覆盖、真诚的服务、良好的合作、整合的品牌，所有这些成就了浙江广电集团交通之声的独特性，称之为省会城市和省级交通广播的典范之一并不为过。

第二章 交通广播与城市沟通

第一节 城市化与城市沟通

媒介的发展与城市的发展是互相促进、互相依赖的。在美国城市的发展过程中，最常见的情形是，建立定居点之后就会出现教堂和报纸，因为"新兴而人口稀少的城镇必须使人们知道它们的存在，它们的需要和它们的目标，而通过公开的报纸就能最好地做到这一点"①。美国中西部的许多报纸实际上就是城市发展的推动力，由此形成了美国新闻界一个特殊的现象，即所谓的"孤立主义"，许多城市（尤其是小城市）的报纸不关心外界所发生的事情，只关心自己的城镇事务，称之为"以地方社会为中心"更为贴切，这是美国新闻业的首要特点。② 一直到现在，是否阅读报纸仍然被看作是社区参与性的标准之一，报纸被看作是社区沟通的重要媒介，报纸读者就等于是人际交往中的谈话者和社区活动的参与者。③ 中国近代报纸最早出现在香港、上海、广州、天津等沿海城市，这也与这些城市最早开启现代化进程有关，比如，上海的都市文化就与《申报》、《新闻报》以及清末民初以后各种小报的兴盛有很大的关系。世界上所有的现代媒介都以城市为中心，以城市人口为传播对象，城市的辐射能力越强，媒介的

---

① 丹尼尔·布尔斯廷.美国人建国历程[M].中国对外翻译出版公司，译.北京：生活·读书·新知三联书店，1993：152.

② 同上，第 162 页。

③ PUTNAM R D. *Bowling Alone: The Collapse and Revival of American Community*[M]. New York: Simon & Schuster，2000：218.

辐射也随之扩散,反过来也可以说,媒介的辐射范围是衡量城市影响力的一个指标。①

城市化改变了人际关系的模式,生活在城市中的人产生疏离感是普遍的心理现象,城市越大,人们之间的疏离感也越强。城市基本上是一个陌生社会,这样的社会对沟通的需要应该更加迫切。但是,城市的发展在推动媒介不断壮大的同时,也导致媒介传播越来越单向化,尤其是电视的出现,使得人们的社会交流局限于家庭,反而不利于人们的沟通。普特南(Robert D. Putnam)认为,电视提供的是一种虚假的个人联结关系(pseudo personal connection to others),而这种关系实际上不利于社会交往。② 美国的城市报纸也存在这样的情况,尤其是所谓的主流媒体,在影响力扩大的同时却远离了社区生活,即使是社区型报纸也因为社区居民的流动、通勤、忙于工作等原因而失去了凝聚力。美国公共新闻运动兴起的原因之一,就是一些城市的报纸不满于主流媒介引导的一种远离社区的倾向,许多市民把报纸看作是政治的一个组成部分,但是不关心社区生活。为了改变这种状况,一些地方城市的报纸主动介入社区,在新闻选题、新闻报道过程,甚至在出版报纸之前都征求读者的意见,有的报纸腾出大量版面提供给读者发表自己的文章和意见。③ 但是,无论在什么城市,报纸受到出版周期的影响,沟通并不直接,至少互动性是不够的。在大城市和特大城市,这种沟通的作用就更弱,这是其城市化程度所决定的,所以,美国的公共新闻运动大多只在小城市才得以践行。电视由于其娱乐为主的特征,能较好地满足人们对流行文化的需求,而流行文化的特征之一就是流行——不分地域的广泛性,对城市和社区的沟通没有多大作用,反而会引起亚文化特征而造成代际沟通困难。电视新闻虽然有助于城市沟通,但是经常观看晚间新闻报道的观众从 20 世纪 60 年代以来一直呈下降趋势,而且幅度较大。因此,电视一般被视为削弱社会

① PARK R E. Urbanization as Measured by Newspaper Circulation[J]. *American Journal of Sociology*,1929,35(1):64.

② PUTNAM R D. *Bowling Alone*:*The Collapse and Revival of American Community* [M]. New York:Simon & Schuster, 2001:242.

③ FUJITA H. Public Journalism:Controversies over the Media's Role in 1990s America[J]. *The Japanese Journal of American Studies*,1998(9):32.

资本的技术性媒介,对社会关系沟通的作用负面大于正面。①

广播电台有别于报纸和电视的一个特点是,它比较适合于直接沟通,这当然得益于电话的普及。在电话普及和费用低廉的情况下,广播都很自然地与电话联结在一起,形成了听众与传播者之间良好的沟通关系。从理论上说,电视也可以做到实时沟通,但是广播电台与听众的沟通在实践上最为普遍,其因何在? 广播电台在三个方面优于电视:第一,播出的技术程序简单。广播电台介入听众的电话交流不需要复杂的直播程序,就如个人之间的电话交谈那么简单。第二,单纯的音频优势。电视之所以较少采用电话与观众交流,主要受限于电视的声画合一,没有画面的电视信息观众不愿意收看。电视若要连线观众做视频直播交流,程序较复杂。广播电台存在的根本理由就是符合人类通过声音交流这种最基本的传播方式,广播电台纯粹的音频播出有利于传播者、参与者、听众三方的交流。第三,广播电台的沟通成本最低。报纸受限于时间、传播过程,与读者的沟通在时间成本和费用上都存在很大的问题,即使报纸开设热线,报纸版面上的表现也不会太多,关键是其沟通的直接性受到限制。电视的沟通成本主要体现在费用上,对电视台而言,出画面的直接沟通只有在特殊场合才会偶尔采用。电台沟通的成本从费用上说只是电话费,在资费便宜的今天,这也不是问题。所以,全世界的广播电台都与听众之间有着良好的沟通关系,热线电话节目更是普遍,许多节目主要就是不断地接入听众的电话,就社区、家庭、爱好、政治、经济等各种问题展开对话,发表意见。在世界上许多地方,尤其在发展中国家的城市,社区媒介(community media)中最重要的一种就是广播电台,因为电台比较便宜,也容易接近。② 在城市传播中,以电台为主的社区媒介在建构社会关系、交流个人经历、表达意愿和愿望、获取信息、培养技能等方面都发挥着不可或缺的作用,它对城市人群的个人发展至为关键。③ 这也是巴西这样的国家有五千到一万家社区电台的原因,虽然这些电台中有许多并未得合法的许可证。④ 发达国家如英国,也在 2005 年以后大力发展社区电

① 可参见前引 Robert D. Putnam 所著 *Bowling Alone*:*The Collapse and Revival of American Community*,第 13 章"Technology and Mass Media",第 216-246 页。

② MILAN S. Four Steps to Community Media as a Development Tool[J]. *Development in Practice*,2009,19(4/5):599-600.

③ 同上,第 601 页。

④ 同上,第 603 页。

台,政府管理部门(Ofcom,英国通信委员会)专门在 BBC 和商业广播之外开辟了一个第三频段(third tier of radio),用于社区广播,并且要求这些电台不以营利为目的,真正为社区服务。① 这种做法其实就是在城市日渐膨胀的情况下,更好地在社区这样的区域内加强沟通,以便服务于社区居民。电台因其天然的优势,很自然地被用作主流媒体的替代,在城市传播与沟通过程中起着独特的作用。

反观中国,目前的多数媒体仍在走"传播型媒体"的道路,但是也出现了探索并践行"沟通型媒体"的新路线。广播业在这方面的尝试和努力值得关注。

第二节　中国交通广播与城市沟通

一、当代城市沟通困境

在一次有关城市沟通问题的访谈中,我们遇到了一位受访者,女性,50 多岁,杭州人,职业身份是大学老师。她跟我们分享了自己的亲身体验,这段经历算不上有趣,相反,听之令人感伤,但十分典型,也许,足以唤起两三代人的记忆和共鸣。以下是她的叙述:

我小时候住的是那种老墙门,十几户人家住在一个大院子里,中间是一个天井。那时候,邻里之间的关系是非常亲密的。因为空间上的私密性不强,基本上谁家有什么事,隔壁的、对门的都看得见听得到。打个比方,吃饭吧,基本上今天谁家饭桌上有什么菜,邻居们都一清二楚。大人们傍晚买了菜拎进院子,碰见谁就会攀谈两句,走过邻居家门口,也会有邻居来看看你菜篮子里的东西。烧饭的时候,饭菜香满院子都能闻到。过年过节,邻里们你端一个拿手菜出来、我端一份点心出来,凑在一起吃,特别热闹。中国人有句老话,远亲不如近邻。我们住在一个院子里近二十年,相互之间的感情就跟亲人一样,关系特

---

① MILAN S. Four Steps to Community Media as a Development Tool[J]. *Development in Practice*,2009,19(4/5):605.

别好。

后来,我们这一拨人集体搬迁,搬进了楼房,住的还是同一幢楼。搬家后的第一年,我们这些老邻居之间还跟从前那样热络,会楼上楼下串门,有时候自己家有什么好吃的,还会端到邻居家里让人家尝尝。慢慢地,到第二年,我们就不再相互串门了,但有时候碰见了,会在楼道里或者小区的公共场所站着聊几句。到第三年,我们之间碰到了就是点个头而已了,连脚步都不停。

这段经历让受访者十分感慨,她说:"我们二十年的邻里关系啊,那么要好,三年就没了。"

城市病的一个明显症状就是人与人之间的沟通变得越来越难、越来越少。是人们缺少共同话题吗? 不是。是人们的共同利益越来越少吗? 正好相反。是人们缺少沟通媒介吗? 也不是。是什么让城市沟通陷入了困境? 回答这个问题是困难的,但是有一点可以肯定,这与城市化程度的加深有关。具体而言,可归咎于如下几个主要因素:

第一,城市完善的公共服务体系。城市能够提供衣、食、住、行等各种生活需求,生活在城市中即使没有广泛的社会关系也可以不受影响,对个人而言,小至邻里之间的沟通,大至整个城市与个人之间的沟通都是可有可无的。

第二,城市建筑受空间限制,互相之间只能通过道路连接,每栋楼内都分割成一个个独立的空间。这种城市化的封闭性空间建构本身就不利于沟通的进行。

第三,生活在城市中的人受制于整个城市的运作要求,工作和学习乃至日常生活都要按照机制化的要求进行。城市人不同于农村人的点就是做什么都显得匆匆忙忙,普遍的忙碌(pervasive busyness)是人们减少参与社区活动和疏于交流的重要原因。[①]

第四,城市交通的拥堵。交通拥堵减少了人们每日的闲暇时间,也导致精力的消耗,人们下班回家之后疲于与人沟通。因为交通困难,连朋友聚会也成为一种负担,这就意味着紧密的人际交流也在减少,更不必提邻里之间的沟通。

这是人际沟通的问题,而在公共生活中,同样存在着沟通的困境。

20 世纪,汽车和大众媒体的普及使人类的社会生活发生了深刻变化。当城

① PUTNAM R D. *Bowling Alone : The Collapse and Revival of American Community*
[M]. New York: Simon & Schuster, 2000:189.

市逐渐繁荣,交通设施日益丰富,传播介质更为多元的时候,城市的公共沟通反而陷入了困境。关于这一问题,西方社会学家理查德·桑内特有过深入的研究。

桑内特认为,在一个以亲密情感为现实标准的社会中,每个人都变得极其自恋,人们是否真诚和坦率地彼此对待,成了亲密关系中的交易的一个特殊标准。在"人们越来越关注自我的同时,为了一些社会目的而和陌生人进行的交往也越来越少了——或者这种交往被这个心理问题组织了。例如,在共同体中,为了能够一起行动,人们觉得他们有必要彼此认识;于是他们开始刻板地向对方揭示自己的人格特征,然后慢慢地失去协同行动的欲望"①。这也与城市生活有关,城市基本上是一个陌生社会,而陌生社会的信任感必然不如熟人社会。普特南就观察到,小城镇中人与人之间的信任感高于大城市,这是因为信任感是随着人际关系的变化而变化的。在小城镇中,人际关系较密切,人们之间的信任可称为"厚信任"(thick trust),而在大城市中,人际关系淡薄,更多的是一种"薄信任"(thin trust)。当然,如果普遍存在"薄信任"也是很有价值的,甚至比"厚信任"更有价值。但是,在美国的大城市中,"厚信任"的范围大大缩小,而"薄信任"的程度也大大降低,这导致社区参与程度的降低,对公共生活的负面影响显著。②

城市越大,经济收入的不平等也越明显,而经济不平等是造成不信任感的重要因素。研究表明,信任与基尼系数存在简单的相关性。比如美国在 1960 年至 1996 年之间的经济不平等情况加剧,社会的信任感实际下降了 22%。③ 这里所讲的信任感下降指的是"薄信任"下降,也就是普遍信任(generalized trust),这种信任的减弱是公共生活衰弱的原因之一。④ 此外,城市生活导致人口异质化程度加深,城市中的"厚信任",也即特殊信任(particularized trust)很难越出熟人群体而扩展到公共空间之中。

城市的公共空间格局对公共生活造成了客观的威胁。桑内特认为:"从最

---

① 理查德·桑内特. 公共人的衰落[M]. 李继宏,译. 上海:上海译文出版社,2008.

② 可参见前引 Robert D. Putnam 著作,*Bowling Alone*:*The Collapse and Revival of American Community* 第 8 章.

③ 埃里克·尤斯拉纳. 信任的道德基础[M]. 张敦敏,译. 北京:中国社会科学出版社,2006:236-237,297.

④ 这是普特南等人的观点,尤斯拉纳并不这么认为。参见上引著第 259 页。

为实际的层面上来说,客观环境促使人们将公共领域视为无意义之物。这可以从各地城市中的空间结构看出来。"①桑内特以纽约派克大道的利弗大厦为例,认为透明的理想墙壁,虽然能达到能见度的极限,但同时也是密封的障碍,隔离了建筑内部的活动和马路上的生活。"到目前为止,'隔离'有两层意思。第一层意思是,居住在城市高密度建筑中的居民或者工人察觉不到这座建筑及其所处的环境有什么关系。第二层意思是,由于人们能够为了流动的自由而将自己隔离在一辆私家车中,在他们看来,周边的环境除了能够让他们到达流动的终点之外,再也没有任何意义。"②而桑内特又进一步指出,公共空间的社会隔离,具有第三层含义,而且这种含义远比上面两种糟糕得多:敞开式的办公室计划带出了能见度和隔离的矛盾,如果人们整天暴露在别人的眼光中,每个人都相互监视,社会交往就会减少,沉默变成了彼此防备的唯一形式。

桑内特认为,现代的公共生活中无所不在的这种透明状态与隔离状态的矛盾,根源就在于19世纪形成的在公共场所保持沉默的权利。19世纪工业资本主义兴起,世俗主义重构,这一背景的促动带来了公共领域的一系列变化。"在这个日益变得亲密的社会——在这个社会中,性格的表露不受意志的控制,私人领域被叠加在公共领域之上,避免被他人看穿的防御机制是不再拥有感觉——之中,人们在公共场所的行为从本质上得到了改变。人们若想参与到公共生活——尤其是街头生活——之中去,而又不被公共生活所淹没,唯一的方式便是在公共场所中保持沉默。"③

桑内特描述的是西方现代社会公共生活的衰落,但是正如他在本书的中文版序中所言,中国城市公共生活也面临着同样的文化问题,虽然在表现形式上有所不同。我们目前担忧的城市沟通困境,与城市公共生活的衰落,在某种程度上可以说是一个问题的两个侧面。

67

① 理查德·桑内特.公共人的衰落[M].李继宏,译.上海:上海译文出版社,2008:14.
② 理查德·桑内特.公共人的衰落[M].李继宏,译.上海:上海译文出版社,2008:16.
③ 理查德·桑内特.公共人的衰落[M].李继宏,译.上海:上海译文出版社,2008:31.

二、交通广播的沟通中介角色

（一）现代城市沟通空间的衰落

城市是一个政治、经济、生活共同体，有赖于所有市民的参与，参与首先必须有传播和沟通。但是，正如上文所述，城市化本身的矛盾造成了城市共同体在沟通方面的诸多障碍，如何消解这些障碍不是本书所能解决的问题，但是，我们可以从广播，尤其是交通广播的角度探讨城市沟通的途径和方法，以便使交通广播能为城市公共空间建设出一份力。在当今中国的交通广播领域，许多电台正在朝这个方向努力，比如下文所要专门分析的浙江广电集团交通之声。

现代城市的格局注重实用功能，交通、工业、商业、娱乐、休闲、居住等等，城市按照功能区域划分，然后通过道路连接起来，它的功能主要是生产性的。在当代西方，许多大城市的空间利用已经到了极致，用于公共交往的空间不断遭到挤压。很多城市的公共空间改变用途，被用于停车、旅游或商业开发。一些传统的公共空间，如教堂、公共图书馆和博物馆等，都受到了这些变化的压力。[1]在缺乏公共空间的城市里，人们的公共活动因空间环境的局限受到了相应的挤压，因而在很大程度上处于互相隔离的状态。

现代城市的交通系统也不利于人与人之间的沟通，这主要体现在这几个方面。第一，公共交通工具只是人们到达各自目的地的手段，车厢只是暂时聚集人群，并没有沟通功能。陌生的人们暂时聚集在一起，几分钟或几十分钟后便各自分散在城市的角落，时间的短暂和空间的拥挤不容人们沟通。临时聚集在公共交通工具内的人们，在一般情况下也缺乏共同的话题。第二，私家车更不利于沟通，因为个人都被分隔在狭小的移动空间内，相比公共交通工具更缺乏交流的机会。第三，步行在乡村是增加沟通机会的方式，但在现代化的城市里很少能够得到沟通的机会。城市里的步行一是为了补足交通工具的缺失，二是为了购物、消费，再有就是闲逛或健身，而且，城市中遇到熟人的概率也大大低于乡村，陌生人之间的深入沟通并非常态。

总之，在现代化的城市里，城市的空间在扩张，用于沟通的公共空间却在缩小。而随着通信和信息技术的发展，城市的虚拟空间在扩大，公共空间不再仅

---

① 张维.20世纪西方城市公共空间的衰退与复兴[J].山西建筑,2008(9):32-33.

仅意味着传统意义上的中心广场、道路、公园等实体空间领域,人们需要根据自身的环境条件和生活方式,创造出更新、更多样的可供公众参与和互动的共享沟通空间。但是,以网络为代表的虚拟空间是否有助于建设城市公共空间还是有争议的。基于电脑等现代通信技术的社会网络更多的是由共同的兴趣(shared interests)而非共享的空间(shared space)建构起来的,同时,数字鸿沟(digital gap)的存在也是一个问题,网络可能在传递信息、表达意见等方面见长,但是在建立信任和共同意愿上并不容易做到,相反,网络更容易做到的是使沟通局限于有共同爱好和兴趣的人们之中,因此也出现了所谓的"数字空间分割化"(cyberbalkanization)的现象。比较而言,在实际空间中的互相交流有助于解决多元化的问题,而虚拟空间则更趋同质化。[①] 从这个角度来看,城市虚拟空间的扩大同时也意味着真正的城市公共空间的缩小。

广播能做什么呢? 首先我们要指出,任何媒介都不可能解决所有的问题,任何媒介的努力也只是提供一种解决问题的可能性。正如前文所介绍的,在城市社区的沟通中,广播是最重要的社区媒介。中国的城市还缺乏能起到沟通作用的社区媒介,除了一些社区有自己办的小报之外,我们还没有听说过社区广播电台(校园广播除外)。在这样的情况下,专业的交通广播提供了一种想象。一方面,它通过对城市交通的关注让城市人群获得了"流动中"的"聚集",虽然这种聚集缺乏实体环境的支持,但同样能让人们感应到相互之间的联系,产生身处同一虚拟空间的认同感;另一方面,其大众媒介的特性,使得信息在这个虚拟空间中得到了交换、传播,尽管这种交换、传播在很大程度上还不能为公众提供直接面对面的机会,但是即时的互动沟通确实在广播媒介的优势下有所展开。

(二)作为沟通中介的交通广播

中国交通广播与生俱来的一种价值定位,就是以城市沟通中介的形态,满足现代城市系统中的各种沟通需求,促进现代城市系统中的各种沟通运行。

通过对浙江广电集团交通之声这一个案的观察,我们认为,对大众媒介而言,社会公众永远是其传播沟通链条的中心,以此为定点呈四方辐射之状。这种沟通格局大体上可以分为三个方面:首先是环境与公众的沟通。交通广播最

---

① PUTNAM R D. *Bowling Alone:The Collapse and Revival of American Community* [M]. New York:Simon and Schuster,2000:172-178.

主要的传播内容是交通信息,比如路况信息的播报,其目的是让城市环境、公共设施与社会公众之间能够形成一种良性的沟通,改善公众的城市生活体验。其次是组织与公众的沟通。这里的组织涵盖政府、权威机构、企业以及社会团体等,交通广播根据公众的需求,将组织采集、占有的信息进行搜索、整合、加工、传播,并在这一过程中获取公众的反馈,再回流给组织。再是公众与公众的沟通。包括城市人与城市人之间信息、行动、情感等方面的多层次沟通。

如果再从功能价值上来解读作为沟通中介的交通广播,其媒介行为究竟为城市社会带来了什么?

社会学家尤尔根·哈贝马斯在其著作《交往行动理论》(书中所提"交往行动理论"也常被译为"沟通行动理论")中把社会行为分为四种类型:第一类是"目的论行动",行动者通过选择一定状况下有效益的手段并适当使用它,从而实现一种目的。这种行动具有功利性质,在城市中是最为常见的一种行为。第二类是"规范调节的行动",这种行为一般只能发生在一个受共同道德约束的社会集团之内,群体内各成员以共同的规范作为行为的准则。第三类是"戏剧行动",这类行动涉及相互构成自己公众内部活动的参与者,而无关集体,行动者通过表现自己的主观性,在自己的公众中号召对自己产生一定的观点和印象。每一个行动者都可以检查对他自己的意图、思想、观点、愿望、感情等所做的公开引导。第四类是"交往行动",是个人之间的关系,是两个主体及以上的具有语言能力和行动能力的主体的内部活动。行动者试图理解行动状况,以便自己的行动计划和行动得到意见一致的安排。[①]

哈贝马斯最看重的是人与人之间的交往行动(communicative action),因为这种交往是互相理解的前提,根据这种看法,社会就是一个"生活世界"(lifeworld),在这个"生活世界"里,每个人与他人进行主体间性的交流与合作(interacts intersubjectively and cooperatively with others),以达到互相之间的理解,而交往行动离不开日常生活中的语言交流。[②] 日常生活中的交流主要是指面对面的人际交流,即通过口头语言的交流。哈贝马斯和许多学者都认为,人与人之间的口头交流是形成交往理性进而形成共同体的关键,当然,在形成

---

① 哈贝马斯.交往行动理论(第一卷)[M].洪佩郁,蔺青,译.重庆:重庆出版社,1994:119-122.

② KIM J & KIM E J. Theorizing Dialogic Deliberation:Everyday Political Talk as Communicative Action and Dialogue[J]. *Communication Theory*,2008(18):55.

共同体的过程中,媒体也是不可或缺的。因为当公众范围很大时,必须要有传播扩散的手段,在当今时代,报纸、期刊、电台和电视也是公共领域的媒介。哈贝马斯进一步指出了交往行为的三个功能:通过交往行为达到理解以实现传播、维护以及更新文化知识的目的;互动的交往行为的协调以满足社会整合和群体团结的需要;交往行动的社会化以形成个人认同。[①] 简而言之,就是理解的功能、合作的功能以及社会化的功能。这一关于交往行动的功能总结,同样适用于对中国交通广播沟通中介角色的功能描述。

三、交通广播的沟通推进效果

在交往行动中,口头交往的重要性对于建构良好的“生活世界”最为重要,而城市中口头交往如何有效展开是一个难题。除了加强社区活动以及人际关系的建设之外,广播因其便捷的口语传播技术可充当公共交往的媒介,因此,广播在推动城市沟通上有着媒介上的优势。

以下,我们以浙江广电集团交通之声为例来探讨中国交通广播在推进城市沟通效果方面的作用。大致而言,我们可以将交通广播的沟通问题归纳为三种模式。

(一)不可沟通→可沟通

作为一个整体的城市,陌生的个人与个人之间基本上是无法沟通的,尤其是出行过程中的沟通,其中渠道和机会的缺乏是重要的原因,交通广播可以把一个个陌生人勾连在一起,共享原来属于个人的信息。比如一个司机在行车过程中遇到道路交通状况,如果仅靠自己的个人渠道,信息的传播范围狭小不说,他(她)也不知道熟人是否需要这个信息。但是,每个在路上的交通参与者都有一个基本的假设:陌生的他者是需要这个信息的。如果他(她)要及时把所了解的信息告诉他人,首先就会利用交通广播电台。

在2013年初浙江的一场大雪中,交通之声就充当了个人与个人之间沟通的中介,使出行的陌生人得以互通信息。在这场雪灾中,微信发挥了作用,但是微信的信息是通过交通台才得以传达的,由此也使得原来不能沟通的陌生人发

---

① 唐晓群.哈贝马斯的交往行为理论[J].中国社会科学院研究生院学报,1997(6):52-57.

生了沟通关系。

在那个雪夜里,有人发来微信说:"我已经困在这里七个小时了,车上什么吃的都没有,快饿死了。"在交通之声播出这则信息之后,一位宁波的宝马车主发来微信说,他那里有一箱橘子,还有香烟,车号是×××,在安全的前提下,可以过去找他。又有车主听到广播后发来微信说,他那里有饼干,想跟大家分享。结果出现了很多这样的求助和帮助信息。广播有选择地播出了一些,使得路上的人们不仅得到了实际的帮助,也得到了沟通的慰藉,他们觉得自己即使被困在路上也并不孤单。

同时,有些私家车车主在这次冰雪灾害中,弃走高速公路,在省道或国道上"探险"。电台并不掌握这些地方公路的信息,这些车主就一段段探,探一段就告诉电台主持人路况,电台则及时把这些信息播出去,使得其他车主可以跟着前面车子的行进路线走。这样,交通广播就在听众之间架起了"声对声"(类似人际传播"面对面")的交流。

在这次雪灾中,交通之声在 60 多小时的直播过程中收到四万多条微信,电话热线和短信加起来也有 8000 条左右。虽然不能全部播出,但是电台选择了许多重要的信息,以现场直播的方式播出了微信中听众发来的声音信息,这些听众实际上充当了记者的角色,更重要的是,他们通过交通广播实现了与陌生人之间的沟通。这是其他媒介,甚至微信本身也无法做到的。

组织机构之间的沟通有时候也可以通过广播进行,尤其是与交通有关的问题。在我们的访谈中,交通之声 93 节目中心主任张家英提到了发生在 2004 年12 月的一件事情:

有一天,我们的记者阿文正好在宾馆里看电视,凤凰卫视台正在播一则新闻,有一个台湾小宝宝得急病,要从上海回台湾,那时候上海还没有直飞台湾的航线,所以需要车子先送到厦门再过去。记者一想:车子不是要经过我们浙江境内吗?不巧甬台温高速塌方,那他怎么过去?记者马上开始行动了。浙江广电集团交通之声一面通过浙江省台湾事务办公室联系这辆车,一面又跟浙江交警联系。因为塌方,交警总队的总队长刚好在指挥中心,电台也有记者在那里。信息一传递过去,他们马上就开始跟温州乐清段的交警联系,让他开车护送。后来小宝宝安全回到台湾后,其家人发了感谢信过来,称赞浙江的媒体、警察有爱心。

这个事件,是电台主动介入沟通的结果,当时也做了全程直播。电台的沟通努力让一些原本时空割裂、信息不通的组织机构得以协调行动,使得整个事件进展得非常顺利,也因此收获了圆满的结局。

(二)弱沟通→强沟通

第二种情况的沟通基础要比第一种情况好一些,但是沟通主体之间的关联也处于相对微弱的状态。比如,就城市中的交通参与者与交通环境之间的关系而言,交通参与者凭借自己的经验以及当下体验,能够接收到周边的环境比如道路设施等发出的讯息,然而两者之间的沟通常常是瞬时的、零碎的、不确定的,缺乏导向性和预见性,我们可以称之为一种弱沟通状态。

然而,当交通广播介入交通信息的传播,这种弱沟通关系就转向了强沟通状态。由于信息来源更加权威,信息覆盖更加广泛,信息整合更加专业,信息渠道更加便捷,交通参与者与交通环境之间沟通的有效性大大提升了。

还是以浙江广电集团交通之声为例。张家英觉得,报路况这种节目形式,就非常大地带动了民间参与沟通的需求和积极性。

有一个阳光车友,原来是一个厂长,厂子倒闭以后就去开出租车。但是开出租车的成本也很高,他就想怎样能赚回来。很巧的是他一听就听到我们台,他很会动脑筋,能从路况里面发现一些规律,哪里堵我怎么绕。如果某个乘客要从堵的路上走,他就会把广播声音调大一点,让乘客听到这里堵,然后告诉他绕行可能更好。他自己也会琢磨的,比如说哪里有聚会,他就觉得可能有客源。所以他说听交通之声能赚钱。他还把生意经教给其他司机,我们给他开过"的士小课堂",让他跟新手说说,辨识路况对司机的价值。

从这个案例中,我们可以看到,通过交通广播的路况新闻,司机与道路之间从弱沟通到强沟通的关系转变是非常明显的。

(三)负沟通→正沟通

第三种情形是,沟通主体之间原本糟糕的沟通关系被扭转为良性沟通关系。负沟通不是说两者之间缺乏沟通,而是沟通过程中没有达成共识,反而促使双方关系的进一步疏远、隔离甚至破裂,这是一种带来负面效果的沟通。在现代城市生活中,负沟通现象也并不少见。而交通广播的介入,则对这一种情形起到了调节、疏导的积极作用,将城市中的一部分沟通关系从负沟通导向了正沟通的状态。这一点在监督类节目中体现得尤为鲜明。比如,浙江广电集团交通之声的《有理走天下》就经常在做这样的扭转工作。

阿巍在做节目的过程中遇到过一件印象深刻的事。台州曾有个交警处罚一个司机，司机不肯签字。按道理，不肯签字，你就写上"拒签"，罚单还是生效的。但是这个交警就把对方连人带车带到交警支队，逼着司机签字，不签就不能走。这个司机打电话投诉到《有理走天下》节目。阿巍问交警："哪条法规规定不签就必须把司机带到队里？"对方不予回答。这当然是个例，阿巍认为这种不合作、破坏性的负沟通状况现在是越来越少了，交警部门基本上是比较配合的，愿意与司机之间形成一种良性的正沟通，并解决问题。

交通之声的口号之一是"信息灵，服务灵，沟通灵"，其中"沟通灵"的本意就是处理各种与道路交通有关的摩擦事件，把负沟通变成正沟通，其中处理交警、运管部门和车主的误会是一项重要的工作。《有理走天下》在处理交警、运管部门与司机的矛盾的时候，基本的理念就是沟通双方，让大家都把道理讲出来，把负沟通变成正沟通，最后促成事情的解决。有一件事情最能体现这一点：

有一次，杭州公安部门为了防盗，给出租车装了个钥匙保护器。保护器其实很简单，就是在钥匙底座上面装个圈，钥匙拧上了之后加个盖，用个链子吊住。但是就这么个东西，要卖三四十元钱，很多司机来投诉，他们觉得没必要，歹徒真要来抢钥匙，这个保护器也不顶用。节目组派人去了解情况，得出的结论是：保护器价格确实太贵。实际上，这个保护器出厂价只有五元钱。最后每个司机收到二三十块钱退款[①]。

交通之声在许多监督性的报道中都秉承"不添乱"的理念，其实就是为了通过适度的曝光推动问题的解决，正如《有理走天下》主持人阿巍所说，其实交警和我们是合作的，但是我们有时候要去刺激他们一下。交警对此也是理解的，分管公安宣传的领导曾经在内部会议上说过，到阿巍这里投诉不要紧的，你们要支持，投诉就投诉，没关系。[②]

公安交警能够理解他们的服务对象，能够理解与服务对象的沟通的重要性，交通广播能用自己的方式来做沟通工作，说到底，这样做对交通管理者和车主而言都有利。

---

①② 与浙江广电集团交通之声 93 节目中心副主任何巍的访谈。

第三节　中国交通广播的城市沟通价值
——以浙江广电集团交通之声为例

一、可沟通城市的理论建构

我们之所以特别关注中国交通广播的城市沟通价值,是基于一个有关"可沟通城市"的理论建构。

(一)作为城市核心的沟通

对城市社会学研究有杰出贡献,并被称为"开创了大众传播研究的学者"的美国社会学家、芝加哥学派主要代表人物之一罗伯特·帕克,曾就传播与社会的关系作过许多经典的论述。也许是因为早年的记者经历,帕克始终保持着对媒介的学术兴趣,尤其是在新兴的都市环境中,媒介与社会生活的关系,以及媒介对社会变革中的个体和群体的社会关系和心智的影响。他在构筑其社会理论框架的过程中,把传播置于社会过程的中心。

帕克深受约翰·杜威的影响,他的许多观点是杜威之观点的延伸。杜威认为,社会是以共同体的方式存在的,人们因为有共同的东西而生活在一个共同体之内,而沟通(communication)乃是人们形成共同体的方法,"社会不仅通过传递、沟通继续生存,而且简直可以说,社会在传递中、在沟通中生存"①。杜威进而提出,一切沟通就是一切真正的社会生活,人们的经验依靠沟通形成,并通过沟通分享、传播、理解,由此扩大自己的经验,在这个沟通过程中,必须考虑到别人的生活、别人的经验,这样才能真正实现沟通。② 虽然杜威是从教育的角度论述沟通问题的,但是他把教育与社会共同体联系在一起,强调的是沟通对于经验积累和知识传播的重要性,更重要的是,他认为社会是由沟通联结成的共同体。他的观点直接启发了芝加哥学派的其他学者,如罗伯特·帕克就特别强

---

① 　约翰·杜威.民主主义与教育[M].王承绪,译.人民教育出版社,1990:5.
② 　同上,第 6-7 页。

调社会共同体中的沟通问题。

帕克与 19 世纪欧洲著名的社会学家斯宾塞、孔德等人一样,认为社会在根本上是集体有机体(collective organism),社会共识(social consensus)、集体意识(collective consciousness)、共同目标(common purpose)是社会得以正常运转的基础,也是社会的本质。帕克同意杜威的观点,认为沟通是联结个人与共同体的关键,在由沟通形成的共同体之中,个人作为参与沟通的一分子与他人交流经验,在这种共同生活(common life)中,习俗、惯例、传统、礼节、语言、社会仪式、公共舆论等等得以形成,这些内容用一个总体概念总结就是"文化"。在共同体中的个人,由于他(她)在沟通中付出的努力,产生了客观、可理解的社会交流物,比如某种姿态、符号、标志、话语、概念等等,它们是一种杜克海姆所说的"集体表达"(collective representation)。[①] 沟通的社会功能就是把个人和社会带入并维持在一种可理解的状态中,与此同时形成文化的凝聚性。

帕克还提出了一个对城市共同体而言特别重要的理论,即沟通与竞争既矛盾又互相促进的关系,它们对社会共同体发挥着各自不同的作用。

在帕克看来,任何社会都可以分为家族型(familial)与社区型(communal)两种类型,社区型社会是异质的,生活在其中的都是依靠自身努力的个人,这是一个大世界(the large world),家族型社会是一个小世界(the little world)。大世界即商业社会,实际上也就是城市,在这个世界里人们借助竞争(competition)来追求个人的利益。当然,城市中的商业竞争也离不开沟通,从这个意义上说,竞争与沟通是互相促进的。[②] 但是,沟通的社会功能与竞争不同,沟通是通过空间与时间把社会联系在一起,而竞争毕竟是争夺资源的过程,虽然也需要互相理解并遵守共同的规范,但是竞争的互相依赖是一种"共生的"(symbiotic)关系,而沟通才是一种"社会的"(social)关系[③],前者由利益主导,后者以共识、共享为基础和目的。

帕克关于沟通与社会的观点可用他自己的一句话来总结:"沟通创造或至

---

① PARK R E. Sociology and the Social Sciences: The Social Organism and the Collective Mind[J]. *American Journal of Sociology*,1921,27(1):14-15.

② PARK R E. Reflections on Communication and Culture[J]. *American Journal of sociology*,1938,44(2):194-195.

③ 同上,第 201 页。Social(社会的)在英语中一个意思是友好相处的紧密关系,表现为积极与人沟通,容易相处。帕克在此用此意,与生物性的共生关系形成对比。

少使得这样一种情况成为可能,构成社会组织的个人是可以达成共识和理解的,这样的社会组织最后决定了个人、社会、文化的特征。"①

帕克的观点与思想,为我们"可沟通城市"的理论设想提供了依据。他针对社会与传播的关系的论述,可以用来解释城市与沟通的关系。按照帕克的观点,可沟通性是社会的特征,也是城市社会的核心。

(二)城市沟通与集体认同

城市是一个异质性的社会集体,在这个异质性的社会里,以竞争为主导的经济活动,其步伐范围远远超出语言与文化的理解的步伐②,经济活动的广泛性和功利性往往掩盖了以沟通为基础的文化共识,城市作为道德共同体的集合也遭到很大程度的破坏。城市史研究者一般认为,缺乏道德凝聚力和共同体身份认同感的城市,无论如何繁荣,终将走向衰落。③ 当代大都市也许不会因此而衰落,但是,现代城市的集体认同感确实遇到了很大的危机。

由于工业化和城市化的进程,从前将人们紧密结合在一起的社会价值体系和结构遭到了破坏,人们传统的生存状态被打破,传统社区被瓦解,人们的社会联系发生了改变。广泛的、不稳定的"次级联系"膨胀,取代了直接的、面对面的"初级联系"。在初级联系的群体中,成员之间存在着高度认同,自我与群体在心理上融合,而次级联系,在带来城市魅力的同时,也会带来一个明显的社会后果,就是缺乏初级联系中的道德保障,导致社会控制的失效。"一方面'个人'从传统的道德体系下解放出来,解放了个性和创造性,但另一方面,也使得社会成员'原子化',很容易导致社会陷于一种无序的混乱状态。"④如何将这些作为"原子"的个人和群体重新联结起来,在城市中重建有机联系着的社会?帕克认为,传播是联结的纽带,它不再只是一个符号传递的问题,而是自我、集体和社会意识形成的关键,实际上,表达、解释和回应,就是一个沟通的过程。通过沟通,形成一定的集体认同与社会整合,是构成整个城市系统的有机联系的关键所在。

---

① PARK R E. Reflections on Communication and Culture[J]. *American Journal of sociology*,1938,44(2):191.

② 同上,第194页。

③ KOTKIN J. *The City:A Global History*[M]. London:Phoenix, an imprint of Orion Books Ltd., 2006:Preface,xv.

④ 于长江. 走中国的城市化社区道路——费孝通与社会学的社区研究[EB/OL]. [2008-05-28]. http://www1.mmzy.org.cn/html/article/1247/5116593.htm.

二、浙江广电集团交通之声对城市沟通的践行

媒介的第一要义是信息传播，但是，媒介也是城市沟通的中介。在罗伯特·帕克生活的时代，报纸和电台是主要的传播工具，但是当时的人们似乎只把它们看作是工具性的表达方式，这种狭隘的认识也是促使帕克深入探究沟通问题的一个因素。正如上文所提到的，中国的交通广播有一种从传播媒介向沟通媒介发展的趋向，浙江广电集团交通之声就是其中的一员。确实，交通之声在城市沟通的价值应用上，具有颇为鲜明的典型性。从中我们可以清晰地看到，一家交通广播，如何积极运用自身独特的媒介力量，打破这个庞大复杂的城市系统中那些人与人、人与组织之间沉默的局面，衔接人与空间、人与制度之间断裂的状态，让原本被深埋而找不到出口的诸多沟通需求逐渐复苏、焕发生机。

就浙江广电集团交通之声而言，关注城市沟通是一种与生俱来的气质。创建之初，我们体会到一点，广播的新领域是服务，这是汽车发展对它的需求。我们发现，我们的城市服务功能在一定程度上是缺失的。1998 年的时候，服务功能缺失得非常厉害，那个时候，晚上 12 点钱包丢了，你都不知道去哪儿报案。在交通方面，开车时前面的路况到底怎么样，没有任何渠道可以得到。从服务功能的缺失上我们体会到了汽车的服务需求跟不上，而广播是最动态的，交通广播是能解决这个问题的最典型的媒介，所以我们来做。[①] 在董传亮当时的广播理念中，"服务"是一个关键词。交通之声 18 年发展的实践表明，"服务"不仅仅表现在为广大听众提供信息和实际的服务，在更高的层面上，交通之声还参与到整个城市运行之中，为城市沟通提供服务，同时自己也成为城市沟通之中一个不可或缺的环节。换言之，交通之声以沟通的理念来为城市提供服务，也通过服务使得城市得以沟通，使之运转良好。

交通之声一开始的设想，主要是着眼于交通设施与交通人之间的沟通，这一设想发展深化为全台的价值定位，慢慢渗透延伸至更多领域更多层面。从早到晚的路况服务、气象服务、大量的跟车相关的投诉服务，还有就是发生突发事

---

①　与浙江广电集团副总编辑、浙江广电集团交通之声首任总监董传亮的访谈。

件,针对受害人群提供的这种点和面的服务。① 这种意识初步呈现了交通之声构建的一个社会服务系统的轮廓。这个服务系统就是一个多元沟通系统,进一步细分则包含了六大沟通价值功能:信息公共化、社会援助、社会预警、社会监督、大众情绪缓解、资源整合。

(一)信息公共化与交通广播

信息公共化,就是指信息的公共化传播。这里,我们讨论的主要是城市信息公共化。要明晰信息公共化这一概念,我们首先来理解两个相关概念,一是公共传播,一是公共信息。关于公共传播,国内有学者曾就此作出界定,认为:公共传播,从广义上来看,指政府机构、社会组织、公共媒体、非营利组织或公民通过媒体进行的任何一种以公众为对象的传播;狭义上,则指政府机构、社会组织、公共媒体、非营利组织或公民通过媒体进行的以社会公共利益为目的的公共信息和公共节目发布。而公共信息是指与公共利益有关的信息,及对这些信息的意见和态度。比如有关权利分配、城市建设的新闻和对这些新闻的评论等等,而不是个人隐私、个人事务和公司事务等信息。②

信息的公共化传播包括三个方面:第一,从传播内容上来看,信息多半与社会公共事务、公共议题相关,具有强烈的公共属性;第二,从传播价值上来看,它与公共利益切实相关,能满足社会公众某方面的期望和需求;第三,从传播的信息来源上来看,政府是最为重要的,因为政府各部门日常处理的都是公共事务,它们掌握着大量的公共信息。

正是出于上述三个方面的特性和理由,信息公共化在社会系统的运行中具有非同一般的重要性,可以说,信息公共化是城市有效管理必须要做的事情。一方面,城市规模越来越大,人口越来越密集,一系列城市问题的解决有赖于通畅的信息公共化系统;另一方面,城市公众的知情权意识逐渐觉醒,对公共信息的需求从隐性转为显性。

然而,我国当前的城市信息公共化并不完善:政府机构与社会公众之间信息严重不对称,公众在公共信息资源的掌握上天然地处于弱势地位,而垄断信息的政府机构出于对可能制造麻烦的担忧,在信息流向公众的问题上大多保持着谨慎的态度,有的甚至拒绝打开通路。

---

① 与浙江广电集团交通之声总监张立的访谈。

② 石长顺,石永军.论新兴媒体时代的公共传播[J].现代传播,2007(4):12-14.

在这一背景下,浙江广电集团交通之声以交通信息公共化为切入口,在推动城市信息公共化系统方面作了突破性的探索。而这一尝试的发端,实际上是出于市场、政府与媒体的共谋。

1996 年,公安部在扬州有一个会议,建议要通过建立交通广播来管理交通。回来后我们就开始谋划,因为这一方面是我们想做的,另一方面是老百姓有需求,还有就是广播电台也有积极性。合作启动是在 1997 年。①

当时的想法是通过媒体进行大范围的、持续的宣传,把所有交通参与者都纳入这个广播之内,包括开车的、坐车的、走路的、骑车的,借此完成三大任务:提供交通信息、接受群众监督、宣传交通法。

这一交通信息公共化的过程,最具典型研究意义的就是路况新闻的产生与发展。

我们刚进台的时候做主持人,因为浙江省还没有交通台,谁也不知道这个交通台是应该怎么来做,先做两件事情,一个就是到外面去熟悉路况,回来就开始训练这个路况播报。当时做的第一件事情就是买杭州市的地图,另外一件事情是委托一个搞计算机的同学,把杭州的纵向和横向的主干道画成了电子的路况简图。②

在浙江广电集团交通之声创建初期,记者们都是步行或骑自行车跑路况,用联通手机、BB 机、对讲机播报。此后,随着影响力越来越大,就开始建立阳光车队,依靠出租车司机的对讲机收集民间路况信息,一直到 2002 年进入交警指挥室,正式打开了获取官方交通信息、向公众传播权威路况的通道。

而随着记者进入交警指挥室和交通信息采集规模的逐渐扩大,交通信息公共化传播也越来越详尽丰富。一位播报"路灵灵"的女记者告诉我们,2003 年 1 月她以信息员的身份进交警指挥室,当时监控探头只有二三十个,设备也比较简陋。后来,指挥室从九楼搬到了四楼,变成整一层的指挥中心,交警的大屏也多了,有一百多个大屏,一百多个摄像头在大屏上面。现在,杭州的交通监控探头遍布全市大小道路,形成了完善的交通信息实时监测,记者可以在指挥室随时播报路况信息。而交警允许交通之声实时播报交通信息,实际上就是授权电台把原来只用于交通管理的管理信息公开化,成为公共信息,进而与广大交通

---

① 与浙江省公安厅副厅长凌秋来的访谈。

② 与浙江广电集团交通之声总监助理兼 93 节目中心主任张家英的访谈。

参与者共享。

当然,交通之声不仅仅播报交通路况。

我们的交通特色是这样的,在交通领域里面放大做资讯。第一是路况信息,这是交通台的一个基本特点;第二是交通领域的新闻,比如说江西发生了特大车祸,我们不仅要跟进,还不能像一般媒体那样报一下就好了,如果这个车祸有典型意义,我们还应该派记者过去。现在的交通已经不是小民生,而是大民生了。[①]

现在,交通之声定位为有交通特色的新闻资讯台,向其他领域伸出触角,符合媒体发展的必然趋势。也正是从交通信息一路衍生辐射,交通之声建立起了大至政府管理资讯、小至天气信息的一整套信息公共化传播系统,推动了城市信息公共化的进程。

(二)社会援助与应急

社会援助,广义上包括社会交流、社会救助和社会慈善等活动内容,是以支援为目的的社会活动,活动的过程可以是有偿的,也可以是无偿的。当社会生产力发展了,人们在生产劳动中所形成的相互间的融合关系应该得到加强。社会援助广受欢迎也正是这一生产关系的体现。它同时对调整社会资源配置、实现社会公平正义、维护社会稳定有着非常重要的积极作用。社会援助系统的完善与否,是验证城市互助沟通关系好坏的重要内容。

随着世界社会经济发展和城市化进程的加快,许多国家和地区已经建立起了较为成熟的社会援助系统。以香港为例,其社会援助系统中的一支重要力量就是非政府组织。非政府组织是香港提供社会服务的主力,政府购买机制是非政府组织操作社会服务项目的主要方式,依托于非政府组织的训练有素的社工和义工则是对社会服务事业的有效支撑。时至今日,香港非政府组织参与的社会服务众多,主要包括安老服务、康复服务及医务社会服务、违法者服务、青少年服务、社区发展服务、家庭及儿童服务等六大方面,其中安老服务、青少年服务及社区发展服务全部由非政府组织提供。[②] 经过多年发展,香港非政府组织已经成为独立于政府和工商企业之外的、参与公共援助的一支规模庞大的社会力量,对香港的社会管理创新有着十分重要的意义。

第二章 交通广播与城市沟通

---

① 与浙江广电集团交通之声总监张立的访谈。

② 肖莎.香港 NGO 参与社会服务的经验与启示[J].社团管理研究,2012(10):48-50.

再来看当前国内城市的现代化发展,社会新问题、新矛盾层出不穷,依托于政府机构庞大科层体系下的援助力量,固然具有人员专业、资源充分的优势,但是也囿于运行机制上不够灵活的程序化特点,以及覆盖的广度深度有限等局限,不能很好地发挥社会援助的作用。在现代城市日渐多元化的发展态势下,尤其是在自然灾害、突发事件频发的当下,社会援助系统的构建不能只依赖于政府层面的运作,还需要依靠更为广泛的社会力量,包括一些作为公民社会主体的非政府组织,甚至完全零散、自发的市民公众个体。在社会援助多元化的时代,媒介的协调沟通作用就非常关键。在这一方面,浙江广电集团交通之声有着十分出色的表现。它充分利用其依靠信息公共化建立的强大沟通网络,积极调动社会资源、社会力量参与公共援助,尤其是应急情态下的社会援助。交通之声有一个经典的社会援助案例:

2005 年 11 月 25 日,交通之声热线部门接到一个求助电话,电话是一个衢州的出租车司机打来的,他车上有一个两岁的小孩子,吃饭的时候鸡骨头卡在喉咙里,要急送杭州治疗,但是他不认识路。这看起来是一个很普通的信息,给他指个路,第一层面的服务已经解决了。但是当时的电台领导考虑到事关孩子的生命,应该做得更到位,于是立即决定沟通相关部门,为救助孩子提供便利。记者联系了高速交警,取得了杭州市区交警的帮助,又赶快联系好医院,这些联络都很顺利。本来,联系好之后电台的任务也就完成了。但是,交通之声以直播的方式即时为出租车进杭州提供帮助,同时利用广播的力量动员社会力量加入救助过程中来。

电台一方面请了一个专家电话连线,碰到这种情况,应该怎样处理;一方面告诉那个司机从高速的哪个口子下,我们的采访车就在那儿等着。直播一个多小时后,传播效果出来了,很多司机听众想去接他,有很多互动参与进来。等我们把孩子转移到采访车上以后,本来那个送他来的司机可以回衢州去了,但他这个时候很激动,他一直在听广播,觉得这个事他不跟牢实在是太遗憾了。我们一个热心的阳光车友也一定要跟着,说是万一你们开到路上有什么问题呢。最后,送孩子到医院的就变成了一个车队,第一辆交警的车在前面开道,第二辆是我们的采访车,第三辆是我们阳光车友的车,第四辆是衢州司机的车,然后还有许多其他媒体加入进来,浩浩荡荡进浙江省儿童医院。①

---

① 　与浙江广电集团交通之声总监助理兼 93 节目中心主任张家英的访谈。

在整个事件过程中，交通之声做了四个多小时的直播以及后续的报道。节目效果放得很大，全省各地都有听众互动，许多人也提出要提供帮助。

实际上，这一事件初始的新闻价值并不是很大，但经交通之声的快速反应和细腻操作，其发展为一场牵动各方力量的感人的社会援助事件，交通之声的介入既帮助有需要的人解决了实际问题，又使听众和其他相关的社会成员有了强烈的参与体验和关联感。这种良性的沟通，放大了事件的社会效应。

（三）社会预警

城市的可沟通性如何，还反映在系统内的社会预警功能上。明天是雷暴天气，我能否提前知晓，预先安排第二天的计划？今晚有演唱会，哪些路段会特别拥堵，我该如何绕行？这些信息关乎我们日常生活。假如预警及时，我们在生活体验上会有畅通无碍之感，与城市的关系，就好像是默契十足的朋友，你会觉得它为你设想周到，很容易沟通；假如预警缺失，会大大增加城市人行动不顺的焦虑感，会使他们觉得与这个城市相处别扭。

社会预警系统在城市管理中具有极其重要的作用，不仅能够有效预防、及时控制和消除危机的发生，还事关公众对城市宜居与否的感性体验，在很大程度上影响了公众对城市的好感度。在这个社会预警系统中，大众传媒是不容忽视的重要一环。媒介本来就应肩负一定的环境监测与预警功能，尤其是面对社会危机事件时，可对社会危机事件进行监视、控制并发出告知、警示，尽最大可能消除社会危机事件的负面影响。

交通之声在社会预警方面的参与度也非常高，比如与浙江省气象服务中心合作，在灾害或异常天气到来前发布预警，安排专家连线，加大播报频率，大密度直播最新天气预报和实时天气情况。多年来与浙江海事局保持合作，从每年春运第一天开始，每日定时播发浙江全省海上主要客运航线运行动态、航路海况、天气信息、客运安全预警等，引导公众安全出行。

2008年年初，浙江中北部连降大雪，道路交通遇到了前所未有的困难。当时的交通之声已经提出了"应急广播"的概念，因此在报道这次雪灾时有了规范的预警方案，报道也是有条不紊的。电台除了及时播报气象消息之外，对于道路交通则不停地提出预警，哪一段路怎么样、国道怎么样、有什么交通事故发生、雪天出行应该注意些什么等等，都及时告知听众，以便大家安全出行。

2013年年初，杭州等地又遭遇到严重的冰雪灾害天气，交通之声再次利用广播的优势及时发布预警信息，在六十多个小时的直播中，利用公安交警部门、气象部门和政府其他部门的公共信息,以及广大车主提供的信息,及时预报各地道路的情况,甚至利用部分车主自己的"探险"过程,一段一段地播报道路情况,哪些路是可以走的,哪些路是非常危险的,哪些路是不能走的。这次应急广播得到了交通管理部门的高度认可,为全省灾害性天气预警机制管理作出了很大的贡献。

交通之声长期以来在社会预警方面的突出能力和特殊价值,也得到了官方的认同,目前,浙江省政府已经将浙江广电集团交通之声纳入其社会预警组织之中。

(四)负责任媒体的社会监督

构成一个城市的良性沟通系统,不仅需要自上而下的信息公共化、社会预警等,还需要开放自下而上的社会监督反馈通路,让公众有渠道表达一定倾向的议论、意见及看法,以实现对权力运行中偏差行为的矫正和制约,并给予公众维护保障自身合法利益的权利。

浙江广电集团交通之声从诞生之初,就以一种负责任媒体的姿态出现在公众面前,为听众构建起一个监督反馈的平台,而且其监督的价值,不仅在于反映社会问题、负面情况,更在于搭建社会公众与权力部门的沟通桥梁,消弭双方因沟通不畅产生的误解、分歧,最终达成谅解,达成共识。

具有代表性的,就是 1998 年 5 月 18 日开播至今的品牌节目《有理走天下》。这是一档投诉节目,曾获过全国性奖项,也是浙江广电集团广播类十大品牌节目之一。阿巍主持这档节目十几年,对交通法规已经十分精通。节目服务的对象最早主要是的士司机,投诉的是交警和运管,主要内容是处罚不合理。后来出现了私家车司机的投诉,对象也是交警。最近几年来监督的对象有所扩大,社会监督也大大加强了。

监督并不意味着对抗,而是为了更好地沟通,这才是媒体负责任的表现。交通之声做监督节目的出发点是为了沟通交通参与者,使城市更加畅通。交通之声的基本理念是"帮忙不添乱"。交通之声面对问题、揭露问题,又不激化矛盾,而是本着解决问题的思路重视对职能部门的监督。这样做,既得到了民众的支持,也获得了管理部门的理解和支持。浙江省的交通管理部门,现在已经初步形成了这样的心态:交通之声批评他们,他们并不反感,反而有一种放心的感觉,因为他们觉得交通之声是在帮助他们改进工作,是系统之外不时的刺激,以便使他们更好地服务于城市交通。

（五）大众情绪缓解

处于转型加速期的中国社会,公共灾害事件和公共危机事件频发,这些事件发生后,公众的心理、情感、信念都会遭受不同程度的冲击。危机情景下的个体极易产生恐慌、恐惧、愤怒、抑郁、焦虑等负面情绪,负面情绪在危机传播中又比较容易在群体成员之间相互感染,进而加剧危机事件的不良影响,甚至导致社会心态失衡,造成危机事件的次生灾害。① 区别于信息沟通,这属于一种情绪沟通,在城市沟通框架中,同样具有不可忽视的重要性。

媒介不仅是信息沟通的工具,也可以沟通意见、态度、情绪,在危机事件发生时,不仅信息本身的传播可以起到稳定情绪的作用,媒介还可以传递各种人群的所思所感,影响其他人的情绪。浙江广电集团交通之声通常呈现出敏锐的情绪沟通意识,重视发挥其稳定社会心态、缓解大众情绪的积极作用。

2008 年雪灾的时候,交通之声一方面做好信息预警工作,另一方面也尽力做好缓解公众情绪的工作。张家英认为,当人无法抵抗自然的时候,应该做一点温暖的事情。

那时候很多人回不了家,我们就联系了一个省运管的领导,请他说了一段很感人的话,大概意思是,这场大雪留住了你们的脚步,但是请你们相信,在浙江你们也会感受到家的温暖,我们请你们留在浙江过年。②

交通之声就以此为主题,报道了雪灾时许多感人的事件,以温暖人们的心灵。比如,有一个回不了家的听众打热线电话说,他们老家发生这种状况的时候,他们就会去扫雪,我们也可以组织这样的活动。电台认为这个主意很好,于是就在节目里召集组织这种爱心公益活动,让大家一起来扫雪。电台不断地在广播中告知哪些地方需要扫雪,听众则在各处商量在哪里汇合、扫帚由谁提供等等。电台与听众一起做公益,在这个大雪纷飞、交通中断的时候,为堵在车上、车站、路上的人们带去了温暖的感动,这个也算是当时直播节目中的一个亮点。另外一件事情是征集"爱心防滑链"。当时电台接到水产运输户打来的热线电话,他是千岛湖的,他说车辆无法行驶,再这样下去,车上的鱼就全都要死

---

① 翟楠楠.面对公共危机事件媒体应有心理抚慰意识[N].中国新闻出版报,2010-07-13
(6).

② 与浙江广电集团交通之声总监助理兼 93 节目中心主任张家英的访谈。

掉了,这个水产市场也要瘫痪了。电台马上派人到处咨询该怎么办,得到的回应是可以用防滑链保证车辆运输安全。于是电台就在节目里征集防滑链。有一家专做防滑链的永康企业,在听到广播后表示,他们是专供国外商家的,但是愿意先送给大家用。电台又联系交警,交警接力,把防滑链运到杭州来,然后再送给水产户,通过广播形成了一条"爱心防滑链"。

交通之声在这次冰雪灾害的直播中,突破了以往只注重交通信息的传播形式,在传播爱心、缓解公众负面情绪上也做了有益的尝试。

(六)资源整合

城市沟通系统的良性循环,还体现在资源沟通方面,主要就是我们通常所说的社会资源整合。在浙江广电集团交通之声的运行中,资源整合的价值主要体现在以下三个层面:

1. 基于内容层面的资源整合

这里主要是指整合各方的力量来提供信息,让他们参与到广播的内容制作中来。最典型的是与交通、气象等各职能部门建立良好的关系,整合权威的公共信息资源进行内容的制作与传播。除此之外,浙江广电集团交通之声也十分重视通过与受众的互动,整合来自社会公众的信息资源。我们报路况曾经有一段时间很迷茫,因为私家车车主上班,每天早晚高峰的路况是有规律的,堵是堵,走还是得走。后来,我们觉得不仅要报哪里堵,也要报哪里不堵。后来我们发现杭州几乎没有不堵的路,那怎么办? 张家英说,后来通过微博等各种方式集聚了一些粉丝,成为我们的路况观察员,定点报路况。比如,他是从滨江过来的,他是从城西过来的,今天跟昨天有什么变化。又比如,今天过来用了 35 分钟,而昨天只用了 20 分钟,可能是因为灯次设置的不合理、可能是今天交警没指挥等等。类似这样,让车主去发现一些变化,参与到杭州的路况播报中来。[1]

2. 基于受众层面的资源整合

在受众资源的整合上,交通之声的做法,主要是通过建立各种听友共同体。比如组建了 14 年的"阳光车队",整合了出租车司机这个群体中最优秀的人,针对他们定期举办活动。首先,让他们体会到荣誉感和自我价值。电

---

[1]　与浙江广电集团交通之声总监助理兼 93 节目中心主任张家英的访谈。

台给他们设置专门的 LOGO，出去戴着这个徽章，别人就知道是交通之声的阳光车友。所有阳光车友做的爱心活动，电台都会出证明，到公司和运管部门可以加分。其次，从情感角度出发，电台会将当月生日的驾驶员聚在一起，选一天由主持人、记者轮流陪他们过生日。不仅会买生日蛋糕，还会给"寿星"发一些实用的小礼品，比如腰包、水杯等。这个传统一直持续到现在。这些司机里面还有很多藏龙卧虎的人，才艺很多，就细分为外语车队、才艺车队、公益车队等。此外，还有一些基于营销需求建立的听友俱乐部、自驾联盟体系等。

3. 基于媒介层面的资源整合

主要是与其他媒体合作开展一些大型的活动。比如，跨媒体的联合新闻行动，做一些选题，不局限于交通之声一家，而是注重拓展与平媒、网络等的整合或联合。最成功的是青海玉树地震那次，交通之声与钱江晚报社合作策划了一个新闻行动，捐款 400 多万元，最后用这 400 多万元买了课桌椅送到玉树，圆了 21000 个孩子的重返课堂梦。另外，还与钱江晚报社联合开展了"爱在后备厢"活动，一年比一年做得大，2012 年捐款已达 50 多万元，这些钱都送到了贵州贫困地区。

三、浙江广电集团交通之声与可沟通城市的构建想象

浙江广电集团交通之声 18 年来的运作实践，从以下四个方面诠释了可沟通城市的概念。

（一）电台的活动彰显可沟通城市的形象

在一个城市的形象系统中，城市行为是一个非常重要的子系统，其中包含对群体、个体的组织管理、教育以及改善投资软、硬环境及生活环境，对环境所提供的优质服务活动等，这被称为城市的对内行为识别；城市的对外行为识别则包括对外宣传、广告活动、招商活动、公益性活动、公关活动等等。这些活动能否让市民甚至更大范围的人群参与、识别，能否产生积极的社会效应、形成正面的社会影响，是评价城市沟通性优劣的一项重要指标。交通之声近年来立足公益所开展的各种运营活动，一方面促进了自身的品牌形象塑造与推广，另一方面也为城市提供了许多良性沟通的机会。

交通之声于 2010 年策划了数次规模在千人以上的大型活动："告别酒驾平安回家"、"援助西南大行动"、"你不是塞子"、"文明出行全省巡回宣传月"、"温暖回家路，平安高速行"、"93 感恩服务月"等；2011 年又组织实施了充分体现频道定位的汽车运动会、节油大赛、93 听友节、温暖回家路、高考应急服务车等各类吸引听众广泛参与的互动活动，全年完成各类活动 200 多场。自驾车活动则更加频繁。"文明出行"系列活动是其中的典型案例。从 2010 年开始，交通之声与新蓝网、《钱江晚报》、影视文化频道合作，在原有的文明出行系列活动基础上，创意推出"改变——年度文明出行现状发布会"活动。2011 年与全省地市交通广播合作推出"文明出行"公益活动联动宣传，整个活动包括 25 场主题演出，直接参与的听众超过 30 万人。2012 年上半年，交通之声又以"文明出行"和"爱心浙江"两大公益特色活动为主导，策划推出了"学习雷锋好榜样"、"告别反光黑板"、"爱在后备厢"、"千名司机大体检"等爱心活动，并完成了"改变——2011浙江省文明出行现状发布会"、"高考全攻略"、"2012 文明出行巡回宣传活动"等活动。

这些活动不仅扩大了交通之声的社会影响力，也使得城市交通参与者通过活动交流了经验，建立了友谊。正如杜威、帕克等人所认为的，沟通是人们交流经验的主要方式，通过沟通，不仅分享了经验，人们的态度也或多或少地发生改变，这样就形成了生活共同体，一个"活生生的整体"(a living whole)，陌生人构成的城市也就不那么陌生了。同时，作为城市交通共同体的组成部分，电台的听众特别是参与电台活动的会员，也在这些活动中加深了对交通规则、交通管理者的理解，这也有助于各方的理解和沟通。

（二）信息的公共化构建可沟通城市的无障碍传播

从传播学角度来看，广义的无障碍传播可以被定义为"人人到达，到达人人"的信息传收过程；狭义的无障碍传播则指克服感官功能缺失到达特殊受众的信息传播过程，特指对视听障碍者进行有效传播的过程与结果。[①] 而这里所说的无障碍传播，观照的对象、指涉的意义均有所不同，主要是针对当前政府、权威机构与公众之间信息不对称的背景，提出的畅通信息渠道、缝合信息断裂的传播过程。在信息依赖度越来越强的现代城市，无障碍传播是一个可沟通城市应当给予市民的首要体验。

---

① 李东晓，潘祥辉.无障碍传播：历史、现状与理论框架[J].中国传媒报告，2011(2).

浙江广电集团交通之声的无障碍传播主要体现在把原来局限于交通管理部门的官方信息变成了社会共享信息，而且这种传播是全天候、全透明的，真正做到了交通信息的无障碍自由流通。表现最为鲜明的就是路况新闻的播报，这一点，有赖于电台一直以来践行的社会合作模式，主要是电台与职能部门尤其是交警之间长期保持的特殊紧密的合作关系，以至于交通管理部门把交通之声当成自己的一个有机组成部分，当做自己人，许多内部会议都有交通之声的人参加，交通之声也因此得到了信息传播上的诸多便利。

这种合作最大的特点就是通过交通之声这个中介，消除了交通信息的"内""外"之隔，使信息得以畅行，"路灵灵"就是这么做的。"路灵灵"记者直接坐进了交警指挥室，待在指挥室的时间远超过在台里，跟交警建立了"抬头不见低头见"的深厚友谊，这也让交通之声的信息接收渠道更为畅通，相应地，对公众的信息传达也更为丰富及时。"路灵灵"记者深感交警一线合作带来的便利：记者在指挥室第一时间得到信息，第一时间获知交警对事件的处置，很多时候随着交警一起出动，交警处置紧急情况，记者则在现场做报道，从事件的发生到信息的传播，再到听众获得信息，其间没有丝毫的阻隔，这样就使得整个城市的交通信息无障碍地传播四方。

（三）服务功能凸显可沟通城市的特点

城市的可沟通特点很大程度上是在城市的服务功能上呈现出来的。媒介是一种沟通的工具，大众媒介以提供沟通服务为立身之本，获取社会认同。其服务功能的实现有赖于它沟通能力的发挥，而它的沟通行为又必须伴随着为公众服务的意识。同时，区别于大众传媒的宣传功能，服务功能打破了一种单向灌输的局面，创建了更具有双向视野的传播关系，这正是一种可沟通性的体现。

浙江广电集团交通之声一直有着明晰的服务定位。交通之声开办之初的宗旨就是"报道交通，服务大众"。媒体历来都是宣传的工具，宣传党的方针政策，许多媒体也都停留在这样的层面上。自从交通台的出现，人们认识到了服务是它的一个重要功能，甚至服务还能赚大钱，在市场环境下能带来经济效益。实际上，带媒体进入市场的，就是服务理念。[①] 董传亮在创台之初，就十分明确这一点，他认为，只要把服务理念种在心里，整天想着怎么服务，视野就会很宽广。正是秉持着这一服务理念，交通之声于 1999 年在绍兴设立了第一个记者

---

① ·与浙江广电集团副总编辑、浙江广电集团交通之声首任总监董传亮的访谈。

站,逐步建立了交通之声自己的网络。董传亮特别解释了这个网络概念:我们想,交通台,它跟哪些部门有关系呢?我们就考虑车上的人需要哪些东西,它们又跟哪些部门有关系,比如110、出租车管理,煤气、路灯、自来水,我们把这些东西全部理出来,整合建立起网络。职能管理部门在杭州就有1000家,都跟我们建立了密切的关系。通过记者站的建设,这个网络覆盖全省,非常强大,支撑着我们的内容和口碑,而职能部门也通过我们的网络来为相关人群服务。

广播媒体的服务功能比电视和平媒更直接,比如交通之声的服务就是全天候、全方位的。从早到晚的路况服务、气象服务、与车辆有关的投诉服务等等,都是有关于汽车生活的服务。交通之声还把服务的领域扩大至整个城市社会,从早间对老百姓发生投诉性、监督性事件的关注,到九十点钟的财经信息服务;晚间还有健康服务、心理服务等等。

对此,访问交通之声的员工时,他们都深有体会,交通之声彻底改变了从业者的业务思维:把一个宣传单位变成一个服务媒体,我认为这个是最大的改变。广播就是一个服务行业,一个服务性的媒体,我们这些人现在都是在做服务,把服务工作做到淋漓尽致,那么电台呈现出来的东西就是信息服务、节目服务,甚至就是很具体的帮扶性的服务。[①]

(四)新闻与评论构筑可沟通城市的品质

可沟通城市,表达的是一种优质的现代城市品位,不仅要能满足社会公众对城市信息无障碍传播、服务体贴到位的基本需求,也要能满足公众更高层次的需求,比如观点的表达、对信息的评价与反思等等。

浙江广电集团交通之声,正是通过有品质的新闻与评论,来表达可沟通城市的品位与批判精神。现任总监张立确立了新闻延伸立台的方针,这也成了此后交通之声的拓展方向:2008、2009年以后,关注交通的媒体越来越多,汽车也越来越多,跟汽车相关的很多事情不是小众的了,慢慢到了一个相对大的民生的范畴里,所以当时觉得在未来的发展中一定要注入一些新的东西。最后决定把新闻作为一个重点,所以有了三年多以前的定位修正,提出了有交通特色的新闻咨询台的定位。交通之声最近几年来一直都在增加新闻量,2013年改版后,连中午的节目也变成新闻了,下午四点到四点半增加的《联动浙江》也是新闻,晚上六点半到七点也是新闻。

---

① 与浙江广电集团交通之声副处级调研员(原副总监)程珉的访谈。

加强新闻并非脱离交通广播的交通特色,而是在交通领域里面放大做资讯。2012年交通之声做了一个"穿越浙江"的交通大主题新闻节目,整体反映浙江十年的交通变化。这就是在大的主题上深化新闻节目的尝试。另外还有一个突出的方面就是注重对突发事件的报道,在快速反应和全面及时上,交通之声都是做得很好的,2013年春节前的雪灾,交通之声就做了60小时的直播新闻。

除了大幅增加新闻资讯的量,交通之声还重视强化新闻中的评论,这一点在浙江的广播中是最早的。我们最早设立新闻评论员。曹景行是第一个被请到广播里来的。第一年,我们的《曹景行有话说》在浙江广播界乃至全国都是一个震动。后来紧跟着增多了,杭州本地也有,全国各地也有,都开始关注新闻评论了。从第二年开始,我们又深化了评论的比值,加大了评论的力度和播出的频次。[①] 评论员给听众们带来了一些新的东西,不管是思维上面,还是在对具体事务的看法上,能让听众通过媒体的声音增加一些思想的深度,这也是信息泛滥之下受众的需求。

新闻和评论是新闻媒体的本质所在。现在的电视、广播存在着泛娱乐化的倾向,这对某些电视和电台可能是合适的,但是交通广播这样的媒介在这方面肯定不能做得太过,交通广播的特色是信息,是服务,交通信息广义上说也是新闻,而城市生活不仅仅体现在交通上,城市市民也不仅仅关注交通信息,他们还需要更多的新闻和意见,以便更好地理解社会、理解城市。诚如学者所言,新闻使人们从日常单调的生活中暂时挣脱出来,获得必要的谈资,也通过新闻进行"准社会互动"[②],以此熟悉城市,成为一个生活共同体。另一方面,现代社会日趋复杂,许多社会问题没有足够的资讯和评价一时很难使人们真正理解,而日常生活中的普通人也没有精力自行对许多问题进行分析,因此,借助媒介的评析及时理解社会事件和社会现象就非常必要。从城市沟通的层次来说,从简单的交通信息到高品质的新闻和评论,人们的意见和评价,甚或公众舆论,都能够在一定程度上得到提高,这有助于人们在一个相对高的水平上进行深入的沟通。这也是交通之声引入著名评论员曹景行以及其他著名评论员,每日提供高质量评论的一个初衷。

---

① 与浙江广电集团交通之声总监张立的访谈。

② 迈克尔·舒德森.新闻社会学[M].徐桂权,译.北京:华夏出版社,2010:203.

结　语

　　沟通是人们获得集体特征的主要渠道,正如杜威所言,社会通过沟通而存在,社会生活等同于沟通。帕克认为,在现代城市里,便捷的沟通方式、交通方式使得人们能够分配注意力,人们也能够在同一时间之内生活在不同的世界里,这样就摧毁了邻里关系的恒久性与亲密性。不仅如此,由于种族、职业等因素的影响,人们生活在互相分割的群体中,城市中的邻里关系是按照种族和阶级形成的,这样,空间和感情上的疏离进一步强化①,城市的沟通难题由此显现。这是世界城市化过程中都出现的情况,当代中国也不例外。虽然中国不存在种族问题,但是,城市与乡村长期的二元化结构导致进城务工者与原来的城市居民之间存在着相当大的疏离感,即使是城市居民,随着市场经济的发展,不仅出现了收入不平衡现象,实际上也出现了城市的阶层化,也即帕克所说的阶层利益(class interests),这是造成城市人群分割的重要原因之一。而城市,作为现代社会最重要的一种社会形态,说到底是一种集体聚集的生活共同体,缺乏有效沟通的城市很难有效运转,这也是马克斯·韦伯提出"理解社会学"的理由之一,也是帕克、库利等芝加哥学派的学者如此重视沟通,重视报纸、电台的沟通作用的理由。

　　帕克同时也指出,现代社会的流动性(mobility)与沟通问题是紧密相关,城市越大,越是需要沟通,虽然直接的面对面联系越来越多地被间接的联系所取代,但是这种间接的次级联系(indirect secondary association)也有助于形成一种感觉上的共同体,形成一种"我们"(we)的相互认同。② 报纸就是这样一种间接的联系,所以,报纸被帕克认为是城市中最重要的沟通方式,他认为报纸的第一功能是提供类似于村庄里的闲言碎语(village gossip),虽然这种城市里的闲

---

　　① PARK R E. The City:Suggestions for the Investigation of Human Behavior in the City Environment[J]. *American Journal of Sociology*,1915,20(5):582.

　　② PARK R E. The City:Suggestions for the Investigation of Human Behavior in the City Environment[J]. *American Journal of Sociology*,1915,20(5):593.

言碎语并没有起到村庄闲谈那样的社会控制效果。① 但是，报纸毕竟通过这种方式把整个城市日常生活联系在了一起。上文已经指出过，广播兴起以后，帕克也把电台视作与报纸一样的城市沟通媒介。

当代中国城市化程度比帕克那个时代的美国更深、更广，个人在城市中的流动性也更强，因而也更需要城市沟通。从最基本的层面说，交通和沟通就是城市日常运转所需处理的问题。宽泛地说，所有媒介都起着沟通的作用，交通广播则因其服务的对象和范围更为专业，在交通和沟通方面起着更为直接的作用，这也是本课题如此关注沟通与广播的关系的出发点。浙江广电集团交通之声正是意识到现代城市存在着流动性与人际沟通的困境，才有意识利用交通广播的优势致力于城市沟通，把生活在城市中的不同人群联结在一起，成为一个共同体。无论是及时提供交通信息，提供全方位的服务，还是努力整合资源使信息公共化，或是对城市交通管理者进行监督，甚至提供社会援助、社会预警，浙江广电集团交通之声所做的一切都是在践行可沟通的城市这个理念，虽然这种实践仍在不断探索的过程中。

---

① PARK R E. The City: Suggestions for the Investigation of Human Behavior in the City Environment[J]. *American Journal of Sociology*，1915，20(5)：606.

第三章　中国交通广播的历史进程

第一节　类型：交通广播的定位

广播诞生于 20 世纪 20 年代的美国，1920 年 11 月 2 日西屋电气公司的 KDKA 电台开播，标志着世界广播事业的诞生。广播媒介既是对印刷媒介的超越，也是跨国传播的先行者，它几乎不受时间和空间限制，现场报道是广播的最大亮点。

1923 年 1 月 23 日，美国人奥斯邦在中国境内创办了"大陆报—中国无线电公司广播电台"，成为中国境内开设的第一座广播电台。三年后，1926 年 10 月 1 日，哈尔滨无线广播电台开始播音，这是中国人自办的，也是官办的第一座广播电台。1927 年 3 月 18 日，中国人创办的第一座民营广播电台——上海新新公司广播电台开始播音。国人开始自办广播电台，标志着中国广播事业的真正萌芽。至今，中国广播已经走过 90 年历程，随中国国运几经跌宕，历经繁荣与低潮，发展与曲折，形成了广播自己的故事。

一、中国广播发展的三次转折点

（一）"四级办广播"创建了中国广播发展的基础

1983 年 3 月，第十一次全国广播电视工作会议召开，提出了中央、省、地区、市县"四级办广播，四级办电视，四级混合覆盖"的发展方针，使我国的广播电视事业进入了大规模扩张的大发展时期。当时，除了中央和省一级办广播电台以外,凡是具备条件的省辖市和县也可以根据当地实际情况开办广播电台,至此,"四级办台"的格局形成,中国广播媒体进入了数量和规模上大发展的时期。

从1983年到1988年,是我国广播电视事业有史以来发展最快的时期。到1988年年底,全国广播电台达461座,人口覆盖率70.6%,电视台达442座,人口覆盖率75.4%。① 同年中央相关文件首次针对广播媒体提出"事业单位,企业管理",对中国广播事业产生了深远意义。1983年后,由于进一步确立了广播新闻的主体地位,在提高新闻的实效、增加新闻节目的数量以及改进新闻报道的题材和形式方面取得了重要进步。②

1985年4月,国务院批转《国家统计局关于第三产业的统计报告》,第一次将广播电视列为第三产业,广播电视都从原先的事业单位事业型管理转变为"事业单位,企业管理"。20世纪80年代中后期,广播媒体内部开始尝试进行一些市场化改革,根据受众需求以及媒介消费特点进行节目的设置与编排,并加大广告经营力度。

(二)珠江模式开创了广播双向互动的直播形态

1986年12月15日,广东珠江经济台诞生,其一改过去广播"我播你听"的局面,使广播从单向灌输开始转为双向传播、双向交流,改变了录播节目的方式,采用"以新闻信息为骨架,以大版块主持人节目为肌体"的直播形式,每逢半点播出新闻,每逢整点播出经济信息,按听众的收听习惯和需要安排内容,并开通热线电话与听众即时交流。这一播出模式的改革被中国广播界誉为"珠江模式"。"珠江模式"成为中国广播的一面旗帜。它改变了中国广播的"语态",使广播从"报纸有声版"的文字传播模式中走出来,以直播节目形式发挥声音传播的优势,使低谷中的广播不再徘徊。

"珠江模式"拯救了当时几乎陷入绝境的广播媒体,使广播再一次勃发生机,并在年轻人群中占据了很大市场。以杭州为例,1990年6月,浙江广播经济频道正式开播,这是我省创办最早的专业电台;两年后的1992年9月,首家以娱乐定位的广播电台"西湖之声",在华东地区率先实现全天24小时直播。一时间,"声声有情,心心相印"红遍整个杭州,连"随身听"都卖到脱销为止。可以说,这正是在"珠江模式"引领下广播一次"脱胎换骨"的改变。

① 陆地.中国广播业的现状、挑战和机遇[J].视听界,2005(5):19-23.

② 申启武,安志民.中国广播研究90年[M].广州:暨南大学出版社,2010:123.

与此同时,在"珠江模式"的引导下,全国兴起了专业的经济广播电台,交通广播、音乐广播也在这时候开始萌芽。

(三)交通广播引领城市广播发展

1991年9月30日,上海人民广播电台交通信息台呼出了全国交通广播的第一声。这在国内大城市中尚属首创。作为中国内地第一个交通广播,上海交通信息台适应城市建设和交通发展,为市民出行提供了方便,为交通管理部门创造了一个信息发布的平台,使道路更加通畅,使警民的交流更加通畅。上海交通信息台"在中国新闻传播史上具有开创意义,应该值得记上一笔"[①]。它标志着广播频率专业化将真正成为广播改革的趋势。

1993年,各地出现了一股创办交通广播的热潮,当年就有五家交通广播相继开播。从1994年起,天津、河北、湖北、湖南、浙江等省级电台都相继开办了交通频率,一些省会和地级市如南京、太原、武汉、青岛、常州、潍坊也陆续开办了交通广播。据不完全统计,2000年全国已经有40多家交通广播电台。

这一时期全国的交通广播虽然数量上升很快,但基本还属于搭建结构平台、在频率专业化进程中占领一席之地的初建时期。越来越多的广播电台开始探索开办系列台,他们日益认识到"专业化"对于一个交通广播台的重要意义,逐步摒弃了那种指望一个频率或者一套节目来满足所有听众需求的想法。

在这一阶段,交通广播还处在发展的初期,在同其他系列频道如新闻、音乐台的竞争中尚不处于优势地位。由于成立时间较短,加之私家车还未像今天这样普及,交通广播的主要受众对象是单一的专职司机,特别是出租车司机,造成节目整体的收听率不高。这一时期,交通广播的关键问题是以高质量的节目培育受众、积聚人气,以节目赢得听众的关注。

随着市场经济在全国范围内确立,中国的经济迎来了飞速发展的时期。汽车也不再是一件奢侈品,已走进普通百姓的家庭。汽车时代的来临,使得交通广播对于城市交通管理的协助作用更大,这引起了各省市政府的关注和重视,积极鼓励各级广播电台开办交通广播,并在政策和经费上给予支持。因此,21世纪的交通广播进入了稳步、持续发展阶段。目前全国除西藏自治区外,所有的省、直辖市、省会城市和许多地市都开办了交通广播电台。此外,一些综合频率也纷纷在交通高峰时段开设交通节目。由此推算,目前全国交通广播频率的

---

① 马彩红.中国交通广播发展历程[J].新闻知识,2009(4):21-24.

数量应该在百家以上。

20 年间,交通广播从开始建立的几家发展到现在的百余家,据 CSM(中国广视索福瑞媒介研究)2011 年 33 个城市组合的收听率数据显示,"交通类"频率在车载收听市场中占有超过一半以上的份额;另一类伴随特征较强的"音乐类"频率的市场份额也达到 18.7%。毫无疑问,相对更适合车载收听的交通和音乐类频率的市场份额已经占到大多数。美国权威机构的一组数据显示:美国 18 岁以上的听众中,在汽车内听广播的比例为 83.8%。广告客户关注的高端人群(年收入高于 5 万美元的专业人士、企业高级管理人员及大学以上学历者)中,有车内收听广播习惯的比例高达 90%。[①] 考虑到广播对开车一族的重要性,广播收听的黄金时间和广告价格最高的黄金时段集中在早上 6:00—10:00 和下午 15:00—19:00 两个美国人开车的高峰时间段上。

目前在中国,也已经形成较为稳定的三种广播类型:交通、音乐、新闻。

二、类型化广播

(一)广播类型化的概念及其发展

类型化广播(Radio Format),就是针对特定地域、特定的人口学特征、听众的信息爱好,编排播出内容定位、风格特征专一的节目,以广播频率为单位而不是以节目为单位树立频率的整体形象,让听众想听什么内容,就打开什么频率,而不必在频率之间转换寻找自己喜爱的节目。从广播市场化的发展历程来看,类型化是媒体时代细分市场、细分受众的结果,这一改革思路将使频率更为小型化、精干化。它与专业化的区别在于,"专业化"以节目内容为出发点对市场进行区分,而类型化则以听众人群为出发点对市场进行细分,按照类型人群的需求、收听时间、接受方式进行多频率的交叉覆盖。

世界广播按照性质基本可分为两类,一类是商业台,一类是公共台,两者分工、定位明确,前者走商业化道路,一切向商业利益看齐,后者不以营利为目的,服务性、教育性较强。国外电台多为私营,而在中国,广播定位和类型混乱的问题长期存在。因为落地频率申请困难,广播台基本都为国有,走商业化道路的同时需要兼顾服务大众、教育大众的责任,可以说是国营台、公共台和商业台三

---

① 张彩.世界广播发展研究[M].北京:中国传媒大学出版社,2007:7.

者的混合体,而这也导致电台的针对性不强、类型化不强,跟美国类型台近几年来进一步细化听众群体相比,中国广播的类型化和分众化远远不够。

目前美国的电台几乎都是类型台,按内容划分主要有新闻台、体育台、音乐台、交通台等。2002年,全美广播协会(NAB)的全国广播电台频率定位统计表显示,在全美13817家电台中,新闻/谈话台占1761家,老年台816家,体育台391家,音乐台9000多家,居榜首。[①] 在原有的内容分类中又进行细分,比如把音乐分为R&B、摇滚、乡村音乐和经典音乐,其中乡村音乐还可再分为传统乡村音乐、乡村金曲和热门乡村音乐。同时,像老年台这样的电台也是中国广播界没有的,美国电台的细分程度可见一斑。

不仅如此,各音乐台有不同的运行格式,如有主持人的、无主持人的、A/C格式、CHR格式等。类型化使美国广播业保持了旺盛的竞争力,多年来,在广告市场上,广播电台始终占有10%以上的份额,并且不断增加。这在世界范围内绝无仅有。

在我国台湾,类型化新闻台自20世纪70年代起引入,至今也已经有了较长时期的成熟运作,新闻、体育、音乐、交通、儿童、宗教等类型电台划分清晰、针对性强,以人的价值观念和生活形态作区隔形成相对固定的受众群,是当前台湾广播发展的主导趋势。相比之下,在我国大陆,目前类型电台的观念依然薄弱,全国267座电台两千多套节目,只有十多套节目宣称是类型化电台。

但是,大陆的广播电台也在尝试类型化广播,2002年改版推出的中央人民广播电台"音乐之声"(Music Radio)是一个全新意义上的类型化音乐电台。其节目以两小时为一个段落,音乐和主持人的语言有严格的比例限制,播出后受到了听众欢迎,市场份额不断扩大。2003年年底出版的《媒介》杂志中,对音乐之声的出现做了一个评论性的概述:作为国家大台的中央电台,敢于借鉴海外类型化音乐电台的成功经验,为己所用,正面市场的挑战,已属不易。中央电台的一大步,也是中国广播事业的一大步,透过音乐之声开播以来频率管理、经营的变化,以及它给整个中国广播运营所带来的新的理念、新的变化,业内人士或许能够看到国内音乐广播未来前进的大致方向。

(二)交通广播是中国独有的类型化专业广播

交通广播是向交通参与者提供出行服务信息的新的媒介传播形态,它是城

---

①　张勉之.世界广播趋势[M].北京:中国广播电视出版社,2005:16.

市化进程和汽车工业发展的产物,具有专业化的广播特色。如前所述,类型化电台以听众人群为出发点,比如音乐台、新闻台、宗教台等,中国的交通电台在发展初期,就是以专职司机为主要目标受众,从这点上来讲,交通电台是中国大陆较早具有类型化特征的广播电台。它的节目生产模式和线性播出形态与"珠江模式"有着显著的差异。

类型化电台淡化名牌栏目,以打造名牌频率为目标。对听众而言,这种播出模式便于他们记住电台特色,了解电台提供的内容,便于养成收听习惯,使他们的收听时间加长,形成较高的忠诚度,创造稳定的收听率。由于交通广播的听众流动性很强,或许前半个小时还在车上收听广播,后半个小时已离开,所以这种广播模式更容易让听众所接受。现阶段,听众对广播的感觉方式从一个个节目的细节式体验变成了对频道整体的把握,他们不再有耐心去等待、搜索某一个特定节目,而希望一个频率的播出内容是稳定的,广播节目的伴随功能越来越突出。这种情况下,交通广播类型化已是大势所趋。[1]

但是跟美国类型台细化的程度相比,中国交通广播的类型化和分众化仍有进一步发展的空间。未来中国交通广播可以进一步细分。根据默顿的"角色丛"理论[2],目前被交通广播视为核心听众的社会角色并不唯一,他们在不同的情境下扮演不同的角色。比如一位女性白领,在出行途中,她是一名交通参与者;到公司上班时,她是一位企业高管;回到家里后,她是一个孩子的母亲;等等。可见,获取交通信息并不是他们收听广播的唯一诉求。

因此,中国交通广播是一个非常有特色的独有现象,它的目标受众群体在发展初期为专职的司机,尤其是出租车司机,这在当时是一个定位非常清晰的群体。但渐渐地,随着私家车的增多,交通广播的听众人群发生了较大的变化:电视的普及把广播很大程度上挤出了家庭,拥挤的交通又让广播落户在汽车里。因此,几乎所有类型的广播都把汽车移动人群作为目标受众,这就使原来定位清晰的交通广播反而遭遇了某种裂变:它必须与其他广播电台争夺有限的

---

① 吕莉.类型化与交通广播浅析[EB/OL].[2007-11-05].http://media.people.com.cn/GB/22114/86916/86917/6486180.html.

② 默顿在《角色丛:社会学理论中的问题》(1957)一文中指出:"角色丛的意思是指那些由于处在某一特定社会地位的人们中间所形成的各种角色关系的整体。因此,社会的某一个别地位所包含的不是一个角色而是一系列相互关联的角色,这使居于这个社会地位的人同其他各种不同的人联系起来。"

听众。而且当路况信息也不再成为垄断资源的时候,这一点就更为困难。

1. 交通广播热的原因

中国交通广播的出现不是偶然,它是在特定的社会背景下,为了解决相关的问题而产生的。

一是中国经济的快速发展和交通系统的供求失衡。改革开放之前,我国经济发展速度较为缓慢,交通系统单纯而顺畅;改革开放以后,城市规模不断扩大,人口的密集和交通资源的有限使交通问题日益突出。同时,随着城市化的不断深入,汽车工业的不断发展,人们生活方式发生了巨大变化,工作日的"早高峰"、"晚高峰",节假日的出行高峰等成为常态。城市交通的不顺畅,引起出行者的诸多不便,城市沟通机制缺失又让交通参与者的不满情绪无处发泄。

二是全国范围内的广播频率专业化程度低。广播专业化水平低,不能满足受众的需求。虽然广播频率打着专业的旗号,但只是形式上的专业化,众多频率还是以综合定位为主,不能适应日益细分的受众市场。[①]

三是交通法规在交通参与者中的普及率较低。对城市交通秩序的不熟悉,会给自己或者他人造成不安全因素。新的交通法规层出不穷,仅依靠交警的力量宣传交通法规是远远不够的,通过大众媒介这个平台能够让宣传的效果事半功倍。

四是中国急行军式地迈入汽车时代,城市人缺乏现代交通文化的熏陶,直接导致交通主管部门难以在短时间内完成由执法者到服务者的身份转换。而交通信息也始终被交通部门牢牢把持,难以还原为常规性的信息资讯服务,它在西方表现出鲜明的商业性和公共性,却在中国展现出另一种姿态——排他性和垄断性。这些特殊的因素,加剧了交通管理的难度和复杂性。

正是在这样的时代背景下,交通广播应运而生。它致力于解决社会问题,不仅与媒体"社会公器"的性质有关,还与其"服务"的定位有关。交通广播定位于移动收听人群,包括驾车人群和乘车人群,驾车人群又可分为职业司机和私家车驾驶员,职业司机主要指出租车司机。其中私家车车主由于具备较强的经济实力和购买能力,被广告商视为投放广告最直接的目标受众,成为最具核心

---

① 谭天,赵敏.中国广播亟待第三次升级转型——破解广播发展困局的思考[J].新闻记者,2012(10):38-43.

价值、深受广告客户青睐的受众群体。[①]

　　广播对城市交通作出十分突出的贡献：一方面交通广播扮演着"空中指挥室"的角色，为交通参与者提供交通信息、新闻资讯，在缓解交通压力的同时，有助于舒缓出行者紧绷的情绪；另一方面，交通广播发挥着"社会晴雨表"的功能，设计投诉类节目，为交通参与者在遭遇不公平对待和遇堵时提供问题反馈和发泄情绪的平台，有利于维护交通的秩序和社会的稳定。

　　2. 交通广播与综合电台的差异

　　(1)频率专业化程度不同。

　　顾名思义，综合电台的节目较为多样化，包括新闻、音乐、体育等多种内容。虽然综合电台的广播内容较为丰富，但是面面俱到导致其针对性不强，无法适应日益细分的受众群。在世界广播业呈现出类型化、专业化的态势下，我国广播业进行了大刀阔斧的改革，交通广播等专业频率就是在这一时期诞生的。

　　交通广播针对特定的受众——交通参与者，专注于打造"车轮子上的广播"。早期，以路况信息作为其核心竞争力，以独家的内容和专业的播报方式给交通参与者带来最新的交通信息，发挥交通台的基本功能；中期，围绕"交通"这一主题打造多样的品牌栏目，除资讯类节目外开始尝试其他的节目类型，吸引受众收听；后期，创办主题公益活动使社会和听众对交通广播产生认同感和归属感，培养忠实受众，塑造良好的媒介形象。

　　目前，既有城市交通广播，也有高速交通广播，这是交通广播细分的成果。想要把交通广播做得更有特色，还需要进一步的细分，这一点可以参考"广播鼻祖"美国的经验，虽然美国并没有专业的交通电台，但是美国电台早在 20 世纪 60 年代就开始向类型化方向发展，后来，比类型化更进一步的"微类型化电台"（microformat）概念在美国产生。[②]

　　(2)电台市场定位不同。

　　在广播数量激增的社会，听众如何选择广播台，选择的原因是什么，这些都要靠广播的市场定位来解决。市场定位的目的是要在目标受众心中留下一定的位置，综合广播面向广大受众，而交通广播主要面向交通参与者。从数量上来说，作为专业广播的专业广播的受众数量不敌综合广播，但是从目标受众的

①　潘力，李茜. 中国交通广播 20 年发展再思考[J]. 中国广播电视学刊,2011(12):43-45.

②　赵鼎生. 西方报纸编辑学[M]. 北京:中国人民大学出版社,2002.

明确性上来说,作为专业广播的交通广播具有明显的优势。

交通广播把满足移动人群的需求作为出发点和归宿点,以服务为定位,根据移动人群的需求特征进行节目和活动的策划。广播电台不再是高高在上的播报者或有距离感的播放机,它成为交通参与者的朋友,当你遇上困难时,为你排忧解难。在准确的市场定位下,交通广播在市场营销方面亦有出色的表现。

(3)与职能部门的关系不同。

与职能部门的密切合作是交通广播的鲜明特色。交通广播与交警部门的合作,奠定了具有中国特色的发展基础,成为"合作出成果、合作出效益"的成功范例。在交通信息公开化的情况下,保持与交警良好的关系有助于第一时间掌握交通情况,尤其是突发事件。综合广播电台与政府部门也有联系,但是因为其涉及的单位较多,在维系关系方面难免顾此失彼,不如交通广播深入。

第二节　交通广播的发展历史

一、交通广播的发展阶段

20世纪80年代的"珠江模式"改变了中国广播的"语态",使广播从"报纸有声版"的传播模式中走出来,适应社会变革,以直播节目形式发挥声音传播的优势,使低谷中的广播不再徘徊。十年之后音乐广播、交通广播相继在各地开播,标志着中国广播开始进入分众传播的频率专业化时代,中国广播又现"新曙光"。在激烈的频率竞争中,交通广播一直保持着快速增长的势头,"交通广播现象"成为新世纪广播发展中一道亮丽的风景。

关于交通广播的发展历程,中国传媒大学潘力教授在《中国交通广播20年发展再思考》一文中,把交通广播的发展分为四个阶段,他认为,中国交通广播经历初创期(1991—1996年)、成长期(1996—2001年)、发展期(2001—2006年)、壮大期(2006—2011年)四个不同时期的发展阶段。

根据第一章对中国交通广播范式的研究,再结合前期完成的大量访谈资料,我们把这四个阶段稍加调整,分别是兴起期(1990—1993年)、发展期

（1994—1999 年）、繁荣期（2000—2008 年）和转型期（2008 年至今）。

（一）兴起期（1990—1993 年）

1990 年至 1993 年是交通广播兴起的时期，又称初创时期。在这一阶段，上海、广州与北京完成了中国交通广播的三大范式创建。

1990 年，党中央、国务院决定开发浦东，上海发展进入了新的历史时期。经济开始蓬勃发展，城市建设随之全面展开，当时上海拥有 1300 万人口，城市交通负担日益加重，路况拥堵时有发生。那时候，上海曾流行一个笑话：市民一边乘坐公交车一边剥毛豆，一袋毛豆剥完，公交车还没有开过三站路。

恰逢上海市人民政府提出为民办好"十件实事"，为了解决市民出行难的问题，上海发出了中国交通广播的第一声。1991 年 9 月 30 日，上海人民广播电台交通信息台开播，频率为中波 648 千赫，节目宗旨为"缓解交通、方便市民"。于是，上海大街小巷上的司机和乘车人都会在电波中听到一个亲切的声音："欲知出门事，请听 648。"上海地方志广播电视志的统计数据显示，上海交通广播开播后收听率平均为 27.9％，如果以司机为对象来统计，其收听率则为 80％。上海交通广播的成功触动了北京、广东等地区创办交通广播的神经。

羊城交通广播于 1993 年 7 月 30 日成立，又称广东人民广播电台交通之声，每天 24 小时播出，覆盖大广州及其周边市县地区，实际包括珠江三角洲大部分地区。羊城交通广播在节目创意与经营模式上对继它之后成立的交通台有较大的影响。尤其在市场运作上，羊城交通广播采用了自收自支、自负盈亏、自我积累、自我发展的运作方式，既为市场服务，又向市场索取回报。羊城交通广播对内对外的运作，都是按经济规律办事的。相比其他地区的交通广播，羊城交通广播或许更能够体现出交通广播发展的趋势。

1993 年 12 月 18 日，北京交通广播开台。开台伊始，北京交通广播就致力于为驾乘移动人群提供良好的服务，使节目更具"交通"专业特色。北京交通广播在创建初期就将目标听众定位在汽车移动人群，而并非局限于出租车司机，坐车的人才是他们服务的终极目标。因此，北京交通广播在节目设置上的听众定位与广告商的目标人群高度一致，这也是北京交通广播的广告收入总量远高于全国其他电台的原因之一。

除了三大范式中的上海、北京、广州等地，1993 年，各地出现了一股创办交通广播的热潮，当年就有五家交通广播相继开播，除了羊城交通广播与北京交通广播外，河南交通广播于 1993 年 3 月 30 日开播，黑龙江交通广播于 1993 年

8 月 28 日开播,南京交通台亦于 1993 年开播。

(二)发展期(1994—1999 年)

1994—1999 年,是交通广播的发展时期。全国第一批开办交通广播的省级行政区域占全国 31 个省份的 1/6 左右。随后几年内,各地开播的交通广播数量基本上是均匀增长。从 1994 年起,天津、河北、湖北、湖南、浙江等省(区、市)电台都相继开办了交通频率,一些省会和地市如南京、太原、武汉、青岛、常州、潍坊也陆续开办了交通广播。

1994 年,为带动国民经济发展,我国开始实施家庭轿车发展战略,轿车进入家庭的势头很猛。到 20 世纪 90 年代后期,我国汽车拥有量约为 3000 多万辆,国产新车每年达到 150 万辆,而本应与之同步发展的道路、车库、停车场等设施的建设却相对滞后,交通压力增大。[①] 在这一背景下,浙江广电集团交通之声于 1998 年 5 月 18 日正式播音,频率为 FM93。依托调频同步广播技术优势、先进的办台理念和创新奉献的精神,浙江广电集团交通之声稳步持续发展,开创了"浙江模式"。

这一时期,虽然全国范围内的交通广播数量上升很快,但基本还属于搭建结构平台、培育受众的初期阶段。交通台在同其他系列频道如新闻、音乐台的竞争中,仍未取得领先地位,甚至一度被音乐台超越。由于成立时间较短,加之私家车还未像今天这样普及,当时交通广播的主要受众对象是单一的专职司机,特别是出租车司机,再加之交通台的节目普遍略显稚嫩,造成了节目整体的收听率不高。

这一时期,北京交通广播是在节目内容和播报方式上探索的先驱。而羊城交通广播作为成立在中国改革开放前沿地区的一家交通广播电台,从成立的那一刻开始就有着一些与众不同的特性。它首创交通广播的市场运营模式,推出节目营销与品牌营销的概念,成为继上海交通广播后又一影响深远的广播电台。

(三)繁荣期(2000—2008 年)

2000—2008 年,是交通广播的繁荣期。进入新世纪,市场经济在全国范围

---

① 方延明.新闻文化的学科观——兼谈新闻文化的定义、框架结构及特征[J].南京大学学报,1994(4):122-132.

内确立,中国的经济迎来了飞速发展的时期。汽车也不再是一件奢侈品,已然走进普通百姓的家庭。汽车时代的来临,使得交通广播对城市交通管理的协助作用引起了各省市政府的关注和重视,各省市政府积极鼓励各级广播电台开办交通广播,在政策和经费上给予支持。

在 20 世纪 90 年代末,东部、南部沿海地区和西部地区的陕西、甘肃、青海、宁夏等省级电台基本都开办了交通广播。据不完全统计,2000 年,全国已经有40 多家交通广播电台。2005 年年底,加入中国广播电视协会交通宣传委员会的全国各级交通广播会员单位总计 66 家,2008 年上升到 73 家。①

广电总局将 2003 年定为"网络发展年"和"广播发展年",2004 年又推出了交通广播的数字化和产业化,要求加快广播频率专业化、节目对象化步伐。历经改革的交通广播有了一些改变,在受众市场份额、频率专业化、信息采集与发布等方面有了很大的提升。

1. 市场份额稳居前列,广告创收不断增加

国家广播电视总局的一系列改革举措,为交通广播的发展提供了政策支持。经过十多年的发展,中国交通广播已经成为各省市级广播电台的中坚力量。在我国城市地区,交通广播和新闻广播、音乐广播共同构成广播市场的三大支柱。白天时段三大类型频率的竞争十分激烈,在工作日的早晚交通高峰时段,交通频率收听率呈上升趋势。在车载收听市场中,交通频率绝对优势明显,全天各时段的市场份额都遥遥领先,盖过其他类型频率。

交通频率在车载收听市场中占有超过一半以上的市场份额这一特征无疑对广告商具有巨大的吸引力,于是硬广告的吸纳量也随之水涨船高。以浙江广电集团交通之声为例,2000 年,交通之声的广告创收开始跃身省内广播单频经济创收第一位,并持续 14 年保持覆盖第一、广告创收第一、收听率第一的领先地位。

2. 突出频率专业化,有效提高节目质量

所谓"频率专业化",就是让专业频率在自己的专业领域里权威化,它通过采取细分受众的发展对策,通过提供专业化的服务,赢得受众的青睐,进而得到广告商的认可,提高市场占有率。因此这一时期,交通广播的关键问题是以高质量的节目培育受众、积聚人气,以节目赢得听众的关注。

---

① 谢晖.新闻文本学[M].北京:中国传媒大学出版社,2007:25.

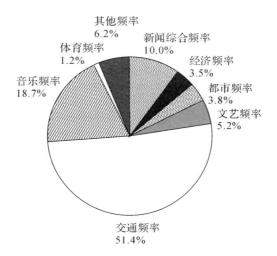

图 3-1 2008 年各专业频率市场份额（车载）

（图表来源：于鹏.2008 年中国广播主要收听市场概况及创新点浅析（二）[J]. GSM 媒介研究，2009（2）. http://www.csm.com.cn/index.php/knowledge/showArticle/ktid/2/kaid/499.）

步入新世纪以来，上海交通台不断创新与改革，实现了跨越式发展。2002 年 7 月，上海文广新闻传媒集团对上海交通广播实施重组，重组后的上海交通广播根据受众的需求调整了节目类型，保留原来的交通路况信息和交通类专题节目，增加了房产、财经、健康等非交通类服务性专题节目以及以音乐为主的娱乐休闲节目。

在推动节目、频率专业化过程中，北京交通广播努力建设自己的精品节目。《一路畅通》和《欢乐正前方》已经成为北京交通台的王牌栏目。以《一路畅通》为例，节目在做到及时播报信息的同时，积极地做到了心理伴随，他们选用了年轻活泼的主持人，采用亲切轻松的交流方式，通过机智风趣的短信互动、贴近你我的话题设置，使节目脱颖而出。此外，北京交通广播较好地把握了专业内容和多元内容的互补关系，节目结构以专业定位的节目为支撑，辅以一些追求共赏效果的大众化节目，突出节目娱乐功能，注重听众的参与，将新闻和娱乐结合在一起，把"出行的路途变得轻轻松松"。[①] 现在，路况信息垄断时代一去不复返，播报路况新闻已经不是交通台的专利，如何在这种背景

---

① 孙树凤.北京交通广播的借鉴意义[J]. 中国广播电视学刊，2003（10）：15-17.

下继续创办出让听众依赖的节目,北京交通广播在这方面给我们提供了有益的启发。

在扩大频率影响力方面,浙江广电集团交通之声善于抓住重大突发事件进行报道,以交通为视角,增加新闻事件的直播报道,真正让报道与事件达到同步。

3. 听众成为广播信源,信息采集发布成网状扩张

在初建时期,各地交通广播和当地的交管部门建立了合作关系,取得了发布交通信息的权威渠道,同时交通广播发展了自己的路况信息采集队,依靠社会力量办广播,请出租车司机做动态交通的信息员,走到哪儿路况就报到哪儿。① 2002 年,交通之声成立了第一个以出租车司机为主的信息员车队,利用他们为电台提供更多的路况信息,最高峰的时候,比方说环城北路跟中北桥这里发生了一起事故,我们会同时收到七八个司机的爆料,也就是说那个时候收听率可能很高,所以大家有一个印象,涉及路况信息肯定是要报给 FM93。就是这样一个概念。②

后来,随着城市交通信息采集技术的不断发展,各地交通广播利用动态交通信息采集系统平台,把直播室设立在城市交通指挥中心,可以通过电子监控系统看到城市主要路段的车辆行驶状况,实时发布最新的路况信息。

2005 年,上海快速路信息广播发布系统正式开通。记者通过查看电子地图和专用网络,可以看到全上海 1000 多个交通路口的监控摄像头拍摄到的画面,掌握第一手信息。除了路面上的交通,还可随时了解到地铁所有线路的实时运营情况。交通广播记者可以和任意一辆行驶的出租车司机进行通话,了解道路交通情况。另外,铁路、航空、水运以及交通清障救援系统都与交通广播保持紧密联系。交通台每 15 分钟播出一次"最快、最准、最全面"的交通消息,并随时插播各类突发路况信息,每小时七次播出定点路况,24 小时全天候直播。正是通过先进的高科技手段和传统的短信平台、热线电话等相结合的方式,上海交通广播编织了一张大而全的信息网。

在浙江,交通之声利用与浙江省公安厅交通警察总队的特殊关系,以及省内同频覆盖的独特优势,其信息网络涵盖全省 11 个地市及省内各条高速公路,

① 鲁风,李曼. 974 交通广播的取胜之道[J]. 当代传播,2006(5):104-105.
② 与浙江广电集团交通之声总监助理兼 93 节目中心主任张家英的访谈。

成为人们出行的必要选择。

(四)转型期(2008 年至今)

交通广播在 2008 年以后,逐渐进入转型期。相较于繁荣时期的快速发展,转型期的交通广播日趋成熟,步入稳步、持续的发展阶段。这一时期,交通广播致力于新技术的采用,利用新媒体拓展信息发布渠道;转变营销理念,从单一的广告营销转变为整体的品牌营销。

首先,在技术方面,以新兴科技为代表的新技术革命正在兴起,媒介交叉、融合、互动已成定局。对交通广播而言,全媒体时代已不再局限于声音广播,而是呈现出音频广播、视频广播、网络广播、手机广播、数据广播等全媒体广播的发展态势。目前,上海交通广播采用双频率(FM105.7/AM648)和双直播室(广播直播室/交警直播室)播出,不仅整个上海可以听到上海交通广播的声音,而且广播覆盖沪宁、沪杭及长三角地区的公路与城市的移动人群,覆盖人群超过 1 亿,有效受众近 260 万。

浙江省是全国第一个使用同频同步技术覆盖全省高速公路的省份。据中国广播网消息,中央人民广播电台进一步发展该项技术,于 2012 年 6 月成立中国高速公路交通广播,覆盖北京、天津、河北三个省市,只要锁定 FM99.6 就可以一路畅听,它打破了调频广播的地域限制。据原中央人民广播电台技术管理办公室传播处副处长介绍,所谓调频同步广播,通俗解释就是在不同地区用同一个频率来收听节目,也就是说即使跨地区收听也无须调台。而之所以采用小功率调频同步定向覆盖,是为了减少对周边频率的影响,同时沿着高速公路的方向进行定向传播、纵向带状覆盖。另外,这项技术还可以提供数据传输服务,如天气、实时路况等,可以随时收看,但实现这项服务需要在车上安装一个显示终端,不是安装普通的收音机就可以实现的。据了解,采用这种小功率、定向传播技术的调频同步广播在国内尚属首次。

新媒体的出现,对传统媒体来说,既是危机,也是转机。当两者呈现竞争关系的时候,是危机;当两者呈现合作关系的时候,是转机。互联网与交通广播的结合,加速了广播的发展。浙江广电集团交通之声在转型期的一个巨大变化就在于充分利用新媒体、新技术重新定位广播的优势与特色。具体表现在:

第一,交通之声于 2012 年 1 月成立多媒体拓展部,这是整个交通频道中最年轻的一个部门。在目前整个浙江广电集团的电台中,这也是第一个以多媒体内容作为主要工作内容的部门。新媒体时代到来以后,媒体功能的拓展是非常重要的一点。这个我觉得我们做得还是比较坚决的。[①]

多媒体部门依托微博与微信拓展交通广播的新闻来源，及时与听众取得互动，为传统媒体赢得非常宝贵的时效性。多媒体部与新闻部紧密合作，全国各地的重大交通新闻都成为被关注的焦点，有的就是首先在微博上发布的。交通之声的官方微博每天都有交通新闻、交通信息，增加听众对其作为"交通台专业微博"的认同感，加关注的目的性也会较清晰。否则，在信息爆炸的微博上，听众每天看着千篇一律的新闻和转载它们的微博账号，难免产生审美疲劳。可以说，当其他的传统媒体面对新媒体的强势崛起还不知所措的时候，交通广播却早已做好了如何融入新媒体，并利用新媒体的平台进一步强化自身优势的规划。这其实也说明一个问题，由于广播长期以来一直处于较为弱势的位置，所以反而更容易在强敌来临之际做好各种准备，或者可以说，它其实一直都谨小慎微地在夹缝中寻求生存与发展。

第二，交通之声利用自身在浙江省庞大的社会网络和记者站，在突发新闻报道的时效性、深度、介入程度以及范围广度上都已经走在其他广播电台的前面。交通之声从2009年开始由过去的交通专业广播升级为以交通为特色的新闻资讯台，以新闻立台。对重大的交通热点、交通问题，及时报道，做深度的解读。我认为广播就是要不断地干预社会，干预社会事务，广播要在社会上发声，要有它自己的判断、自己的价值取向。有一句话不知道谁讲的，21世纪媒体的第一功能是干预社会。[②]这种节目内容生产上的调整，为交通之声的后续发展提供了非常清晰的目标。

交通广播在21世纪初经历了一个高速发展的阶段，现在逐渐回归稳定，许多广播人开始思考下一步转型。交通之声现任总监张立曾谈到，需要重新归零，再度起航。但是，未来的方向、广播的前途，以及交通广播的优势会在哪里？关于这些，我们将在后面的篇幅中具体探讨。

二、交通广播的特色

（一）为目标受众提供专业服务

广播的定位可分为听众定位、内容定位、节目定位、风格定位等，其中目标

---

① ② 与浙江广电集团交通之声副总监鲍平的访谈。

受众群的定位即听众定位是最为关键的。只有明确目标受众,才能明确内容、选择风格,打造电台的特色。交通广播应该以人、车、路为核心关注点,构建一个以"大交通、大服务"为重点的系统体系,从听众所需所想出发,整合好广播的信息资讯,为广大听众提供优质服务。[①]

定位的目的在于培养忠实听众、挖掘潜在受众、扩大传播范围和传播效果。不论是开车的还是坐车的,移动人群总想要掌握利于出行的相关资讯,其中最为关注的自然是交通路况信息。所以,交通广播注定要把"车轮子上的广播"的文章做大做强,形成经营频率的市场理念,延展随行广播的优势[②],把满足移动人群的需求作为出发点和归宿点,根据移动人群的需求特征调整对策,服务于民。在日常交通方面,遵循早、中、晚三个交通高峰的规律,根据移动人群此刻的需求策划节目;每逢整点、半点播报或为其他频率提供最新路况信息。在疏导节假日及灾害天气交通方面,与交管部门联动,提供信息播报与预测服务。这不仅提高了各台的收听率和广告收入,也疏导了城市的道路交通和城市人的焦躁情绪。

(二)与各地交通管理部门紧密合作,提供区域性交通信息

各地交通广播在开办之初就十分重视与当地交通职能部门建立密切、友好的合作关系。而交通管理部门也意识到城市交通的严峻现实,力图借助广播媒体的力量来强化交通管理和交通服务,提升城市形象和政府美誉度。交通管理部门陪伴交通广播的创办、发展、兴盛一路走来。这个台办得好,有管理部门的荣誉;办不好,有管理部门的责任,这是一种归属感上的想法。[③]

交通广播与地方交通管理部门的相互需求是促成二者密切合作的现实动因:广播需要交通信息,交管部门需要信息发布。这使交通广播在很长一段时间内都享有对交通信息绝对垄断的权利。

当谈及创办交通之声的最初用意,时任浙江省交通警察总队队长的凌秋来总结了交通广播的三大功用:第一个任务是提供交通信息,即实时提供交通安全、道路通行、交通管理政策方面的信息;第二个任务是宣传交通法;第三个任

① 刁佳音.谈如何找准交通广播定位并有效提升核心竞争力[J].辽宁师专学报(社会科学版),2011(5):43-44.

② 潘力,李茜.中国交通广播20年发展再思考[J].中国广播电视学刊,2011(12):43-45.

③ 与原浙江省公安厅副厅长凌秋来的访谈。

务是接受群众监督,维护群众利益。①

合作使信息更加及时、准确、权威,当受众想要了解交通信息时,第一时间就会想到交通广播,而不是综合类电台。除了注重外部合作,交通广播间的联系也十分紧密。按照惯例,"中国广播电视协会交通宣传委员会"每年都会举办一次全国性的主题性研讨,提供交流的平台和机会,促进中国交通广播的协同发展。

交通广播是区域性媒体,因为中国交通广播多是以调频波段覆盖全省或地级市,这种以一省、一市的行政区块为信号传播范围的特点,就从地域条件上限制了其成为全国性媒体的可能。广播的主要收入来自于本地的广告主,所以交通广播想要吸引更多的广告投放,就要尽可能地吸引本地的听众。交通广播的区域性体现在节目内容和传播方式两个方面:在节目内容上,贴近受众,研究当地交通参与者的需求、生活习惯和思维方式等,提供交通信息和生活服务类信息,紧扣当地的风俗习惯,展现当地的生活状况;在传播方式上,交通广播纷纷应用新媒体(如互联网、手机等)传播消息,使广播的互动更加频繁。为了营造亲切感,交通广播一改原来高高在上的姿态,转而使用平民语态,拉近与听众的距离。

第三节　浙江广电集团交通之声的发展历程

一、浙江广电集团交通之声的典型性

(一)浙江广电集团交通之声简介

频率呼号:FM93 浙江广电集团交通之声

频率定位:有交通特色的新闻资讯广播

频率风格:大气、侠气、灵气

---

① 与原浙江省公安厅副厅长凌秋来的访谈。

核心理念:动态广播,服务媒体

品牌栏目:《93 早高峰》、《有理走天下》、《阿宝路路通》、《路灵灵》、《93 车世界》、《一路有你》、《高速 007》

系列公益品牌活动项目:"爱在后备厢"、氧气音乐节、高考应急服务车、文明出行公益行动

(二)浙江交通广播的典型性分析

交通广播的发展速度和程度与当地的城市化进程成正比。浙江省位于我国东南沿海,改革开放以来,经济发展速度和城市化进程走在全国前列,选择浙江广电集团交通之声为个案具有较高的样本价值。

从交通发展状况来说,截至 2014 年 6 月,浙江省汽车保有量为 1484.3 万辆。杭州作为浙江省的省会城市,一直保持着强劲的发展势头,成为浙江乃至全国的城市化进程样本。2006 年以来,杭州的车辆数和有车族以几何倍数快速增长就是有力佐证。截至 2012 年年底,杭州主城区汽车保有量达到 96 万辆,全年新增汽车 158557 辆,相比 2011 年增长 5.2%。近年来,杭州主城区平均每个月的汽车销量都能达到一万多辆,最新数据显示,截至 2013 年 4 月 2 日,杭州主城区机动车拥有量已突破 100 万辆。

从城市沟通角度来看,浙江省的移动人群对于交通服务信息的渴求和城市沟通的诉求出现较早,这也是城市化发展的必然结果。

1. 它在全国创办较早,发展较为成功

1991 年,第一家交通广播——上海交通信息台开播。浙江广电集团交通之声是第二批开播的交通频率之一,由原浙江人民广播电台和浙江省公安厅交通警察总队于 1998 年 1 月 1 日创办,其调动社会资源第一时间向公众提供援助应急直播报道的广播方式,开创了浙江广播的先河。

经过十多年的发展,交通之声现已成为浙江广播乃至全国广播发展的标志。据全国广播听众调查(CNRS)2007 年下半年针对浙江全省 11 个城市的移动收听人群(即私家车车主、出租车司机、公司用车司机)的调查显示:在未提示的情况下,浙江广电集团交通之声好评度全省第一,听众群稳定性全省最高。98%的听众表示会继续收听交通之声,私家车和公司用车对交通之声的好评度达到 85.02%。

从创收角度来看,交通之声取得了广告经济效益和社会效益的双赢,在全国的交通广播频率之中独树一帜。根据国家广电总局《2011 全国广播业调研报

告》的数据显示,交通之声在 2010 年成为浙江省首个创收超亿元的广播频率,2011 年综合实力排名全国广播媒体第三,交通之声的听众在汽车消费、通信、住房、文化教育等方面支出明显高于普通居民,因此受到众多客户尤其是浙商的青睐。

从节目定位来看,它从开播之初的"以出租车驾驶员为收听对象",到 2003 年"以中高档私家车车主为收听服务对象",不断对节目进行调整。[1] 从覆盖技术上看,它是全国首家完全实现全省同频同步覆盖的电台,一个频率就能听遍浙江,对省内高速路段也能完整覆盖,有效覆盖人数达到了全省第一。

以上种种数据和事实表明,浙江广电集团交通之声站在了中国交通广播发展的前沿,无论从宏观的城市经济、交通、文化发展来看,还是其自身节目定位和覆盖技术,都具有很强的代表性和研究价值。

2. 已经形成较为稳定的模式,并且始终将"服务"理念贯穿其中

在我们对浙江广电集团交通之声进行的所有访谈中,"服务"二字是每个人都会反复提到的一个词。在建台之初,这两个字就从上至下地贯彻全台,成为一种根深蒂固的意识。交通之声的"服务"理念是一种社会化功能的延伸,是指在"做好核心服务和适位服务等传统服务的基础上,利用自身影响力,弥补在社会转型期政府职能部门服务体系、服务功能缺位的现象,利用各类社会公共资源,把广播办成公共服务网络,为受众解决实实在在的实际问题,不仅使传播的功能深化,同时也使媒体价值最大化"。

在"动态广播,服务媒体"的核心理念下,浙江广电集团交通之声着力打造具有交通特色的新闻资讯台,品牌栏目有:拥有知名评论员阵容的《曹景行非常 6+1》、携手"第一财经"推出的《93 第一财经》、专业汽车栏目《93 车世界》、午间欢乐高峰《一听可乐》、高峰时段的《93 早新闻》和《一路有你》等。

可见,这个"服务"的核心特质就是关注城市沟通,彰显舆论应急疏导功能,促进理解与和谐,促成城市、群体、个人相互之间的有效沟通和公共交流。

3. 浙江交通广播处于杭州,具有典型性

我们走访了上海、北京、广东(广州)、浙江(杭州)四地的交通广播频率,探究了不同城市在创建和发展中的不同范式。北京和上海的交通广播,作为创建

———————————

① SMR 赛立信媒介研究. 浙江电台交通之声:FM93 一个频率听到底[EB/OL]. [2010-12-23]. http://wenku. baidu. com/view/2a2d1cd2240c844769eaee4f. html.

113

第三章 中国交通广播的历史进程

之时的先锋团队,一直处于领先地位,但由于两地都是直辖市,城市本身的特殊性在一定程度上决定了它们的不可复制性。广州紧邻香港地区,它的文化语言和媒介环境的开放程度与内地其他城市有所不同,也具有一定的个案特殊性。在此选择浙江的交通媒介,对全国的其他城市更具有参考价值。

因此,以浙江广电集团交通之声为个案,研究和分析中国交通广播,既能寻找到交通之声自身的竞争优势和未来策略,又能以此为基础来研究城市交通广播的核心竞争力和未来走向,并为中国其他城市的交通广播和城市化发展提供借鉴和启发。

二、浙江广电集团交通之声的发展历程

(一)时间角度:浙江广电集团交通之声的诞生和发展

1."天时地利人和"——浙江广电集团交通之声诞生记

浙江广电集团交通之声是由原浙江人民广播电台和浙江省公安厅交警总队于1998年1月1日创办的交通专业电台,于1998年5月18日正式播音,全天24小时现场直播。交通之声的开办有现实动因与需求,更为重要的是一批广播人的努力推进。

中国广播在交通台的引领下再次兴起。浙江广电集团交通之声的开办可以说是"时势造英雄",当时经济台和文艺台竞争已经进入白热化的状态,相比之下交通台诞生时间不长且发展势头良好,因此办交通台比较容易获得市场认可。加上当时浙江省还没有交通类专业广播,于是台里有人提议不如就办一个更加专业的省级交通台,正是这么一个建议,点燃了创办交通之声的梦。

广播人与交警部门通力合作实现浙江交通广播梦。回忆起交通广播的曲折审批过程,创始人董传亮仍记忆犹新:有些话本应该烂在肚子里的,但说老实话,交通台的开办是从"违规"开始的(有很多偶然)。那时候93频率还只是浙江人民广播电台的辅助频率,我们拿出来办一个台,按道理是要去广电总局报批的,但我们直接就24个小时干上了。1997年的12月31日开播,刚开播一个月就被查封了,广电部的副部长两次批示,立即查处。我们赶快往北京跑,早上六点钟的时候在门口等他,跟他说我们不是一个台,是一套节目,叫交通节目,我们每天就六个小时。他说,哦,这样,那算了,那你们就先办吧。就这样我们开始缩减到六个小时,其余的时间转播别的台。那时候基本上每个星期我都到

北京去,广电总局的同事们开玩笑说你要不就买个飞机月票吧。一直到1998年的2月20日批文拿到了。①

　　虽然得到了广电总局的批准,但仅凭一纸公文是远远不够的,还需要足够的启动资金。当时台里经济比较困难,全年创收额很低,有一段时间甚至连工资都发不出来,当然不可能有钱来创办一个新台。关于这一点,董传亮有深刻的体会:于是我想,交通台跟交警有关,跟交警合作也许能筹到办台的启动资金。当时应勇是公安厅的副厅长,分管交警,我立马打电话给他秘书,他秘书十分钟以后打电话跟我说你来吧,应厅长要见你。我当时就骑了个自行车,七月天气很热,骑到办公室的时候已经满头大汗。他把空调打开,说这个事应该我们来找你的,结果还让你跑一趟。谈了不到十分钟,他就认同了我们的想法,帮我联系交警总队,让我直接和他们接洽。我们差不多用了三个月的准备时间,最后他们实际上投了298万人民币,除了置办设备外,还有四五十万的资金,办个台已经够了。②此时,交警部门的资金支持好比是雪中送炭,为交通之声的创办踢上临门一脚。交警部门的态度,让交通之声人感激又感动。

　　当然,交警部门也不会无缘无故地投钱办台,在当时的情境下,他们对媒体尤其是交通广播有着强烈的需求。事实证明,开办电台是一个共赢的合作模式,浙江广电集团交通之声"帮忙不添乱"的宗旨给交警部门带来了不少益处。

　　对于"帮忙不添乱",浙江广电集团交通之声的第二任总监张立如此理解:从某种意义上说,我们不放大矛盾,就是帮忙不添乱的核心。有一次碰到高速交警的领导,他主动告诉我说,批评性报道由交通之声来做很放心,因为我们分寸把握得很好,既能让交警部门感到批评的压力,又不会放大、曲解他们的意思,这可能就是"帮忙不添乱"最理想的效果。③交通之声不仅起到了"空中指挥室"的作用,还起到了反馈问题、疏导情绪的作用,触及交警部门在工作中难以企及的领域。尤其是投诉类节目,给包括驾乘人员在内的所有交通参与者提供一个沟通平台。中国媒体需要给公众提供这样的渠道平台,我们为什么说"小骂大帮忙"?是因为媒体的环境发生了变化。五年以前,你批评他们可能不被接受,但是现在批评他们就能欣然接受了。为什么转变这么大?因为如果我这里不报的话,其他媒体也会去报。就算媒体不报,还会有微博去发,事态发展到

---

　　①②　　与浙江广电集团副总编辑、浙江广电集团交通之声首任总监董传亮的访谈。

　　③　　与浙江广电集团交通之声总监张立的访谈。

最后反而一发不可收拾,对解决实际交通问题反而不利。① 由此可见,交通广播有助于交管部门在工作中查漏补缺,缓和政府交通部门与交通参与者的关系,维护社会稳定。浙江广电集团交通之声在日后的发展过程中,不断密切与交警部门的关系,为其快速、可持续的发展打下了坚实的基础。

2."后来者居上"——浙江广电集团交通之声发展史

从交通广播创办的时间上来看,浙江相较上海、北京、广州等地起步较晚。但是从交通广播的实力上来看,浙江广电集团交通之声跻身一流行列,可以说是后来者居上。历经两年的探索时期后,交通之声自 2000 年起步入快速发展的轨道。

在我们对浙江广电集团交通之声从创办至今还在本单位工作的这些"元老们"的集体采访中,一点一点碎片化的记忆开始聚集起来,形成了较为完整的关于浙江广电集团交通之声 18 年来发展的脉络与细节。我们之所以把这些声音与记忆还原,是因为我们认为任何一种描述都没有比这更真实、真切而且令人动容。

浙江广电集团交通之声"亲历十五年"老员工集体访谈录

时间:2012 年 11 月 27 日

地点:浙江广播电视集团交通之声会议室

访谈人:徐敏、吴红雨及参与本课题的浙江大学新闻所研究生

被访谈人:张立、郭华省、周志跃、程珉、王雁、张家英、史文迅、马良奎、汤晓寒、何巍、杨国辉、张泳等

访谈一 主题:开台

郭华省:今天下午,我们这十几个人共同地帮课题组的老师来寻找一些记录、一些资料、一些线索,让他们在接下来的时间里能发掘出一些有意义的资料写进书里,主要是这么一个想法,待会儿就请大家集思广益,多挖掘一些"边角料",特别是那些隐藏很深的东西。

访谈人:我们主要有两块,一块是跟我们交通之声(FM93)的历史重大事件有关的,大家可以回忆一下;另外一个就是我们考虑有些事件,它虽然是我们电台的事件,但是跟整个交通广播包括中国广播这些年来的发展联系在一起。通过这些特别能够显示中国交通广播发展特征的案例,也特别回忆一下。所以一

---

① 与浙江广电集团交通之声总监张立的访谈。

个要回顾历史,一个要寻找重点。

访谈人:先讲讲开台,开台有些什么特别的东西?

程珉:很特别。不能说。

访谈人:那要讲为什么?内部我们先说一下。

程珉:关键是没有"出生证"。

张家英:广电总局没有批文,我们是作为历史上最长的一档栏目,当时FM93是人民台的调频频率。我们当时不是一个台,是一档栏目,但这个栏目超级长,从早上7点半开始到晚上9点半。

访谈人:这个是中国好多电台的共同特点,好多电台一开始出来都没有"出生证"的,都是副讯道,都是这样的一个概念。但这些都是过去的历史了,没有出生证的孩子生下来,照样要报户口,照样要读书,道理一样的。

访谈人:你们说是超长节目,是一档节目吗?

张家英:它反正是报报路况、放放歌。

访谈人:正式开播是1月1日吗?

郭华省:试播,5月18日才是正式开播。

访谈人:正式拿到许可证什么时候?

程珉:3月份。然后定为5月18日正式开播。当时跟广电总局的解释是一档交通节目。

郭华省:8个小时的交通节目,中午、下午转播人民台,晚上到9点多,后来到11点结束。

访谈人:这个阶段你们的自办栏目是什么呢?

郭华省:路况、音乐,播点新闻。

程珉:自办栏目可以提供,我有1998年的节目单。

程珉:我们电台是由交警投资的。羊城最早,当时投资200万,政府、电台和广州市交警支队,三家合办;第二个是上海,全国最早的交通广播,1991年开始的。

程珉:200万进来产生效益了,但有一点,我们的领导脑子清楚,坚持借款还款。

访谈人:我们这边投了多少钱?

程珉:当时起草协议的时候准备圈600万,结果没成功,圈成300万,到位的是294万。

访谈人：差 6 万块。

访谈二　路况播报

访谈人：那一开始报路况是以什么样的方式，大概有多少人参与这个事情？

程珉：20 多个人。

郭华省：20 多人中正式编制就只有七个人。主持人三个小时，记者六个小时（上午三个小时，下午三个小时），一个人管一片（区），然后按照早班、中班、晚班这么轮。

郭华省：就是一辆自行车、一个手机，那时候手机都是联通的，后来才是自己买的。

张家英：就是这么一个模式，里面的节目主要呈现音乐模式。那么这个节目内容怎么体现呢？主要是在外围保证一定数量的记者，四个到五个，我们会排班：比如说他是负责上城区的，我们是负责西湖区的，她又是下城区的，基本上是划区域的。这个记者就叫路况记者，他就骑着自行车在主干道上巡逻，过几分钟发现消息了就往回报，那个时候的信息除了插播，也有整半点这样规律性的。所有的信息都是报到导播室，导播室是用纸条把它写下来的，写下来以后再递给主持人播，这样的一个形式。

访谈人：也就是说不是他们自己（路况记者）播？

张家英：是的。原先是有突发性事件的时候才播，后来就发展到半点的时候我们必须要有这么一个模式。这是最初的一个模式，有这么个情况，就是中午哪怕路面很通畅的时候，也有记者在路面，就是告诉大家我们这个交通台有规律地在观察杭州市的交通情况。后来我们做了一个比较简单的软件，当时已经有电脑了，就是我们导播室输进去，主持人可以同步看，但是也是要路面的记者电话打回给导播室的。在这个播的过程中，我们不断扩大报路况的听众这个群体，听众也是打这个热线进来的。这时候已经开始发展路况车队。我们还与出租车公司（杭州市第一运输公司）联系，他们也成立了对讲台，我们又把他们的对讲台拿到我们的导播室。杭州市第一运输公司就是我们台最早的出租车路况车队，也是现在 93 阳光车友的雏形，有二三十辆。

访谈人：那么当时的出租车司机不光是报路况，就是如果发生社会新闻也报的？

张家英：对，起火了也告诉你，这个人丢东西了也告诉你，这就是奠定了我为听众服务的这样一个比较基础的而且你看得着摸得着的一个形式。

访谈三　如何定位交通人群

访谈人：那当时怎么理解这些交通人群的呢？

郭华省：那个时候主要考虑出租车司机。

张家英：出租车司机是我们最原始的一个庞大的群体，当时服务对象最能抓得着，所以设置节目的时候就很用心。

郭华省：当时在杭州，就这么两三千辆出租车，有车的大部分在路上跑着。

访谈人：那个时候路不堵，恰恰路况是最重要的。

张家英：出租车司机非常关注路况，那个时候我们的定位老是围绕他们的需求来考虑，比方说车上的一个乘客，根本不知道前面的路怎么样，老是怀疑这个司机要给他绕道，他就要多付钱，司机说，你听听，广播里说了，这个地方堵车，所以我不能从那里走，我从这里走，然后他就会觉得这个司机是对的。有时我们的导播室会接到七八个人报来的同样一条路况信息……

访谈四　随风行动

杨国晖：其实我们交通台成立的时候是 1998 年 1 月 23 日，我们在试播的时候，1998 年春运的时候刚好遇到了一场大雪，然后整个杭州的交通瘫痪掉了。

张家英：那个汽车站都是人，人都滞留了嘛，然后我们就全员投入进去，就是抱着对讲机不停地报回情况。

何巍：那是第一次全部投入。我记得那个时候我跟谢芳，我播到最后嘴巴都不会说话了，都是路况。

杨国晖：最好玩的是那天下雪，可能由于这个原因，上海境内的司机能听到我们的广播，一司机报过来，说我们这有几车相撞，浙江的交警搜遍了都没有搜到，最后知道是在上海的松江境内。

汤晓寒：那次我们名声大噪。

访谈人：从这个角度说，我们顺着这个下去，我们有哪几个节点，哪几个跟天气有关的，在我们这边是能够完美体现的？

众人：其实我们是最早形成"随风而动"的，后来再按照版本来做，有应急方案了，最早的时候，我印象中应该是五六年前，其实这样的大事件我们从没有漏过。

张家英：细节大家再补充一下，我梳理一下。突发事件的报道，1998 年这场大雪的报道应该是第一仗。这场大雪的报道是没有组织的报道，当时是因为天气这样，大家就觉得有义务的报道把这些信息报出去。那么，我们所有的人，一个是从节目编排上，打破了，延长了播出，其实也是违规了，还有就是内容上，所有的就是围绕交通信息，就是最原始的一个做法。那么报出去之后，给了我们一个很大的鼓励是，当时特别获得了省交警总队的认可，他们说交通台可以发挥这样的作用，所以他们就特别肯定交通广播在这种突发情况下的报道对交通的作用。

后来在每次台风的时候我们都会提前做些预案……首先我要知道气象台预报的情况，然后派人到气象台去，了解台风会在哪些地方登陆，就派记者到那里去，这是最原始的一个雏形，后来慢慢演变成叫"追风行动"，就是"随风而动"。我们是2007年出了一个基础的应急预案，刚好到2008年的这个时候我们就用上了。在全浙江广电里面我们是第一个做应急预案的。

访谈人：回忆一下，我们这个交通广播，作为广播，在哪一次的突发性事件中，类似于温州动车事件，做得比较好的，影响力也比较大的？

汤晓寒：有的，当时温州空难我们是第一个报道的。应该是1999年春天2月份，温州瑞安的空难，死了150多人。

张家英：我们的记者是第一个去的，当时现场都封锁了，所有记者都进不去，他为什么能进去，他是跟了交警的一个车进去的。进去以后好像是连续三天他没休息。白天晚上全部是现场报道。当时我印象很深，关于这个事情发的第一篇报道，刚好是新闻联播的时候，董老师就说，拉掉。把新闻联播拉掉，在我们的播出史上也是从来没有过的。

汤晓寒：在这之前，广播做新闻是比较弱势的，现场插播都是很少的，那个时候我们就觉得，跟电视竞争或者和报纸竞争，我们最大的优势就是时效性。从这个事情开始，我们就特别注重新闻的现场报道，就是突发性事件的现场连线。这个以后就达成共识了。

张家英：还有一个事情就是2007年的孟祥斌事件，一个人感动一座城。这也是我们第一时间报道的，我们这个作品《我看见了英雄》获得了一等奖，全部是以记者的现场连线和动态报道的形式连续报道的。这在以前的连续报道里面是从来没有过的，这个也是我们一个比较有里程碑意义的报道。

再后面就应该是温州动车的"7·23"事件，我们做得比较完美。事件是重大的，我们调动所有的力量，包括节目的联动，持续了28小时，不间断地直播。所有的都是男女对播，这个在浙江的广播史上可能也没有过。我们是晚上九点多开始直播的，一直持续了28个小时。当然记者的调度、新闻的播报都是比较有典型意义的。

这么多年，我们一直立足于大交通的领域。维护好与交通部门的关系，这对于我们树立交通新闻、突发事件信息的权威性有很大的作用。几次这种大的事件下来，形成了我们浙江广电集团交通之声在突发事件报道中的地位，特别是在同行里边。一般听众在事件发生的前几个小时都是从交通之声获得消息。

访谈人：就像你刚才说的，无论是交通新闻还是突发事件的新闻，（事件）前面几个小时是它的黄金时间。

张家英：我们基本上形成了比较成熟的突发事件报道的预案和模式，在目前宣传管理的框架下。在之前，我们为什么能做成这样呢，还是因为有一些小仗我们一直都在训练。后来我们提炼出新闻要第一时间报道、第一时间解读、第一时间分享的原则。这是我们在2009年转型之后第一次提出来的。后来我们延伸了它的深度：要解读、分享，在表达上让听众觉得好听。

访谈五　广告营销

马良奎：我们2001年的时候就已经成为浙江省电台广告收入第一，2220万元左右。1998年的时候256万，基本上每年翻一番。基本上2001年之后我们就领跑全省电台了。我们第一批人平均年龄27岁，当时的人很单纯，大家忙忙碌碌，把事情做好即可。那种感觉是很难忘了。开始就7个人，到11个，然后在2001年之后人员逐步扩张。

郭华省：第一个概念是做足车上，向所有客户推荐。那些在出租车上的是有钱人，有钱人才打出租车，立足"有钱人正在听我们的广播"这个营销理念。第二个概念是拉广告的队伍后来逐步发展到100人，利用"人海"战术，现在叫海量跑客户。广播刚刚发展起来，影响很小，就需要依靠这些发传单的方式，让企业了解我们的栏目。创造"专业人做专业事"的条件，当时的总监董传亮的理念就是，要达成一笔广告业务，可能要跑10个客户，所以跑出去就是对我台的宣传。

马良奎：用"扫地雷"的方式，满条街一家店铺一家店铺地跑，做到地毯式的扫描，夸张地说一年可能要跑坏几十双鞋子，可以说是跪着去拉广告的。相比而言，其他电台是坐着拉广告，也许电视台是躺着拉广告。

张家英：当时，我们把名片递过去，说："我们是交通之声的，请多关照。"而对方的反应往往是："啊，是西湖之声吗？"

马良奎：当时我们真的算是拼了老命去跑客户、拉广告。尽管条件这么艰苦,但是大家始终不气馁。

张家英:我们就是以这样真诚的精神打动了广告客户,因此,有许多客户从当时创台之初就一直跟我们保持合作关系直到现在,整整 15 年,称得上是铁杆客户。现在回想,当初第一单业务可能就是被感动的,并不一定是看中你的平台。

马良奎:当时,有一个理念很新颖,至关重要,这就是我们让有分量的大客户在广告时段中唱主角,从中发展出在业界的口碑,并让大客户来影响、带动其他客户,扩大我台的影响力。2002 年 12 月 18 日,我们在潮王大酒店举办了浙江省首次商业品牌广告拍卖会(至少是广播领域的第一次),成功拍出了三个时段——一个整点报时、一个半点报时和一个路况。这三个时段底价是 106 万,结果经过几轮竞拍,最终以 216 万成交,比预期翻了一番还多,其中仅一个整点报时就拍出了 93 万元,正好应和了 FM93 的名称。这样的拍卖会一直持续到2008 年,从最初的 100 多万,到后来的 1000 多万,连续六年。

此外,作为全国文化体制改革广播试点单位,我台是浙江省首家实行行业经理制的广播电台,引领了业界的潮流。这个制度从 2005 年开始试行,2006 年起正式实行。简单而言,行业经理制就是分工细化、深耕细作,进行精准的客户定位,目前我们分出了交通行业、药品保健品行业、饮料酒类行业等十几个行业。但是,这一模式在实行之初,也是矛盾困难重重,冲突不断,因为它突破了传统的不分行业拉广告的模式,这就剥夺了大业务员的利益,可以说是从别人身上抢钱。实行这一制度的优势就在于精耕细作,让专业人做专业事,发挥专业特长。若一个人什么都懂一点,也不过都是三脚猫功夫,无法吃透。这其实符合了社会分工精细化、专业化的发展趋势。

访谈六 记者站建立

汤晓寒:记者站方面,为了拓展业务范围和电台覆盖面,我台在绍兴开办了第一个地方记者站。由于交通电台与交警部门有着天然的业务联系和良好的合作关系,最初的记者站都设在当地的交警支队。在绍兴,交警支队在办公楼一层给我们开辟出一个办公室,并利用从喜临门拉到的赞助进行了简单的布置,最后再招聘了一些广告业务员。就这样,第一个记者站有了大本营和第一批员工,算是正式开张了。

当时,地方记者向台里传递绍兴当地的路况都是通过电话完成的。但由于电话费很贵,学机械出身的我还想了一个办法,在绍兴地图上用数字标注,代替具体的地名,以节省通话时间。例如,序号一拥堵,序号二通畅,这样基本可以在一分钟内全部报完。同时,由于在交警支队办公,我们可以直接进驻指挥中心,这样获取路况信息就具备很强的便利性。当时,建立记者站最大的目的就是建立收听市场和网络,主要是针对出租车公司、车站和旅游局。天时地利人和,当时绍兴正在蓬勃发展,也想打开旅游市场,开发新的旅游景点,正好也需要电台配合宣传推广。目前,在各个地市都建立起了电台的记者站,但办公地点已经从原来的交警支队迁出。当初对记者站的定位是高速公路建到哪里,声音就要覆盖到哪里,我们的记者就要出现在哪里。

访谈七 品牌活动

访谈人:还有哪些活动是比较有影响力的呢?

何巍:"送清凉"一直送,送到最后变成"文明出行"了。

访谈人:"送清凉"是从什么时候开始的?

何巍:第一年就开始了啊(1999年),应该是从第一年就开始了。

张家英:我们当时也是一种形式啊,就是夏天很热,我们想慰问一下交警,然后就拿着一些水去了。

何巍:去熟络一下。

访谈者:怎么样去维持这种关系?

周志跃:交警对我们的支持还是重要的,刚刚讲的记者站,我们一开始都是设在交警的办公室里面,都是他们给我们提供的,免费提供的,一个据点。

访谈八 广播的发展

程珉:回到我们的话题,我看着这个广播的起起落落,因为1991年的时候交通台还看不到方向,1998年的时候已经懵懵懂懂开始有私家车了,北京台已经开始好起来了。就像北京交通台创始人,他办过三个台,他从新闻台开始,到经济台,再到交通台。1991年在杭州开会的时候,我们就碰到过。他还是认为交通台最有优势,因为从交通开始它的这个辐射面特别广。至于说后来这个汽车时代的到来,就是后面的事情了。它要有一种预测的。

访谈人:刚刚我就在想,它这个恰恰可能是区别于报纸和电视,唯一的最有优势的。因为报纸与电视在这点上,是不可能做到这种即时性的服务与互动。

程珉:中国将来十年的发展,你去看好了,还是在交通。刚刚开通了哈大高铁,这条线开通就是世界第一的。

第三章 中国交通广播的历史进程

访谈人：所以我觉得好像广播的能量还没有完全发挥出来。

郭华省：我们新闻做得最辉煌的时候，就是许多媒体都守在交通之声节目上，一听到有效信息，他们就冲出去，或打电话过来，询问具体地点。

访谈人：具体在什么时候？

郭华省：2003 年前后的相当长一段时间。

访谈人：具体是什么节目？

郭华省：就我们突发新闻的插播报道。

访谈人：所以交通广播它一开始的概念就是交通信息服务，这个概念其实改变了广播原有的很多东西，包括从理念上、内容上、形式上各方面的突破，都是为了完成交通这一个命题。所以说，很多东西它自觉不自觉地都在做一些改革。其实现在所有的台都在往这个方向走。

程珉：经济台它就短暂地、疯狂地发展了一段时间，因为经济的范围太广了。所以，逐步逐步到最后，人们的需求是在细化的。

访谈人：这的确是这样的。最开始一出来，突破人民台模式的都是经济台，而且经济台当时非常辉煌。但是都市台一出来，它就挤掉经济台了，相当于又进了一步。然后交通台又把都市台抛在后面了。到现在为止，这么多年，交通台还是一直在前面。

访谈人：整个媒体大环境在变，我们以前的一些优势，比如说时效，现在网络出来了，我们这方面就开始减弱。又比如说这个服务，因为中国以前是一个非常缺少服务的社会。但是，现在市场化经济之后，服务又开始变得非常普遍。所以我们之前的一些优势，未来来看，它还是会受到一定的挑战，比如说广播的快速性、服务性，它可能又需要创造一种新的模式。

程珉：我们以前把服务作为一个口号推到了台前，就是说我们是一个服务媒体，我们把它区别于原先的新闻宣传。强调内容的愉悦作用之后，它服务的功能又会慢慢地隐退到后面。实际上服务就是服务，你不管怎么说，它还是服务。精神的享受它也是一种服务。

(二)成果角度：两任总监的接力

对一个企业来说，各领风骚三五年并非难事，但是能够持续、稳步地发展，就不易了。浙江广电集团交通之声成立已有 18 年，在竞争如此激烈的交通广播市场中，能屹立不倒并且始终处于领先位置，实属不易。浙江广电集团交通之声的元老级人物马良奎说：我们为什么能够感到自豪呢？我认为两点，一个是继承优良传统，另一个是能够持续发展。如果说光是守成，就难以发展；要发展，就必须要创新。这就要求我们加强管理、不断开进。交通之声的成功，与历任总监的领导分不开，正是因为他们精心把握、驾驭，才有了今天的交通之声。浙江广电集团交通之声创办至今，共有两任总监，他们都为交通之声的发展和壮大倾注了很多心血。可以这么说，前一任总监为交通之声的发展打下了扎实的基础，第二任总监在此基础上不断地开拓、创新。

第一任总监董传亮，台里面的人都亲切地称呼他为"老董"，浙江广电集团交通之声正是在他的手上创办起来的。他在交通之声工作了整整 11 年，带领交通之声从无到有、从弱到强，在激烈的市场竞争中站稳脚跟，在技术应用、理念创新、广告创收等方面取得了不错的成绩。

在创办初期，浙江广电集团交通之声就用同频同步的覆盖技术使听众享受到"一个频率听到底"的便利，无论你在金华、宁波还是浙江省内的其他地市，只要把广播频率调到 FM93 兆赫均能收听到交通之声。

提出"动态广播，服务媒体"的理念，董传亮解释道：实际上带着媒体进入市场，就是服务理念的出现。交通台出现后，人们才认识到服务是广播的一项重要功能。在市场环境下，服务功能给媒体带来经济效益，甚至还能赚大钱。[1] 为了及时掌握全省的交通信息，实现动态信息播报，交通之声设立了记者站。自1999 年在绍兴设立第一个记者站后，在其他几个地市也陆续建立了记者站。

在董传亮的任期内，广告经营创收有了长足的发展。从零开始，发展到2008 年收入 8500 万元，第一任总监为交通之声的发展奠定了一个良好的基础，把交通之声带上快速发展的轨道。

2009 年，现任总监张立从董传亮手中接过交通之声，开启交通之声发展的新时代。这一时期，交通之声由专业交通广播向以交通为特色的新闻资讯台转型，从"服务交通"变为"服务全车人"，目标直指"交通第一广播"。

张立在加强内部管理的同时，还组织各类公益活动，全力打造"具有社会责任感的媒体"形象。他认为，由内而外的社会责任感，会提高媒体的权威性。在受众的心中树立权威性之后，受众就会信任这家电台，电台传播的效果就好，反之传播效果较差。组织活动是为了更好地与听众互动。什么是真正意义上的互动？心灵的互动才是真的互动，这与你给参与者多少价值的奖品无关。心灵

---

[1]　与浙江广电集团副总编辑、浙江广电集团交通之声首任总监董传亮的访谈。

恰恰是人类最柔软的地方,其他地方他可能外壳很硬,这个地方稍微一下他就有反应了,所以在心灵互动这个点上,我们很多活动创意可以做,很多节目可以上。[①] 在此基础上,他提出广播要"浅触动",因为广播不像电视剧那样可以让人号啕大哭,给人很深的触动。广播的收听环境、播出时长和传播特性等,决定了它只能是一种浅层次的触动。

张立十分注重营销,着力打造品牌节目和品牌主持人,使浙江广电集团交通之声成为浙江省内首个"亿元广播",2013 年又突破"双亿"。对此,交通之声副处级调研员(原广告部主任)马良奎认为:虽然 2009 年以后,交通之声在广告创收上没有像前几年那样翻几番的成绩,但是正因为它已经发展到了一个高度,哪怕增长几个点也是一笔大数目。实际上,这些年交通之声在持续发展,而且运作还是非常成功的。[②] 在张立的领导下,交通广播持续发展,屡次位居全国广播前三强。

三、浙江广电集团交通之声的地位与贡献

浙江广电集团交通之声,隶属于浙江广播电视集团,频率覆盖浙江省 11 个地市,是浙江省最重要的、最具有影响力的传媒之一。省级交通广播的头衔,为浙江广电集团交通之声营造了良好的生态环境,包括交通环境、频率资源、人力资源、舆论环境等。

交通之声成立于交通广播的第二个阶段——发展期,属于中国交通广播起步的第二梯队。1998 年开播的浙江广电集团交通之声虽然在起跑线上不占优势,但是它的发展势头十分强劲,发展不到十年便跻身中国一流交通广播的行列。浙江的成功经验,为全国其他地区的交通广播所借鉴,与上海、北京、广州三地共创交通广播成功发展的"四大范式"。

2009 年开始,开播 11 年的交通之声响亮地打出"交通第一广播"的旗号,2010 年其广告收入突破亿元,由此成为浙江广播发展史上的首个"亿元广播"。在由中国商务广告协会,中国传媒大学联合 CRT 央视市场所做的"2010 中国消费者理想品牌大调查——媒体品牌贡献力"的权威调查中,浙江广电集团交通

---

① 与浙江广电集团交通之声总监张立的访谈。
② 与浙江广电集团交通之声副处级调研员(原广告部主任)马良奎的访谈。

之声媒体品牌贡献力得分位居全国交通广播界第三名。[①] 如今,经过18年的持续发展,浙江广电集团交通之声已经成为全国交通广播一流强台,它不仅是中国交通广播发展的一个典型缩影,其理念的先进性与实践的执行力对其他交通电台也有重要的借鉴意义,同时也对中国整个交通广播的发展有着特殊的贡献。

在我们的访谈过程中,交通之声副总监鲍平对我们介绍了交通之声在整个中国交通广播中的引领作用,可概括如下。

第一,服务第一位,从来没有变过。浙江广电集团交通之声从创办之初就提出"服务媒体"这一在当时非常新颖的理念,从而奠定了它多年以来稳步快速发展的基础,也为后来者提供了一个超前却有利于获得进步的样本。

交通之声管理层从开台之初就意识到城市服务功能的缺失,并试图通过创办交通广播频率来弥补城市服务体系的缺口。因而,其办台宗旨经历了从"报道交通,服务大众"到"动态广播,服务媒体"的转变,但"服务"二字万变不离其宗,服务意识深深植入每一个"FM93人"的大脑。这种服务理念,对后来创办交通广播电台者有着较大的影响。这种理念甚至成为交通广播有别于中国其他类型电台的一个显著特点。

第二,浙江广电集团交通之声在整个社会发展过程中,发出自己的声音,有自己的立场,自己的观点,也就是说,舆论监督成为交通之声扩大社会影响力的利器。

当中国交通广播由快速发展进入平稳阶段,浙江广电集团交通之声开始思考如何转型的问题。2009年,交通之声提出"打造具有交通特色的新闻资讯",并开始从专业交通广播向以交通为特色的新闻资讯台转型,对重大的交通热点、交通问题及时报道,做深度的解读。以新闻立台,突出强调舆论监督与新闻评论,扩大社会影响力。

在处理社会矛盾时,交通之声率先提出了"帮忙不添乱"的服务理念,即站在公众和交管部门的中间地带,以客观、公正的姿态反映交管部门的不足之处,给予双方相互沟通、相互协调的机会,促进事件的圆满解决。可以说,在此过程

127

---

① 张立,鲍平,郭华省.亿元广播的成功实践——浙江广电集团交通之声跻身全国交通广播一流强台的启示[J].新闻实践,2011(3):59-61.

中,交通广播扮演了缓和彼此矛盾的润滑剂和缓冲器的角色,并在交通参与者和交通管理者之间架起了沟通的桥梁。这不但有助于公众更全面地了解交通职能部门的工作情况,而且有利于敦促交通职能部门完善交通服务职责,并促使其尽快完成从"官本位"到"民本位",从管理、执法到服务的理念转变。

所以我们节目的设定,有几点在浙江是走在前面的,在全国也是有我们自己特点的。一个就是舆论监督,是真正意义上的舆论监督。交通之声在全天的节目设计上面,早高峰,每天上午的8点到8点半,有一档《93焦点》,原创性的,对社会热点问题进行新闻调查,同时每天的节目后面都要配一个93特约评论员的评论。强化媒体的舆论监督功能、社会监督功能,媒体在社会进程中发出它自己的声音。就这几年我们专门成立了一支评论员队伍,我们现在全天的观点评论,每天有四档。第一时间报道、第一时间解读、第一时间分享,这是我们最早提炼出来的,新闻不单是要在第一时间报道新闻事实,更重要的是解读这个新闻,还要和大众来分享。这个对新闻的理解跟当下对媒体的理解是同步的。[1]

第三,以浙江广电集团交通之声为代表的中国交通广播,以交通领域的重大突发事件为突破口,在推动信息公开化方面做出了卓有成效的探索。

要保持交通台的优势,关键要看你在重大事件中的表现,看你能否站在交通的第一线。如果在重大交通事件中失语了,你搞一千次、一万次活动都是无济于事的。也就是说,交通台绝不能缺失交通领域的重大事件,一定要站在交通的最前线。[2]

通过长期实战,交通之声对突发事件的报道已经形成规范性预案。对能预知的事件,如气象灾难性天气,要提前进入报道状态。对完全突发性事件,平时的训练使得每个人在很短的时间内能投入到报道当中去。交通台能脱颖而出的法宝并不是日常报道,而是对突发事件的报道,它们才是留住听众、增加听众的机会。[3]

第四,浙江广电集团交通之声多年来一直通过各种品牌活动引领这个时

[1] 与浙江广电集团交通之声副总监鲍平的访谈。
[2] 与广东人民广播电台总编室主任(原羊城交通广播电台台长)林玲的访谈。
[3] 与浙江广电集团交通之声总监张立的访谈。

代的某些潮流,比如传递正面能量、提倡奉献爱心、关爱弱势群体、提倡公益等。

在交通之声的引领下,其他广播电台也纷纷开始通过各种类型的公益活动树立广播媒介的形象。

我们这几年做了大量的社会公益活动,2007年到现在,我们的活动主要有两大品牌,一个是文明出行系列,还有一个是爱心浙江,全年重大的活动,我们都可以归纳到这两类活动中。通过媒体不断地关怀弱势群体,帮助社会上需要帮助的人,不断地传递出社会的温暖,传递社会的正能量,这样的例子也很多。①

受到收听环境、收听群体、播出方式的影响,听众对交通广播传播内容的认知往往只是一种"浅阅读"、"浅收听"和"浅理解"。如何让这种"浅触动"、"微感动"穿透虚拟广播对话空间,切切实实地为形塑良好的城市形象出力,成为摆在交通广播人面前的难题。经过不懈的探索和努力,交通之声提出了"打造立体化广播平台"的口号,即力图通过大量的社会公益活动,加强线上、线下多媒体的互动,将飘浮在城市上空的电台声音与深入日常生活的电台身影有机结合,从而再度拉升电台的社会影响力。

结　语

浙江广电集团交通之声的18年历程是中国交通广播发展的一个代表性缩影,它承载了前人的经验教训,也为后来者展示了其独特的办台理念。其中,最为交通之声感到骄傲的是:不管目标受众发生了怎样的变化,但服务受众的宗旨一直没有改变过。这种理念,伴随着创建初期千辛万苦地完成全省同频覆盖的任务,伴随着路况信息播报的各种变化与演绎,伴随着广告收入从200万到今天的"双亿元广播",浙江广电集团交通之声的发展历程是中国广播发展的一个典型样本。

---

① 与浙江广电集团交通之声副总监鲍平的访谈。

交通广播的发展是中国独有的媒介现象,它与中国城市化的飞速发展相关,更与中国城市交通管理难度有密切联系,虽然这种独特性并不一定具有效仿意义,却是它在传播学界值得研究的价值。今天我们梳理中国交通广播发展史的目的,恰是想为世界广播发展史添加上中国的独特一笔。

第四章　交通广播节目的适宜性

每一天,《纽约时报》都会宣称,它"刊登了一切适合刊登的新闻"(All the news that's fit to print)。这样的说法相当傲慢自负,但同行或竞争者一直以能赶上它,甚至比它更好为目标。"也许就像哈佛大学被视为大学表现的标准设定者一样,《纽约时报》被当作新闻生产领域专业标准的最权威的设定者。"[①]作为承上启下、博采众长的中国交通广播浙江范式的代表,浙江广电集团交通之声在 18 年的发展历程中,对节目的最初定位、样式改变、趋势判断以及市场投放都有严格的标准设定。标准会随着每个具体节目的深入而内化为各操作层面的细则,但总体而言,这些标准从三个方面对节目进行了考量:与城市形成良好沟通的服务性;由听众参与节目内容生产的互动性;成为同类或相似媒体追赶对象的竞争性。

第一节　节目概念与定位

一、利于城市沟通的服务性

(一)满足移动人群收听完整性的节目流形式

在交通广播出现之前,中国广播曾经经历过两次媒介特点定位。

---

① 　赫伯特·甘斯.什么在决定新闻[M].石琳,李红涛,译.北京:北京大学出版社,2011: 230.

　　第一次是在广播兴盛时期进行的,当时音乐等文艺类节目根本没有竞争对手,只是新闻稿源出现短缺,广播以强势媒介对自己做出了定位:广播是充分调动声音的一切因素,集信息传播、艺术欣赏、大众娱乐为一体的传播媒介。这次定位在节目上的呈现主要表现为大量分门别类的版块节目,如新闻节目、音乐节目、娱乐节目、广播剧节目等。版块之间界限清晰。

　　第二次定位是在广播受到了电视的致命打击后进行的,广播开始在制作模式上寻求出路,于是产生了挽救中国广播于危难之中的"珠江模式"。珠江模式的主要特点是:主持人中心制,即除新闻节目外,其他节目的信息采集、编辑、播音均由一人完成。节目形态为大版块,一个版块小则一小时,大则几个小时。播出形式为直播,同时开通热线电话。① 通过电话让受众参与节目是珠江模式极为重要的组成部分,互动从此开始成为广播的巨大优势。积极探寻出路的中国广播第二次被迫对自身做出定位:电台主要是实用工具和娱乐工具。这表现为:利用主持人中心制拉近与听众的距离,注重与听众的互动,并运用大版块留住尽可能多的听众。

　　交通广播兴起之后,它创造了一种新颖而有别于前面两种形态的节目形式。在我们深入对浙江广电集团交通之声进行观察与研究后,我们把它命名为"节目流"(如图4-1所示)。

　　这种节目流(即线性流)的播报方式比以前纯粹的大版块节目更适用于现代城市的有效沟通。外界信息的持续流动和输出,会让生活在喧闹嘈杂的都市中的驾车人有一个可预期的稳定的心理状态。这一方面在于不间断地提供信息以让听众更好地应对世界的瞬息万变,另一方面可以与听众建立起一种较为持久的、较多黏性的、较高频次的互动关系,这种稳定关系的建立,是整个电台影响力和公信力最本质的根基。

　　1998年5月正式开播的交通之声,能在不久后便让听众辨别出独特的气质,节目流的理念起到了一定的作用。交通之声在开播初期的节目宗旨是"报道交通,服务大众",节目构成主要是以路况报道和音乐欣赏为主框架,穿插与交通相关联的信息和专题节目,突出实用和服务功能,融新闻信息、交通信息、警务信息、生活服务信息以及大众参与和文化娱乐于一体。②

---

① 戴朝阳.反思"珠江模式"[J].中国记者,2015(8):91.

② 董传亮,程珉,2003。

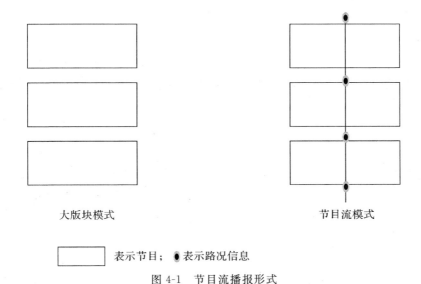

大版块模式   节目流模式

表示节目；● 表示路况信息

图 4-1　节目流播报形式

　　随着理念的成熟与发展，以及受众需求的变化，交通之声在延续多年来形成的节目整体风格的基础上，更强调在节目内容编排上的线性安排，这其实就是我们所理解的信息流。具体讲，在全天节目中，每个单位时间都贯穿了交通信息、服务咨询、专业内容和音乐。而对于每个单元时间里重点安排的骨架性内容，则要求短小、简练，点到为止。全天节目的 24 小时，被看作一个完整的大版块，而每个重点栏目和重点内容，则成为全天节目主线上的颗颗珍珠。①

　　节目流的理念给交通之声带来了全新的节目意识形态的改革。如"小插件"的增多、时间点位营销模式的日趋成熟、碎片化节目的出现等，都是为了满足移动人群的收听完整性。因这种理念而形成的节目新形态，确实被证明能有效增加听众，而且顺应了广播收听的客观规律——听众收听的非持续性和收听行为发生的不可预见性。

（二）类轮盘制模式

　　类轮盘制模式是一种近似于轮盘制的内容结构方式，结构简单清楚，听众容易获取不同新闻和信息，架构具有高度开放性，可以随时插播突发新闻和重大事件。这种模式亦能更好地配合"信息栏目化，栏目信息化"的理念，即突发

133

第四章　交通广播节目的适宜性

---

　　①　与浙江广电集团交通之声总监张立的访谈。

的、最新的、重要的内容在事件发生的同时，能全程跟踪、同步播出、全方位报道。[①]

纯轮盘制结构对信息量的要求很高，而对版块内容有所区分的类轮盘制结构，则能很好地规避专业频道因采编能力有限、信息量不足而导致的内容重复。

最为典型的即为交通之声早高峰的节目编排。该节目通过运用小版块滚动播出，每版块设置新闻、评论，重点时段重点打造，根据出行人群设定播出内容。

我们通过调研发现，早高峰从早上7点开始，一般到9点回落，以7:30—8:30为收听最高峰。而浙江人从家到单位的车程，通常在20—40分钟左右（特殊情况除外）。这个数据为我们设计轮盘式节目提供了科学依据。所以我们在设置《93早高峰》节目时，依据受众收听习惯，将120分钟的总时长，划分为每30分钟为一个资讯轮盘，相对格式化播出，每30分钟内，有出行信息，有新闻资讯，有观点言论，还有实时互动。每个资讯轮盘的新闻内容有所差异，重要资讯滚动播出。[②]

该节目除了占据黄金时段外，内容和形式上均整合了浙江广电集团交通之声的强势资源，由资讯、新闻、新闻评论、舆论监督四项主体内容以及公益性活动构成，开创了每半小时均为"资讯＋新闻＋评论＋互动"的类轮盘制结构。每半小时的主打新闻各有特色，如7:00—7:30主打国内外新闻，7:30—8:00主打本地消息，8:00—8:30主打舆论监督，8:30—9:00主打听众评说及财经消息。

正是这种节目内部的类轮盘制信息流动，使得《93早高峰》在众多同时段新闻节目中脱颖而出。据赛立信的调查结果显示，该节目2014年平均收听率为1.81%，市场占有率为11.32%，在浙江全省收听排名第一。同时段排名稳居杭州十余家广播的前列，受到了业内外的一致好评。2013年微调后，依旧保持稳定的收听份额。

（三）服务的定位

理论上说，媒体从业人员可以从浙江省乃至全国数以亿计的新闻与信息中选择某些进入我们的报道范围，然而事实上，真正呈现给听众的只是而且只能是其中一小部分，那种面面俱到、无所不包的选择机制定会最终淹没它的专业

---

① 与浙江广电集团交通之声总监助理兼93节目中心主任张家英的访谈。
② 与浙江广电集团交通之声总监助理兼93节目中心主任张家英的访谈。

特色。那么交通之声的专业特色是什么呢?

交通之声的两任总监都非常强调专业媒体的服务功能,他们一致认为,以交通性新闻与信息为主,把服务做到极致,交通之声就可以所向披靡。

我是觉得你只要把服务理念种在心里,整天想着怎么服务的时候,你的视野就会很宽广,就会有很多事情可以做,你说,如果有这样一家电台的话,老百姓能不听它吗?肯定听的呀,每天在浙江省内发生的事情,只要是能报道的,在我这里都能找到,你听我一个小时的东西就能知道现在浙江省在干什么,发生了什么事情,有谁不愿意开启这样的开关呢?①

交通之声开台以来特别强调的一个,就是动态服务。第一,这是广播媒体的特性,第二,这也是交通台的特色。现在的广播媒体,它的服务功能,其实比电视和平媒更直接。尤其是突发事件发生的时候,我们所提供的这种点和面的服务几乎没有媒体可比。就像这次冰雪天气,两天的时间,四万多条微信,两万多个热线电话,尤其是微信,我们几乎做到条条回复。在这个时候,人们需要大量的信息服务,所以我觉得我们广播所辐射的面还是非常广的。②

这种服务的定位从首任总监的"源于客户的需求,止于客户的满意"这一理念,到现任领导认为"如何从专业的领域深挖、挖透,挖出不同寻常的服务特色"是一脉相承的。

我们认为,媒体服务与一般意义上的服务的确不一样,因为它要关照到收听的体验,就是信息接收者的体验。新闻、路况、气象的播报,不用说就是在提供一种服务。除此之外,交通台的服务功能更要从交通出发,覆盖到生活的方方面面。以浙江广电集团交通之声的节目设置为例,早间的《93 焦点》,为老百姓遇到的问题提供媒介监督;9 点至 10 点的《93 第一财经》,为移动人群提供适宜的理财与财经信息;10 点到 11 点的《有理走天下》,更是非常直接的服务节目,投诉内容除了交通,还有与交通人群息息相关的银行、保险等方面;下午小崔的《小崔热线》同样也是如此……

当然,要做好服务,不仅要怀服务之心,更要践服务之行,扎扎实实,一步一个脚印走出来。这当中,自然少不了为此理念而辛劳奔走的八方记者的功劳。

当时刚开台,播报的各个路况领域还处于待开发、待争取的状态。一方面

---

① 与浙江广电集团副总编辑、浙江广电集团交通之声首任总监董传亮的访谈。
② 与浙江广电集团交通之声总监张立的访谈。

是常规的路面交通情况，如公交车的运行情况、长途汽车的运行情况，还有见闻，即城市里的人们在各种天气下的生活情况；另一方面是航海航空的交通情况，这主要是机场的运行情况。当时还只有笕桥机场，萧山机场还没建起来，那时候我们有个记者叫杨国晖。当时他早上 6 点钟要赶过去做报道，打不到的士，他就步行过去，从清泰街一直走到笕桥机场。当时这个事情感动了机场的工作人员，他们觉得从来没有一个媒体的记者是如此敬业的。所以说，我们跟这些交通相关部门的合作与我们自身当时的那种工作状态是分不开的。我们下苦功夫去做工作、做服务了，他们那边就会很认可我们，到现在机场这条线还是杨国晖在跑的。①

中国现在的传统媒体，如广播与电视，在新闻传播上其实已经很难与新媒体抗衡，它之所以还有影响力，是因为它恰恰能弥补城市服务功能的缺失。浙江广电集团交通之声 18 年来能一直成为听众的最爱，成为人们在日常生活以及特殊时期的首选电台，跟它在面对社会公共及应急服务体系相对薄弱的现实（即城市的可沟通性较差）时能积极参与社会公共服务建设，主动扮演公共服务的提供者、社会资源的调度者和新闻事件参与者等多重角色，无数次处理和帮助解决各种突发应急事件息息相关。

所以我说服务媒体是一个时代的产物，一个时期的需求成就了它。媒体历来都被认为是宣传党的方针政策的工具。自从交通台出现后，人们认识到服务是它的一个重要功能。甚至在市场环境下，服务功能还能为媒体带来经济效益。这就是当时交通之声快速发展起来后媒体人的反思。②

交通之声的一些记者一直对当年有关服务媒体的理念记忆犹新。在我们的采访中，多位记者告诉我们，由于在那个年代各类社会机构的服务功能严重缺失，其实很多听众是在求助无门的情况下打电话到交通之声，因此，当时的领导一再强调，广播，服务是第一位的，宣传是第二位的。

服务，它势必是有对象的，即使是最小单位，如一个人、一件事，作为一个服务媒体，也应尽力施以援手，想办法帮其解决问题。

浙江广电集团交通之声的服务精神不止停留在理念上，更是扎扎实实地落在行动上。听众客服热线、同频覆盖、密集的记者站网络、一流的突发事件报道

---

① 与浙江广电集团交通之声总监助理兼 93 节目中心主任张家英的访谈。
② 与浙江广电集团副总编辑、浙江广电集团交通之声首任总监董传亮的访谈。

能力、大量的公益活动及体验式营销，无不将交通之声的服务定位表现得淋漓尽致。

交通之声在 2007 年成立了听众服务中心，在当时众多的电台中只有交通之声有客服热线——96093，全省通用，无需加区号，听众在开车过程中遇到了任何问题，小到问路，大到出现交通状况需救援，都可以打这个电话，浙江广电集团交通之声的同频覆盖优势在这里得到了很好的体现：听众在路上，不管开到浙江省的哪个地方，他都可以打这个服务电话。这既是一个陪伴，又是一个指引，因为人们一路出行既需要路况、天气信息，也需要一个声音陪伴。

此外，因为交通之声在全省各地设立记者站，派驻的记者因此可以及时了解当地新闻，更快地出现在新闻现场，这也是为什么这么多年交通之声在突发事件的报道上总能抢占先机。从 1999 年瑞安 TU154 民航飞机失事事件开始，只要是有突发事件，不管是刮风下雨，我们都是第一手最新信息，而且我们会做连续报道、跟踪报道、过程报道，还会对市民的生活做相关的提醒，与政府联手来做一些公益的温馨提示。①

对此，现任总监张立也颇有感触：在所有的突发事件上，我们还是走在前面的，我看在快速反应和全面及时上，我们在省里所有的媒体中可以说是第一位的，这一点报纸和电视是跟不上的。包括这次抗冰雪，报纸一天就一张报纸，晚上印刷早上出来，电视也就是直播 20 分钟、一个小时。我们是 60 个小时直播，一刻不停地，从早到晚直播，突发新闻这一块上面我们做了很大的探索。这次做完，我跟很多人也说了，现在很多的突发事件发生之后，我们的媒体还有很多传统的思维和传统的做法，受众的情绪、对媒体的认知都发生了变化，所以我们也准备在突发事件发生后，在应对上做调整，原先的预案，有些条款已经跟不上现在的受众对媒体的需求。②

从设立记者站到成立听众服务中心，浙江广电集团交通之声在这方面做了大量的工作，很多听众也因此形成了一个收听习惯，它也渐渐形成了一个口碑：高效，新闻信息量大，且与生活息息相关。在这基础上，交通之声开始强化公益活动，关爱、帮助弱势群体。浙江广电集团交通之声首创全国第一"公民教育实践活动"文明出行系列，如"我爱斑马线"、"告别酒驾，平安回家"、"改变习惯，珍

第四章 交通广播节目的适宜性

---

① 与浙江广电集团交通之声总监助理兼 93 节目中心主任张家英的访谈。

② 与浙江广电集团交通之声总监张立的访谈。

爱生命"、"你不是塞子"等文明出行系列公益活动,社会反响非常积极正面,已成为浙江省构筑和谐社会的重要活动,影响波及全国。

正是这些活动,让人们深切感受到一个电台的社会责任,他们也因此愿意来参加其中的一些公益活动,从而形成一种需求链。浙江广电集团交通之声之所以能够推出一些别的电台没有做到或者没有做得很好的活动,恰恰来自听众对交通之声的信任。而活动对整个频道的营销起到了很好的作用。

同样,当年羊城交通广播的整个创收能够上去,最关键的还是节目的定位非常准确,就是整个节目的风格非常明晰、特色非常鲜明。我们按照司机出行的需要来设计节目,早晚两个高峰期我们要抓住,要提供比较完善的资讯类服务,其他的时段可能会轻松一点。所以节目的线条非常清楚,匹配市场,通过节目可达到的营销预期也较大,可设计出很多广告套餐品种,供各种需求的广告商选择。①

二、由听众共同参与节目内容生产的互动性

互动并不是广播的专利,电视也可以与受众进行互动,而且也已经做了,但是目前电视节目与受众的互动性明显不如广播。广播媒体比其他任何媒体都更能真实地跟受众进行"声对声"的交流。

与节目互动的听众曾经被认为文化层次较低。有人提出,如果电视也像广播那样把与受众互动作为节目的重要组成部分,那么专注看节目的受众肯定会无法忍受。那么,为什么广播听众对节目互动不会产生反感,反而认为这是一种最能体现广播优势的节目样式呢?

我们希望从浙江广电集团交通之声这里获得答案。

交通之声刚开播不久,因为车少,电台与受众之间更多的是信息传播者与接受者的关系。热线电话打进去,多半是问路的,还有投诉的,那个时期的互动建立在简单解决问题的基础上,也就是所谓的能有效解决问题的实用服务。

反观现在,问路的人已经比较少了,这可能有两个原因:

第一,开车的人多了,他们对认路开始具备主动性,即自己会思考怎样搞清楚路线;第二,很多人的车上有指导开车的导航工具,因此他们不需要再打电话

---

① 　与广东人民广播电台总编室主任(原羊城交通广播电台台长)林玲的访谈。

到电台来问路。

以前开车是一门技术，而现在的人把车当作一种代步工具，会开车已经不是什么稀罕事了。这也给交通台的路况播报节目带来一定困扰。

曾经有一段时间我们对报路况很迷茫，我们觉得不仅要报哪里堵，也要报哪里不堵，结果发现杭州几乎没有不堵的路，那怎么办？后来就用路况观察员的形式，我们通过微博等各种方式认识了一些"粉丝"，然后定点，让他们成为我们的路况观察员。比如今天路上用了35分钟，而昨天只用了20分钟，那他可能觉得是因为灯次设置的不合理，或者是今天交警没指挥，等等。就是类似于这样，让他们去发现一些路况变化，然后自己慢慢参与其中。我们还寻找路况达人，在一些节目中做这样的互动活动，把纯粹的路况播报变成解决城市交通问题的一种通道，让他们出点子，然后把这些点子跟交警支队交流。交警支队领导还亲切会见了这些"民间高手"，让他们畅所欲言，有些建议还吸收采纳了。①

随着路况观察员以及路况达人制度的日趋完善，由听众共同参与的内容生产成了交通之声的家常便饭，双方的互动也在"基于路况，但又不仅限于路况"的模式下有了相较其他类型电台更为深入的体验。这样的深度互动，无疑对传受双方来说，都是一种心与心的贴近。有了情感基础之后的互动，往往会让听众把电台当成一个家，有温馨感、归属感，这样的受众黏性，牢不可破。交通之声的记者曾向我们讲述到，以前还会有很多朴实的听众，以出租车司机为主，结婚了带着老婆、喜糖过来，生了孩子、盖了房子，喜蛋、馒头拿来的都有。

在与听众互动共同制作节目方面，2005年11月26日的经典案例"鸡骨鲠住一岁男童，众人合力大救援"多年后提起仍让人津津乐道。262千米生命接力，最终宝宝手术后平安无事，皆大欢喜。期间，听众与电台的互动交流功不可没。还有2014年10月2日的高速婚礼。当时一对新人被堵在高速口，新娘急得直哭。交通之声主持人灵机一动，在节目中给新人主持了一场"高速婚礼"，听众纷纷送上祝福，让新人备受感动。这样的事情几乎每周都会发生。

这样的互动节目使我们认识到：真正的互动，实际上应该是所有的听众都一起参与内容的制作，听众成为内容生产的一分子。它不依赖于转述使受众回忆如何参与节目的生产，而是让他们能够与"正在发生的新闻事件同步"。这种

---

① 与浙江广电集团交通之声总监助理兼93节目中心主任张家英的访谈。

受众体验甚至改变了原来人们对新闻生产与制作的观点。

像前面提到的那个"鸡骨头事件",一个电话进来,它就直接可以变成一个重大的直播节目。因为广播不像报纸有所谓的头版、二版这样的一个划分,也不像电视有着清晰的版块。对绝大多数的听众来说,广播虽然也有版块区分,也有早高峰晚高峰、人多人少的时段,但是它基本上还是一个时间流水,什么时候打开了,什么时候开始听了,这个正在报道着的新闻就有可能成为今天的"头版头条"。

不同于电视新闻的头条,或杂志封面故事,广播的头条往往在事后产生。对媒体来说,对更多的人有影响是衡量该事件的重要性指标。电视与杂志的头条或封面报道需要在报道之前判定,而广播,却可以在报道当中乃至报道结束后,重新评定今天的头条。在事后的评估中,受众与节目之间的互动无疑是最重要的评价指标。就如前面提到的"鸡骨头事件"。

当年负责直播的记者还记得一个感人的细节:有一个爸爸打电话来,说他刚把儿子从学校接回来,转了两圈不下车,因为儿子喜欢听这个正在直播的节目,他也觉得这很难得,就让儿子一直听着。广播就是此时此刻的,他可以立即把自己的感受跟我们分享,然后我们又可以把这个感受马上传播出去。所以说,互动是广播有着特殊魅力的一种手段。

三、与交通部门的特殊关系提升了专业信息的权威性、全面性

浙江广电集团交通之声在创立之初,采取完全有别于当时市场状况的手法,专注于相对冷僻的交通专业,提出了在交通领域为司机等各种交通参与者提供服务的专业交通定位。①

浙江广电集团交通之声成立之初的定位与上海交通广播有相同的地方,即海陆空的信息都要有,只是在平常时间对航空、航运等信息播出较少,但在一些特殊时期或者突发时刻,会增加航空、铁路以及海洋预警等报道。

除了航海航空,交通之声的独特之处还在于高速路况的播报。

大概1997年年底的时候,沪杭只有一条高速公路。当时高速交警总队下面还没有支队,报路况的记者叫吕慧平,是个男的。当时还没有指挥室,等它的

---

① 与浙江广电集团交通之声总监助理兼93节目中心主任张家英的访谈。

指挥中心成立以后，基于之前关系比较好，我们说高速路况也在你们这里报。因为这属于公安内部系统，我们不能听到它对讲机的内容。那怎么办呢？有一个老民警，人比较热情，就由他来报，叫王警官。所以我们就有了高速路况信息、但出声的并不是记者，而是王警官，所以我们说他是高速93的第一声。[①]

我们认为，交通台跟其他媒体相比，最大的一个独特性就是专业化程度高。

从这一点来讲，就大众媒体而言，很少有这样一个一天到晚都跟同一个职能部门打交道的媒体。因为它跟交通的特殊关系，从诞生之日起，它就每天盯着交警、交规这些内容，每天都有互动，每天向职能部门提供听众的反馈和不满。反过来，它又把职能部门的工作，他们的努力、他们的改进、他们的政策传递给交通人群。或许这正是交通之声在节目上的独特性。

浙江广电集团交通之声跟政府职能部门的关系是相当密切的，而且它直接参与了社会公共服务。每个媒体对新闻选择有它自身的一套要求。像这种全省范围的路况服务信息只有我们在做，所以相关部门一有问题就马上想到通过我们来发布消息，或者通过我们跟他们的服务对象进行沟通。

在扩张过程中，以杭州路况为中心，浙江广电集团交通之声开始向各地级市县铺开，采用与各地交警的合作模式，利用全省同频覆盖的优势，迅速占领地盘。1999年在绍兴成立了第一个记者站，当时下派的记者直接住在交警支队的招待所，利用当地交警的配合播报交通信息，自此以后，各地记者站陆续成立。记者站最多的时候达到12个，浙江10个，北京1个，上海1个，一般省内的记者站能够进行新闻采编工作的有两三个人，其中各地记者站还有几个业务员。[②]

关于记者站的作用，第一任总监董传亮有着非常精炼到位的评价。记者站有四大功能：第一是报道动态信息和宣传；第二是活动，覆盖到哪里活动就要搅动到哪里；第三是建立网络，网络的概念是我们发明的；第四是创收。应该说，记者站在很长一段时间里对交通之声的发展起到了重要的作用。

网络概念其实是什么？比如说交通台，它跟哪些部门或哪些台有关系呢？一个是车上的人需要些什么内容，车上人需要哪些东西，把这些梳理出来，包括他们跟哪些部门有关系，比如110、出租车管理，包括煤气、路灯、自来水，我们想把这些东西全部理出来建立网络。在这个网络中，杭州职能管理部门就有1000

---

① 与浙江广电集团交通之声总监助理兼93节目中心主任张家英的访谈。

② 与浙江广电集团交通之声综合办主任郭华省的访谈。

家,都跟我们建立了密切的关系。这些网络支撑着我们的内容和口碑,还有一个,通过我们来为它的人群服务。网络是个立体概念,当时记者站里面也建网络,这个网络非常强大,是全省的网络。所以那个时候我就觉得,只要浙江省发生点事情,几分钟我就知道了。那个时候我是消息最灵的,我坐在办公室里,因为有这么多记者,所以我可以随时掌握信息。

四、结果置顶

所谓的结果置顶,其实就是不仅重视事件的发生、发展过程,报道这样一种过程,更重视在实际过程中处理问题,如何把服务落到实处。

简单说,浙江广电集团交通之声在做新闻的时候就直接把结果置顶,即希望最后有一个行动的落实结果。服务性的新闻信息便是要服务到最后。比如说雪天发放防滑链,他们一定要看到防滑链送到人们手里了,这个新闻才算完成。这就是浙江广电集团交通之声与众不同的一点——"结果置顶"。

我们可以通过三个层次更好地阐释在报道中如何做到"结果置顶"。

第一,强调尽一切可能先播出。

实际上,交通之声从一开始,就是在夹缝中生存,培养出了一种抢占意识。交通之声骨子里始终有一种抢占的心态,表现在覆盖、技术、建立网络各方面。我们主要是培养出一种抢占意识,我能抢到的东西我赶快抢,那就整天在琢磨了,哪些我可以抢回来,这样就加快了报道节奏。[1]

因此,交通之声在开播之初,通过大量的直播节目抢占地盘,在整个杭城都引起了轰动。

交通之声给人一个耳目一新的感觉,它的组合拳确实打得很好,整体上有一个新鲜感,包括记者跑出去都跟别的电台不一样。那时候采访省长副省长,手机一递,对他们说你给我说两句话吧。副省长接过电话居然马上说了,我这儿就播出去了。其他媒体的记者都傻掉了,秘书都没拦住。很多东西就是要打破常规,要创新,所以交通之声配得上"引领"这个概念。[2]

第二,极端动态的节目制作方法与播出方式,给听众带来了很大的收听期待。

---

① ② 与浙江广电集团副总编辑、浙江广电集团交通之声首任总监董传亮的访谈。

行动型的新闻故事被认为能够吸引并维持受众,它们对于新闻从业者也有同样的效果。交通之声在刚开始的几年里,就非常重视现场报道。特别像交通事故、堵车、火灾等,记者都是在事发的第一现场向听众描述记者所见、所闻、所感,并且把现场的过程变化持续地播报回来,交通之声的记者经常在现场一待就是三四个小时,连续发报道八九条,直到现场解除。这是最原始的,也是最真实的、最鲜活的动态新闻,它让交通之声的广播"动"了起来。①

一则令人兴奋的故事能够令士气高涨,但这类故事如长期匮乏,则会令记者们寝食难安。如一位记者所言,"新闻就在你眼皮底下发生,你只需要把它报道出来就大功告成"②。但问题在于,中国媒体的传统思路往往扼杀了新闻事件的生动性,而只是简单地呈现结果。

后来我们改变一下理念,之前,一个新闻,比如说着火了,从开始到最后整合成一个综合新闻。我说我们从开始着火的时候就要报道,烧到二楼再报,烧到三楼再报,就是把这一个新闻拉碎;让人们听到过程,那个人冲进去倒下了,那个人冲进去又倒下了,新闻最吸引人的其实是过程,然后再听到结果。结果嘛,有可能三五句话就说完了。这就是把新闻拉碎报道。③

第三,一个有行动能力的广播。

访谈中,我们印象最深刻的就是,浙江广电集团交通之声的所有人对"服务媒体"的理念及如何实践有着非常透彻的理解。因为他们的领导经常告诉记者与主持人,如果这个人打电话进来找到你了,你就不能够漠视他,因为他是有难处了才给你打电话。

在后期提炼理论的时候,交通之声提出,要做一个有行动力的广播,因为他们认为,所有的活动都是要付诸行动才会有效果,这也是提升媒体公信力的一个途径。很多人一有难事,就会首先想到这个媒体,向它求助。

在媒体当中,对待受众的求助通常有三种不同的处理方法,一种就是作为媒体的我只服务你,反正你满意就好了,自以为只要你满意了,其他的听众也都满意了,善意的媒体一般也就做到这一层;还有一种,我不管,你就是个演员,你到我这边,你就是个题材,你帮我一起来完成这个新闻,而我的目的是让其他人

---

① 与浙江广电集团交通之声综合办主任郭华省的访谈。

② 赫伯特·甘斯.什么在决定新闻[M].石琳,李红涛,译.北京:北京大学出版社,2011:218.

③ 与浙江广电集团交通之声综合办主任郭华省的访谈。

都满意。至于我怎么消费你,你的感受怎么样我都不管,我就是大大地把你好好地消费一下,好让更多的人满意。这是第二种,这样的媒体并不少见,这是一种缺乏诚信与善意的媒体。

那么比较理想的第三种处理方法是,站在大众传媒的应有立场,既服务好当事人,又可以对许多人有影响。媒体不是一个纯粹的服务型机构,因此,必须要充分考虑选题、立场、进程、落脚点、结果等各方面来确定与平衡我们的标准:是这个人特别需要帮助呢,还是这个节目会特别好听呢?还是这可以对最大多数人有利呢?显然,交通之声的选择非常充分地代表了"功利主义"①在新闻报道当中的运用。

五、节目的社会责任感

服务意识与社会责任感是一对孪生兄弟。对于突发事件的报道最能体现一家媒体的社会责任感。

浙江广电集团交通之声对社会责任的理解,不是单纯的信息传播,也不是一路揭黑,而是着眼于最终能把这件事情做好。这就使得它在沟通过程中,不是以揭露为起点,也不是以唱赞歌为目的,而是在整合社会资源的同时,能很好地平衡手中的话语权,那就是为听众服务,最终是落到这个层面上的。它既有监督的功能,同时它监督的目的也不仅仅是为了揭露,它的目的是怎样更好地通过协调,来做好这件事情。

交通广播一个很大的特点是会跟社会上的组织和机构有很多互动。其中最多的无疑是作为主办方之一的交警部门。交通之声在处理与交警部门关系的时候有一个概念,叫"帮忙不添乱"。

我们实实在在地为听众服务。我们的人也很单纯,就跟现在的走基层一个道理,就是跟听众贴在一起,能够为他们解决一定问题,然后扩大自身的影响力。我们有一个说法就是"帮忙不添乱"。这是我们的宗旨。②

对于这个宗旨,时任总监张立是这样理解的:在现阶段的中国,对于大部分

---

① 功利主义正式成为哲学系统是在 18 世纪末与 19 世纪初期,由英国哲学家兼经济学家边沁和米尔提出。其基本原则是:一种行为如有助于增进幸福,则为正确的;若导致产生和幸福相反的东西,则为错误的。幸福不仅涉及行为的当事人,也涉及受该行为影响的每一个人。

② 与浙江广电集团交通之声总监助理兼 93 节目中心主任张家英的访谈。

媒体来说，包括交通之声在内，帮忙不添乱肯定是媒体的生存之道。但帮忙不添乱不等于一味地说好话，一味地说好话是添乱不帮忙，一味地说好话有时候是要出毛病的。更何况现在的受众哪是十年以前的受众，媒体一定要有批评与监督的声音，只有这样才能推动社会发展。比如那段时间我们做杭州市汽车限号的新闻，当时老百姓有反应，呼声也蛮大的，后来我们也做了一些反面的声音，但我们分寸把握得好，不仅舒缓了人们的情绪，也确实取得了很好的效果。①

帮忙不添乱从另一个角度来说，就是适度的舆论监督。这两年我们还做了一些尝试，就是把舆论监督的焦点放在如何解决问题上。其实从某种意义上说，这就是帮忙不添乱的核心。②

18 年以来，浙江广电集团交通之声一直以做一个有社会责任感的媒体要求自己。

表 4-1　浙江广电集团交通之声策划举办的重大公益活动

时　　间	活动概要	具体内容
2001 年 5 月 18 日	创建 93 的士爱心基金	因交通之声跃升浙江广播第一，当月所有员工捐出一月工资作为 93 的士爱心基金，专门用于资助遇到困难的出租车司机。
2002 年	成立 93 阳光车队	交通之声将原来松散型的出租车司机忠实听众和爆料活跃分子，经过筛选，组成了 93 阳光车队，车队成员遍布全省各地，总数为 300 多人。"开车听 93，有路有阳光"成为车队的口号，车队也成为台里组织开展公益行动重要的支撑力量。
2003 年 "非典"期间	成立高考应急服务车队	创设高考应急服务活动，组织出租车在考点为考生提供取准考证等服务，并免费接送医护人员家庭以及路途遥远、交通不便的考生参加高考。不知不觉，这一爱心浙江的标志性活动，已开展十多年了，并成了全省知名的提供人文关怀的爱心活动品牌。十多年如一日的坚持，使得这一活动有了更为丰富的内涵，从单纯的应急服务逐渐扩大为为考生提供更多更周到的爱心服务。高考应急服务车队，已成为每年高考期间最亮丽的风景线。
2007 年	倡导文明出行	交通之声首创全国第一"公民教育实践活动"——文明出行系列，包括"我爱斑马线"、"改变习惯，珍爱生命"、"告别酒驾，平安回家"、"你不是塞子"等文明出行系列公益活动，上百万群众积极响应，这一系列活动已成为浙江省构筑和谐社会的重要活动之一。

①②　与浙江广电集团交通之声总监张立的访谈。

续表

时　　间	活动概要	具体内容
2008 年	为汶川地震中的学生募捐活动房	四川汶川大地震,举国上下凝聚力量抗震救灾。当时,地震造成灾区众多学校的房屋倒塌,学生无法上课。电台一线记者接到来自当地志愿者的一通求助电话,灾区青川县清溪小学的孩子们急需 600 平方米活动房教室。在接到这一信息后,交通之声及时进行了滚动报道,在全省听众中引起强烈共鸣。短短十天时间,募集到 600 平方米活动房,并落实运输、搭建等一系列工作。在学校重建奠基日里,青川县委常委相关领导表示,这 600 平方米的活动房创造了"三个第一":国内在青川援建的第一所板房学校,浙江援建青川县的第一所板房学校,青川乡镇村级学校里第一所活动房学校。这 600 平方米的活动房还被青川县当成了活动房建设的"样板房"! 根据该素材制作的新闻专题节目《600 平方的梦想》,获得浙江新闻奖一等奖。
2010 年	为玉树地震中的学生募捐课桌椅与善款	青海省玉树藏族自治州玉树县发生 7.1 级地震。交通之声紧急呼吁各方援手,一周时间募集 1.05 万套课桌椅、408 万元善款。它给听众提供了一个表达公民社会责任的平台,用爱心温暖了灾区孩子们的未来。
2010 年	爱心后备厢	交通之声 2010 年首创跨媒体合作的品牌公益活动,2011 年开始固定联合《钱江晚报》、浙江省阳光教育基金会举办"爱心后备厢"活动,以拍卖、广场义卖、捐款等形式,定向为贵州山区孩子及学校募集助学资金。
2011 年	开展文明出行全省巡回宣传月大型公益活动	交通之声首创主题情景剧公益演出,文明出行由此再掀新高潮。此次 2011 文明出行全省巡回宣传月大型公益活动,行程 3000 多千米,走遍浙江 11 个地市 13 个县市区,25 场创意四幕剧,25 张创意飞行棋地贴,10000 份创意交通安全飞行棋,第一事故车巡展,斑马线守护行动、关爱交警送清凉、八方名嘴倡导文明出行等六大主题活动。现场影响人群 15 万人次。而由此辐射出去的更多宣传,如外化视觉推广等,影响人群已超千万。
2013 年	为出租车司机免费体检	交通之声和杭州西溪医院联合推出第三届"2013 关爱出租车司机免费体检活动",为司机的身体健康状况做全面检查。

第二节　路况节目的发展

一、角色化的运作手法

　　浙江广电集团交通之声自 2002 年进入交警指挥室,到现在已经十余年,这期间,无论是城市道路的建设,还是媒体生态的发展,都已发生深刻的变化。从最初权威路况所带来的优越感,到后来渐渐走下神坛,将路况播报的模式定位为角色化的"路灵灵",走亲民路线,既打出了品牌,又拉近了与听众的距离。这一由远及近的过程,角色化的节目运作手法功不可没。

　　我们当年报路况第一个感觉就是"我们是权威",当时只是个概念,后来发现杭州其实是一个很小的城市,报来报去,就那几条路是堵的,而且它基本上是有规律的,报着报着就很乏味了。我们就开始想能不能报得好听一点,抓一些故事。

　　于是我们引入了角色化的概念,把节目名字定为"路灵灵",这是从羊城交通台模仿过来的一个产物。他有个路氏家族,是用广东话讲的。我们叫路灵灵,杭州方言常说这个人蛮灵的,当时就把她定位成邻家女孩的形象,我们当时还取了个口号叫"信息灵,服务灵,沟通灵",这样就把路况的外延拓展了,就是不仅仅提供信息,还做一些出行的服务工作。尤其在中午,路况其实很好,报起来就很空洞,设置这些外延的东西,才会勾起听众们的兴趣。[①]

　　《路灵灵》作为一档节目,在 2004 年 3 月 21 日首播。

　　2003 年 1 月,我们以信息员的身份进交警支队播报路况,当时的节目形式也比较简单,到点就很机械地播报一下信息。2004 年之后,路灵灵这个概念才经全新包装后推出,最早是三个女孩子,开播语就是"聪明伶俐,我叫路灵灵",给听众一种耳目一新的感觉。

　　早期的时候我们都比较单一,就事论事,叫了《路灵灵》以后还是有些调整。

---

　　① 　与浙江广电集团交通之声总监助理兼 93 节目中心主任张家英的访谈。

我们会重点放大我们看到的一起事故来进行介绍,特别高峰的时候我们可能要求更全面,平峰的时候我们可能就抓亮点。个人要创作要发挥,每个"路灵灵"还是会有差异。当时台里的总体要求还是要接近,比如说热心肠啊、包打听啊等等。①

到了 2011 年,浙江广电集团交通之声组建资讯工作室,整个工作室整合了《路灵灵》、《高速 007》、《动态气象直播室》、《空港百灵》四大版块。其中《路灵灵》是 19 次/天,通过进驻最权威的交通指挥中心,摇转 700 多个监控探头,掌握第一手杭州交通资讯;《高速 007》则是 16 次/天,24 小时监控 3000 千米浙江高速路,全天候守护生命线,为听众提供权威、及时、独家的高速信息;《动态气象直播室》也是 16 次/天,独家进驻浙江气象信息中心,是为出行人服务的最具个性的气象资讯;《空港百灵》则是 5 次/天,由交通之声与杭州萧山国际机场联手打造,为听众贴心发布航班信息、空乘服务等资讯。

这样多部门的工作人员统一起来、打通之后,对于资讯主播来说,也是一个角色转换的过程。路况信息播报角色化后,资讯播报主播在听众心中的识别度就会增加,比如"高速 007"是一个权威的角色,而"路灵灵"就是一个邻家女孩的形象。

我们一直以来还是比较明确的,在路况信息上,《路灵灵》专注杭州市场,只播杭州路况。从主持团队来看,《路灵灵》还是比较固定在 2～3 人这样一个比较专业的团队规模,而且到现在也是确定女生这样的一个形象。表达上,我们走小清新风格吧。跟西湖之声不一样,它有一个"闪闪",走的是嗲嗲的路线。节目编排上,我们还是比较强调专业性、贴近性,有所侧重的。尤其重视节目的现场感,比如说杭州错峰限行了,路灵灵肯定会去现场体验。把她打造成一个交通方面比较权威的路况专家。②

一遇到特殊天气,《路灵灵》这样的节目就会特别忙碌。

比如暴雨天,或是烟花大会等重大节日,这种时候我们特别忙碌,每次播报的时间拉长了。多报一遍你就要去多搜集一遍信息。我们不能很零碎地去表达信息,而是充当了信息的收集者、整理者、播出者,集采编播于一身。从某种程度上讲,我们自己就是自己的把关人,不存在领导审稿一说。最初我们很原始的,一人一个本子,记笔记。后来因为要讲故事了,写得也就越来越完整了。

---

① ②　与浙江广电集团交通之声"路灵灵"节目组成员的访谈。

但整个路况信息的主线还是贯穿始末的。①

《路灵灵》节目是分点位播报的，一般在半点和整点播报，一次播报时间控制在一分半内。

我们其实是两种方式，一种是播报的方式，挑最重要的播；另外一种可以作为信息的录入，主持人来播。在重大事情，比如大雾、大水、重大交通事故的时候，我们可以随时插播，不拘于点位，现在一天是 19 个点。原则上台里要求是一分半，但很容易超时。

角色化节目，其本质还是一个整体的品牌。刚开始的时候我们有七个人，播报人员也是两三个这样变来变去的。现在成立工作室以后，我们的定位还是比较清晰的。播报的时候，团队的基本属性就是路灵灵，没有个人的名字。就是这样的一个符号化表述，没有个人的名字出现。②

如何形容拥堵——以路况节目《路灵灵》为例

交通信息是具有一定重复性的，因此它其实很有规律性。

比如，周一早上永远是最堵的，周一早高峰的时候最高，周五晚高峰的时候最高。这些基本上都是可预期的。剩下的周二、三、四这三天还是比较稳定的。早高峰是一天比一天压力小，晚高峰是一天比一天任务重。基本上这么多年来，都是这么个趋势。从路况的发展来看，刚开始路是很空的，后来有些路一天只堵一次，一次就是十几个小时。到现在，高架已经发展到时时刻刻都在堵，特别是中间段那里，永远都在堵。③

终究只是一个"堵"字，可是每天报"堵"，也必须报出不一样的"堵"来。其他一般性的内容要是重复的话就失去了新闻价值，也就不值得天天播报，但是只有交通路况是必须要天天报的，这一点上，它跟气象节目一样。

当时我们还想过要给各路段打分，以节省我们的播报时间，类似这样各种各样的方式我们都想过。这么多台在一起竞争也是一种相互之间的刺激和激励。路灵灵和马氏家族④其实就是你逼我、我逼你逼出来的。⑤

虽然道路状态有限，但语言的丰富性和创新性还是可以不断与时俱进的。于是，交通之声开始尝试用各种各样的词来形容"堵"这一状态。这也算是交通

---

①②③⑤　与浙江广电集团交通之声"路灵灵"节目组成员的访谈。

④　"马氏家族"曾是杭州交通经济广播电台播报路况的品牌节目，系列人物包括老马、小马、马小妹等，节目载体包括《老马识途》《小马指路》等。

广播的一种探索,每天试着用不同的语言,播报同一个状态。下面我们可以透过一些路灵灵在路况播报中的言语片段来一窥整个节目灵活生动的特色。

▲经历了八天长假,今天各位上班还习惯吗?早高峰的堵车经历过之后,这会儿需要大家面对的,是晚高峰的一场恶战。不过我帮大家看了一下,目前这场战役还没有打响,总体来说路上的通行情况还不错。

▲城北是事故和大流量一把抓。事故方面,在湖墅路文一路口,北往南,南口,一辆公交车抛锚,整个湖墅路北往南一线,通行肯定要受到影响。旁边的小兄弟莫干山路,没事故,就是大流量,北往南的通行也很纠结。至于上塘高架桥,更是不负众望在排队,不仅主线队尾排在登云路上方了,两座立交桥,上德立交和瓜山立交,同样需要大家的耐心。

▲什么叫纸老虎?今天的晚高峰就有点纸老虎的意思。5点钟,来势凶猛,吓倒一批人;5点半发展平稳,还算不负声望;到了6点钟,这后续力量就没有跟上来了。

▲小雪怡情,大雪添堵。纷纷扬扬的雪花飘了一整天,201314的早上除了浪漫还有啥?事故?堵车?抱怨?No!这些都不要!即使有冰冻,只要守法规、谨慎行,明天的早高峰一样能战胜!But路灵灵希望,明早新手莫上路,老将小心开,的哥的姐拿出爱,老板领导后门开。新年第一个工作日,安全排第一。

▲《泰囧》火了,大家乐了,可是交警叔叔却苦了。几大电影院周边,人潮车流都如滔滔江水般绵延不绝,UME导致紫荆花路饱和,新远让中北桥成了欣赏运河夜景的绝佳地,翠苑也使得文一路成了停车场。且紫荆花路上的违停车子再不移走,就要拖车伺候了,电影看出来,咦,车子不见了,真是太囧了。

总体来说,路灵灵是团队作战,而不是单兵作战,遇到像钱江三桥塌方这样的事故,他们也能有条不紊地做好默契的配合,及时准确地向听众传达信息。

钱江三桥塌方的时候,我们的报道就有一种内外配合的感觉。我记得那天不是我早班,就马上通知那个上班的先去准备播报。我这边相当于是外围配合,做联系交警和连线的工作。路灵灵不是一个单兵作战,是团队作战,很多时候是里边有个路灵灵,外边也有一个路灵灵。这种情况在烟花大会的时候也是比较多的,内外结合的模式,"现在我们来连线现场路灵灵",我们经常会有这样的合作。和导播室用这样的导语,这个导语其实就是路灵灵自己引自己,一线引二线,这样比较多。最多的时候我们三个人同时铺开也是有的,我们做过德胜快速路的体验,两个人去开车体验,然后直接来连线,跟指挥室的路灵灵展开合作。

路灵灵的工作其实是很琐碎也很机械的,你每天都在重复同样的工作,到了点就播,我们那个时候嘲笑自己是钟点工,到了点就播。到点你就说话,不然就空播。上厕所也是掐点的,到整点差十分了那就不去了。①

二、播报方式的演变

浙江广电集团交通之声的工作人员,无论是记者还是主持人,在创台之初都要骑辆自行车,挎个手机或是对讲机,照着自己画出来的杭州路况图在城里"扫街",看到有新闻价值的路况及时报送台里,进行插播。后来成立了"阳光车队",有了分布全城的"通讯员",路况收集的负担也随之减轻。随着技术的发展和应用,进入交警指挥室之后的路况收集就轻松了不少。从播音员式的播报方式,到对话式的播报方式;从刚开始的新闻敏感性薄弱、专业性差,到经过交警专业培训之后渐渐步上正轨,成为国内名列前茅的交通台。18年风雨历程,播报方式的与时俱进是其长盛不衰的一大法宝。

当年跑路况,我们第一件事情就是买杭州地图,我原来是搞工程的,所以那时候我们还做了一件事——画杭州路况图,当时最重要的是把杭州的纵向和横向主干道画出来,那个时候杭州道路也没现在这么复杂。后来交警总队专门派人来给我们做培训,什么叫追尾,什么叫刮擦,什么叫流量大,都有一个具体的概念,当时的交警是很敏感的,你一说堵车了,他就觉得是自己工作没做好,他觉得很丢脸,所以不能轻易报堵车,还有事故,都不能轻易报。所以我们就从那时候开始学如何用专业术语来表达。②

讲起当年的第一次连线,阿巍印象深刻:

我当时长期跑四季青一带,有一天晚高峰,那边一个小学放学,挺乱的,车在那排队,小学生、自行车都乱插,这个场景我以前没见过,就跟台里汇报。台里就说你组织下,连个线吧!我印象当中这是第一次,他们后来告诉我这也是浙江广电集团交通之声第一次现场连线。回来之后被批评了,为什么呢?用词不当。我说了"见缝插针"这个成语,还说了个"触目惊心",其实没那么严重,就

---

① 与浙江广电集团交通之声"路灵灵"节目组成员的访谈。
② 与浙江广电集团交通之声总监助理兼93节目中心主任张家英的访谈。

是我用词不当。所以我对这段经历印象是比较深刻的。①

我们所有的记者主持人，每天都要做的最基本的工作就是在外面骑三个小时自行车观察路况，不管刮风下雨，都是如此。现在叫"走基层"，那时候其实就很基层，每个记者、主持人都在一线上。那时候我每天上三个小时的节目，跑三个小时的路况，还有备稿、培训等，基本上衣服都没时间洗。每天坐公交车回租的房子，坐着坐着就睡着了，那时候就这状态，太累了。②

就这样一跑五年，从1997年年底试运行到2002年，都是骑自行车跑路况。后来因为影响力的积累，交通之声终于建立了"阳光车队"。

主要是出租车公司，即杭州第一运输公司的司机，他们是第一个有对讲机的，也为我们提供了第一个车队，当时大概有30多辆车，我们导播室里也放一个对讲机，那时候我们的民间路况信息收集很多，有时一个地段堵了，同时有七八个司机来报路况。大家就渐渐形成了一个印象：路况信息报93。此外，那时候我们还有些提供消息的激励措施。③

从这个时候开始，交通之声开始利用专业听众如出租车司机为路况播报提供信息源，单纯依靠记者"扫街"抓路况跑新闻的时代基本结束。

路况信息的随时插播，在一定程度上也改变了其他节目的形态。自频道创办时起交通之声就规定，只要路况信息进来，或者有记者在现场发回报道，那么所有节目必须为它让路。这在两方面产生了巨大的影响与作用：

第一，动态广播开始真正形成。

刚开始的时候我很不适应，因为我以前做了五年的广播节目，突然间要在节目中插播路况信息，就感觉思路不断被打断，脑子很乱。特别是有些节目，它的情绪被打断之后很难回去。但在交通台，当时就强行命令，有信息，必须在三分钟内播出来。领导也经常给我们灌输这种理念，慢慢地我们也就适应了。

我们当时对路况的播报还做了不少的训练，就是如何把它播得生动有趣，比如有个人在桥上走，你要像讲故事一样，说得出来他穿什么衣服，男的女的，有没有打伞等，追求画面感，就是让人家能一下子记住这个信息。③

---

①　与浙江广电集团交通之声93节目中心副主任何巍的访谈。

②③　与浙江广电集团交通之声节目主持人的访谈。

③　与浙江广电集团交通之声总编室副主任王雁的访谈。

第二，记者的现场感与报道突发事件的能力开始形成。

媒体形象的年轻化与主持人、记者的年轻敢闯是分不开的，浙江广电集团交通之声在成立之初以及后续的发展中充分显示了年轻记者、主持人对报道形式、播报方式的追求与探索。

所以我们基本上是接到信息后第一时间肯定把它播出去，然后会处理它包含的各种信息，有些可能会模糊掉，只会告诉听众这件事情发生了，我们正在了解，其实目的就是让别人持续关注你，可能还会有内容进来；与此同时记者就多方面撒出去，由他们去跟进，只要有一点点的进展消息，包括民间给我们的，我们就不停不停地插播……原来的节目编排全部打乱，集中全部力量就做这个节目。①

第三，节目的播音方式更加具有贴近性。

从主持人培养的角度来看，浙江广电集团交通之声知名度最高、影响力最大的几个主持人，比如阿宝、阿巍等，都不是专业播音科班出身的，但《阿宝路路通》和《有理走天下》这两档节目对交通之声的发展是很有贡献的。他们生动直白的表述有利于拉近电台与听众之间的距离，减少高高在上、照本宣科造成的隔阂。这样的姿态，才是做服务媒体应有的姿态。

我们不赞成拿腔拿调地播报。因为服务的东西，你不能去宣读，我们必须按照服务工作的性质来挑选主持人。播音主持专业出身的，重音语气节奏，都是按部就班的。但我们希望你用你自己的话，说最真实的东西。做交通广播，关照词会有很多。如"您开车慢点"，如果是以播音员的口吻来说这话，那感觉就差了点。要有生活气息、有对象感。跟出租车打电话互动，同样要有聊天的交流感，要让对方感觉你就在他身边。②

从字正腔圆的播报式，到嬉笑怒骂的交流式，同样是主持人，话语方式的不同也暗合了媒体功能的深刻转变。

---

① 与浙江广电集团交通之声总监助理兼 93 节目中心主任张家英的访谈。
② 与浙江广电集团副总编辑、浙江广电集团交通之声首任总监董传亮的访谈。

第三节 转型时期的新闻节目——新闻评论的深化

一、确立新闻延伸立台的方针

早期的交通广播还没有大量的节目配置,很多时候只是单纯地放音乐,渐渐地,开始在早晚高峰时段尝试插入大量的新闻节目,从而形成了"路况、新闻、音乐"三叉戟式的播报模式。

2008年以后,汽车越来越多,关注交通的媒体也越来越多,跟汽车相关的事情已不再小众,慢慢发展为一个大民生的概念,交通之声要注入一些新的东西。把什么东西注进去呢? 通过调研、沟通,最后还是决定把新闻放进去。所以有了定位的修正——交通特色新闻。①

这也主要是因为广播受众的变化,从职业司机走向私家车车主及私家车家庭的变化,所以就加强了对新闻资讯的报道。三年多下来也证明我们当时的决定是正确的。从新闻到评论,第一年取得了很好的效果,浙江很多电台都紧跟其后,第二年发展到七个评论,然后把快报变成快评,每年都在增加新闻量,包括今年的改版,也加大新闻量,连中午的节目,消费也变成了新闻,包括下午4点到4点半增加的《联动浙江》也是新闻,6点半到7点也是新闻,新闻的比重逐渐在增大。我感觉到这也顺应了受众的需求。娱乐是需要的,但纯粹的信息量比较小的娱乐,听众已经不满足。②

那么,如何做有交通特色的新闻资讯,怎样在新闻中凸显交通特色呢? 浙江广电集团交通之声时任总监给出了他的理解。

第一,不丢掉路况信息;第二,不丢掉跟交通相关的新闻,这是我们要放大做的。大选题、大主题,我们都会继续去做。去年,我们做了一个《穿越浙江》,就是整体反映浙江十年的交通变化。所以我想交通特色就是这样,在交通领域里面放大做资讯。③

———————————

① ② ③ 与浙江广电集团交通之声总监张立的访谈。

除了通过增加新闻信息量，做有交通特色的新闻资讯，来扩大对受众的影响力以外，增加新闻元素、拉长社会触角、利用评论员加大舆论监督力度等方式也同样能为电台赢得相当的口碑，带来深入发展的良好契机。

新闻触角的延伸对于一个媒体的发展至关重要，一个媒体在中国的社会架构里面要立足的话，这个触角非常重要。尤其是在一个区域内相对主流的媒体，新闻的触角一定要广，在新闻触角广的前提下才能抓住新闻的重点，把新闻的特性和特点体现出来。①

现在的听众，他希望你有温度、有观点、有态度。所以这三年广播评论尝试下来，我觉得还是成功的，听众对这个还是比较关注的，尤其是关乎民生的热点问题。在舆论监督方面，我们也充分运用了评论员这支队伍，通过评论员对一个事件的评论来加大监督力度，另一方面评论员本身的存在也对一个广播媒体的思想性有很大贡献。我们的评论员队伍应该也算是全国一流的，媒体能这样发出声音，听众就会觉得，这个媒体确实是不一样的，当然在把握评论的时候还是要注意度。②

二、在新闻与评论上突破

浙江广电集团交通之声近年来在新闻与评论上的突破是有目共睹的，它以本地事件为主，通过对主题新闻和跨界新闻的犀利评论，来提升评论员的知名度，同时也扩大了交通之声这个平台的知名度。

发表评论，其实就是表达媒体的意见和声音。因此，强化热点评论的引导力是打造媒体公信力的必要条件。具体而言，主要是两个方面。一是要推进评论语言的风格化。现在的听众普遍教育水平比较高，独立思考能力较强，他们并不满足于听一些泛泛而谈的"大道理"，因此做评论就需要更加幽默、犀利，同时又不失理性、尺度，来引领舆论导向，提升大众的公民意识。二是要加强评论内容的专业化。总体而言，传统媒体的新闻评论还是以固定的评论员为主，但这在信息爆炸的现今已远远跟不上时代的步伐。因此需要更加专业的评论员队伍，只有这样，才能做到一旦发生热点事件，就可以迅速有针对性地发表专业到位的评论。

---

①② 与浙江广电集团交通之声总监张立的访谈。

出色的新闻与评论，无疑是一家媒体公信力的保障。一家注重新闻的媒体和一家没有新闻的媒体，公信力还是有差距的，可能一时看不出来，但时间一长它就会显现出来。这三年来，我们做了很多尝试。一方面，纯新闻的时间点位变多了；另一方面，我们也在其他节目中大幅增加新闻元素。

在新闻评论方面，我们是最早设立新闻评论员的广播。曹景行是第一个被开发到广播里来的。现在他基本上以广播为主了。第一年我们是单独跟他签约的，所以效果最好。当时主要考虑到广播需要借势，尤其是在打品牌的时候，需要找一个有知名度的评论员，就想到了曹景行。而且广播的优势就是方便嘛，不管他在哪个城市，都可以连线。所以第一年我们的《曹景行有话说》在浙江广播界也引起了一个不小的震动。后来紧随着增多了，杭州本地也有，全国各地也有，都开始关注新闻评论了。第二年开始，我们深化了这个评论的对比值。从北京找了六大评论员，知名度都比较高。这六个人，构成了我们广播评论的第一阵营；第二阵营，就是杭州本地有几十个评论员，包括杭州的媒体界、社会名人、大学老师等，都有。不管是杭州的也好，北京的也好，都是一个电话嘛。所以我们的节目，从第一年的《曹景行有话说》一天三个点位，到后来的单点快评、双点快报，逐渐加大了评论的力度和播出的频次。①

目前的广播评论其实还有不少可以完善的空间，比如部分评论员的观点并不适合在广播中播出，所以目前还是以录播为主；另一方面，针对本地发生的事件的评论还可以进一步深化，这样区域性听众会产生更大的共鸣。我们一直在思索怎样把知名度更高的评论员引进来。因为广播跟报纸、电视真的不一样，一个名字，熟悉不熟悉，听众听的意愿是不一样的。还有一个是我们的长期方向，我们觉得应该要培养一到两个本台评论员，评论色彩更丰富，立场可以更鲜明，影响可以更深远。②

这些年来，在保证原有新闻与评论基本量的基础上，浙江广电集团交通之声也尝试着做了一些突破与创新，特别是在主题报道和跨界报道方面，形成了一些前所未有的报道模式，并取得了良好的反响。首先，我们在主题报道上做出了一定突破，原先我们只是做百姓关心的事，现在我们把政府和百姓两者都关心的事作为主要来源来做。比如生态环保问题、银行行风问题等，政府关心，老百姓关心，我们就要关心。一些本来不属于交通台关注范畴的新闻题材，我

---

①② 与浙江广电集团交通之声总监张立的访谈。

们都要涉及,做出来。其次是做了很多跨界的工作,即多媒体。我们做一些选题,不仅仅局限于我们广播一家,跟平媒、网络等都合作。[1]

像这样的联合新闻行动近年来越来越频繁,与《钱江晚报》合作的"玉树赈灾捐款"、"爱心后备厢"活动;与《嘉兴日报》合作的"寻访一大代表后人"等,都在地方上产生了较大影响力。

联合新闻行动最成功的是玉树地震那次,我们跟《钱江晚报》一起合作策划了一个新闻行动,一周筹集了400多万元,当时另一家报纸跟一个频道,一周才40多万元,差距非常大。我们最后把这400多万买成课桌椅送到了玉树。还有"爱心后备厢"活动,这两年一年比一年做得大,去年30多万,今年51.5万。此外,我们还跟全省十家晚报、十家广播、新华频道等联合,做大型环保访谈等。[2]

第四节　突发事件报道

一、应急广播的定位与模式

在所有的突发事件报道上,浙江广电集团交通之声都走在前面。

交通之声于2007年率先在浙江广电内部制订了应急报道预案手册,之后不断完善修订,2011年,根据新媒体迅速兴起的状况,做了较大修订。每次修订都组织从业人员培训,使得不断更替的团队成员及时跟上作战需求。

在"应急广播"的大概念之下,交通之声应对2008年春节期间的雪灾已不像以前那样松散,那时候已经有了预案,基本上每天的报道都是事前有策划的,会想尽一切办法为听众提供对称的信息服务。当时这个灾难是全国性的,尤其是江南这一带,包括湖南那里,全是暴雪。那时在浙江到安徽的一条私营路上,还发生了一些矛盾。当时业主不愿意用工业盐去晒道路,而交警又希望能确保道路通畅,所以当时就发生了很多矛盾。于是我们的记者就在那里做连夜报道,讲交警们是如何在那里铲雪的,当这些旅客被困在那里时,交警在做什么,

---

①②　与浙江广电集团交通之声总监张立的访谈。

业主在做什么。业主其实什么也没做,交警则忙着给旅客们送吃的,推车、铲雪,还有交警因长时间工作,劳累送医院,我们就把这些信息都报出去,我们媒体能做的就是这些。①

应急广播除了将灾害天气下各方的行动和状态以最快的速度、最准确的表述传达给听众,还会组织人们做一些爱心公益活动。如 2008 年春节雪灾的时候交通之声便组织一些滞留在杭州的人去扫雪,大家热情高涨,这也算是节目的一个特色,即利用自身号召力去集结社会资源,做公益活动。

2011 年 7 月 23 日温州动车事件,让浙江广电集团交通之声"一战成名"。7.23 特大铁路交通事故考验了交通之声,也再次充分展示了交通之声在应急报道方面的能力,在接报后五分钟,交通之声立即启动应急报道预案,成为中国所有媒体中第一个发声的媒体。持续 28 小时不间断直播特别节目,也创下了当时浙江广播对单一新闻事件报道的最长纪录。省委省政府通过省应急办第一时间在交通之声发布公告。浙江省卫生厅厅长、省消防总队参谋长、省血液中心主任等第一时间在交通之声讲话。浙江省相关领导一路收听交通之声赶赴事故现场指挥抢险。

当时我们是正规媒体中最早播出这一事故的,应该是全球最早播出的。当时是我们温州站的记者,他接到消息后立马赶赴现场,我们也同步启动特别直播。②

在浙江广电集团交通之声的机制里,首先是要确认信息来源的可靠性,确认之后,他们会第一时间把信息播出去,并且会及时预告记者正在赶赴现场,然后就是不停地滚动消息。只要有一点点新增的消息,都会把它呈现出来。

我们的应急措施,一是增加导播、编辑、主持人的力量;二是加强指挥,我们当时很多人其实是在家里办公的,但同样通过网络贡献着自己的力量。③

就这样,交通之声成为温州动车事件的媒体重要消息源,交通之声的直播报道感染了越来越多的媒体人,中央电视台、中国之声、浙江卫视、《南方周末》等纷纷预约专访交通之声第一个发声和在现场采访的记者陈裕杰,福建、安徽、江苏、上海等地的 20 多家媒体当夜连线了交通之声记者。

正面的宣传报道我们当然也要做。但更多的就是老百姓们自发的爱心。通过我们这一平台来放大一些正能量的东西,包括温州动车事件中的献血。当

①②③　与浙江广电集团交通之声总监助理兼 93 节目中心主任张家英的访谈。

时一个条件稍微差一点的医院里的血库告急,但献血也不能盲目乱献,因为医院是不能接收的,我就跟前方的记者说马上给那里血站的站长打电话,连线站长,让他讲清楚,一是需要什么血型,二是到哪里献,三是献血的注意事项。他说了以后我们再把他说的话全部提炼出来滚动播报,结果很多人都去了,从这里真的可以感受到广播里很多东西都是鲜活的。灾难发生后,我们一定要把理性的立场拿出来,很快那个站长说血液够了,就是因为那天晚上我们及时有效地与民众进行了沟通。[①]

二、突发事件报道的特点

1998 年春运第一场雪的现场报道,打响了交通广播的第一枪;1999 年瑞安空难,开启了重大突发事件报道的第一站。可以说,浙江广电集团交通之声自开台起便将突发事件报道放到了一个相当重要的位置,18 年走来,这一敏感的新闻触觉也延续至今,并成为其"傲视群雄"的一大资本。

1999 年的瑞安空难,是离我们开台最近的一个重大灾难性事件。我们驻当地的记者正好结婚,新婚第二天,他接到了交警报来的消息,马上跟我们报告了。台里指示他马上过去,他就去了,而且是跟警车一起进去的。进去以后,我们就让他沿途发报道,像这种节目运作模式可能也跟我们之前报路况时,在路上所做的这类训练是有关系的。一方面,记者要敢报,另一方面,我们当时在台里的这些编辑、领导,他们也敢播,所以消息就放出去了。当时是 17 点,晚上 19 点理论上是应该要转新闻联播的,但我们领导当机立断,把新闻联播拉掉了,这个也是没有先例的。[②]

现在,交通之声经过十余年与政府的磨合,在突发事件的报道上越来越规范,各项规章制度也越来越健全,什么样的事情,需要怎么处理,该怎么处理,也都已经落实到了纸面上,相比而言,记者和编辑的自主裁决权也由此减弱了不少。但与其他媒体相比,他们对突发事件的报道始终坚持自己的原则与特色。

1.交通切入口

浙江广电集团交通之声刚开始播报路况时,杭州的道路车辆还不多,所以并不会经常出现堵车的情况,交通信息也不密集,所以他们就开始着眼于道路

---

①② 与浙江广电集团交通之声总监助理兼 93 节目中心主任张家英的访谈。

新闻。

其实报新闻跟报路况之间没有经历很割裂的阶段。当时刚开始出去的时候我们很单纯,就是去跑路况的。具体是这么考虑的:没有突发事件发生的时候,肯定都是报路况;但是如果在路上发生了突发事件,那肯定突发事件是第一位的。当时我们董台就说,碰到道路上的突发事件,我们记者就不要写稿子,只需要看,能描述得清楚,第一时间就报进来。那个时候我们的记者胆子也很大,拿起电话就报,有时候新闻的要素也不全,有时候可能语言也不是很流畅,但那时候大家还都蛮有激情的。[①]

值得一提的是,交通之声记者对突发事件的报道都能从交通口切入,始终把握自身作为一个交通媒体的定位。

2. 信息发布与人文关怀的结合

利用与交通部门的特殊关系,并以此为突破口是浙江广电集团交通之声在处理此类突发事件上的巨大优势。

在交通不发达的年代,人们与交通之间的联系非常微弱,可是现在,交通问题已经成为大民生,大量突发事件的爆发都与交通有直接的关系,或者会产生间接的影响。因此,以交通切入,并利用与交通部门的特殊关系介入突发事件往往很有作为。

发生在2005年11月的鸡骨头事件便是典型的一例。

2005年11月25日中午,许多正在收听交通之声广播的杭州市民,同时听到了一条紧急插入的消息,这条消息牵动了无数人的心。

鸡骨头事件

1. 鸡骨卡住婴儿喉咙

"听众朋友,如果说有东西卡到喉咙了那肯定是非常危险的,但如果这样的事情发生在一个一周岁的小宝宝身上,那就更加让人着急了,而现在,在衢州的浙HT0501的刘师傅的车上,就有这么一个小宝宝被异物卡到了喉咙……"

电台里提到的这个被异物卡住喉咙的小孩叫俊俊,是浙江衢州一名刚满周岁的婴儿。几个小时前,俊俊的妈妈给俊俊喂鸡汤泡饭时发生了意外:喂第一口时他吃得很好,喂第二口时他却大哭起来,直哭得满头大汗,后来还哭不出来了。看着呼吸逐渐变得困难的儿子,俊俊的父母估计是鸡汤里的一块鸡骨头卡

---

① 　与浙江广电集团交通之声总监助理兼93节目中心主任张家英的访谈。

住了俊俊细小的喉咙,若不尽快取出,俊俊很可能会有生命危险。

看到俊俊咳嗽也咳不出来了,小脸憋得通红,俊俊的父母忙抱着儿子去了当地医院,可医生却无法取出卡在俊俊喉咙里的异物。经过几次拍片检查,医生发现异物已滑落到俊俊的喉咙深处,即建议把孩子送往位于杭州的浙江省儿童医院进行救治。衢州距杭州有200多千米,而此时俊俊的呼吸已变得越来越微弱,连哭的力气也没有了,满头大汗脸色青紫,已处于危险的边缘。

看到儿子痛苦的样子,俊俊的父母着了慌。11:30,正当在衢州市人民医院门口,焦急的父母抱着俊俊不知如何是好时,恰巧出租车司机刘建忠驾车经过此处,看到他俩抱着一个孩子在全身发抖,一副根本不知道怎么办的无助模样,刘师傅二话没说,立即让俊俊的父母带着孩子上了自己的车,径直开上了杭金衢高速公路。

就在刘师傅驾车一路飞奔,12:30到达金华路段时,他突然想到了一个难题:自己已好几年没开车去过杭州了,到时候从高速路上的哪个出口进杭州?进杭州后怎样才能尽快找到儿童医院?自己心里一点底都没有。他心里不禁着急起来:怎么办呢?到高速路口下了后,东南西北往哪开都不知道,孩子的情况又如此紧急。

此时,车里的俊俊呼吸已非常微弱,脸色也变得越来越紫;俊俊的妈妈连害怕带着急地直哭;孩子也在痛苦地发出"啊啊"的哭又哭不出的声音……情急之中,刘师傅突然想到了自己平时经常收听的交通之声广播电台:或许他们能够帮忙。他当时还想:能否派辆车在高速路口等我,这样才能以最快的速度,把这个孩子送到省儿童医院。刘师傅即拿起手机拨打交通之声的热线电话,很快就接通了。

"您好,这里是交通之声。"电台节目导播接到电话后,隐约听到车上孩子家长焦急的叫声和宝宝的喘息声,即将情况报告给了台领导。几分钟后,电台值班领导赶到直播间,对营救俊俊的工作进行紧急部署,并通过主持人与刘建忠直接沟通。

2. 电台呼吁沿途协助

电台通过电波告诉杭州的各位司机朋友:若谁在高速附近,请去接一下刘师傅;通知刘师傅:到时候把车上的病人及其家长换到杭州的车上直接进城。

13:10,刘师傅开车到达义乌路段。为确保刘师傅的车安全、快速地到达杭州,并将小俊俊以最快的速度送到儿童医院,交通之声的工作人员又想了许多办法:让刘师傅开启双跳灯,这样可以在高速公路上让其他的车辆辨别后进行避让。电台一再播送"希望有热心的出租车司机到机场高速转盘处,去接应刘师傅"。

众多杭州市民通过交通之声了解到了小俊俊的危险处境,一时间,交通之声的热线电话快要被打爆了:问情况的,报路况的,出主意的……大部分是出租车司机,要求到高速公路出口去接应刘师傅的车。有的说:"我是老司机,开车特别快,我去好了。"有的说:"我就在滨江附近,我过去很快,10分钟就能赶到,等得久一点也没关系。宁可我早到,也别让他等我,因为时间紧迫。"还有人说:"我不是开车的,但也为他们着急,特别想帮帮他们。"有的人出主意说:"要不给省儿童医院的120打电话,让他们来接孩子……"各种各样的主意都有。

与此同时,刘师傅驱车以最快的速度向杭州飞奔。沿途的许多司机通过电波知道了小俊俊就在刘建忠的车上,都主动为刘建忠的车让路,并为他鼓劲加油。一些在高速路上跑着车的司机听了广播后,看到刘建忠的车驶过来,还摇下车窗对刘建忠招呼道:"小伙子,就是你啊,跑快点!"在大家的关注下,刘师傅的车一路畅通无阻,离杭州城越来越近。

13:50,刘师傅的车到达诸暨路段,此处距杭州还有约30分钟路程。就在车里小俊俊的呼吸变得非常困难,脸色也越来越紫时,电台主持人赵敏突然接到一个热心司机发来的紧急短信,让她的心一下子提了起来。

"高速公路上突然遭遇堵车了!"这是一个一直在听此节目、关注此事的司机在短信平台上发来的路况消息。怎么办?坐在直播间的赵敏深知:高速公路上一旦遭遇堵车,车辆有可能长时间无法通过,而小俊俊此时已危在旦夕,不能有半点耽搁了。心都提到嗓子眼的她,觉得听众都可以听出她着急的心情来。虽然作为一个主持人在主持节目时,不能有太多的个人情绪在里面,但当时确实是难以抑制,此情此景让人有一种生死时速的感觉。心情非常焦急的赵敏,播音的语速也非常快——因为她的一颗心为小俊俊的病情紧张得拎起来了。

3.市民自发驾车等候

这时,赵敏突然想到:常驻高速交警指挥中心的记者玲玲此时应该就在交警指挥中心。于是她立即同玲玲取得了联系,想了解一下刚才收到的高速路上堵车的情况是否属实。玲玲告诉她:"我知道浙HT0501刘师傅的车正在路上,而且大家也很关心杭京衢高速往衢州方向浦江路段。稍前的时候,发生了一个两车追尾的事故,目前有堵车的情况,但这是往衢州方向的,并不是往杭州方向。高速交警,也就是指挥中心的工作人员,也想通过我告诉刘先生'一定要安心开车,有什么情况高速交警会随时出现在您的身边'。"太好了! 这边大家刚刚松了一口气,可刘建忠车内的小俊俊却出现了非常危险的情况。

小俊俊的呼吸越来越弱。随着电台节目的进行,主持人与小俊俊的爸爸妈妈进行了电话连线。此时,小俊俊的妈妈看到孩子的情况越来越严重,导致无法呼吸,想哭都哭不出来了,心急如焚。车上小宝宝的情况确实让人非常揪心,万一情况有恶化,那就糟糕了。在节目现场,导播特意邀请了省儿童医院耳鼻喉科的孙月峰副主任医师,来给宝宝的家长指点一下:现在应该怎么做,要注意些什么问题。"希望现在在听我们节目的小宝宝的父母竖起耳朵听好了,"孙医师说,"在转送过程中,最主要的是要保证让孩子的头朝下,要避免直立;要尽量安抚孩子,若孩子哭得比较厉害,这种姿态就保持不好,会导致异物滑到咽喉的更深处。"

14:15,刘建忠驾着载着小俊俊的车飞速行驶到了杭州城区外围,但到底从哪个出口下高速? 哪条路线能保证以最短的时间把小俊俊送达儿童医院呢? 交通之声节目立即通过电波向全杭州城的出租车司机征求意见。一时间,上百个热线电话打了进来,很多热心的司机朋友都纷纷提出自己一些好的建议,电台的工作人员从20多套方案中选出一条最快的行车路线即时播出:"请刘师傅千万记好了,您可以在杭金衢高速公路的新街出口下高速。"

14:25,交通之声节目派出一名记者乘坐新闻采访车到达高速公路出口,等待小俊俊的到来。可因刘师傅心急,比预定地点提前一个路口下了高速公路。交通之声节目派出的记者和新闻采访车在预定地点没接到刘师傅。那名记者当时带着两部手机:一部专线与台里联系,另一部与载着小俊俊的驾驶员刘建忠联系。与台里联系的这部手机都快打爆了:一个劲地问接到没有。

幸好这时有许多杭州市民自发驾车赶到各高速出口接应俊俊一行,刘师傅的车正好被一名叫吴华荣的杭州出租车司机接到。吴华荣第一时间赶到那里,在高速公路出口等的过程中,有很多杭州的出租车驾驶员也自发地赶到那里,见已有一台车在那等着接刘建忠的车了,于是与吴华荣打招呼道:"这里就拜托你了。"吴华荣应道:"你们放心吧,我保证完成这个任务。"

4. 生命通道一路绿灯

接到刘师傅的车后,吴华荣立即带领他们与新闻采访车会合,大家迅速将小俊俊抱进了新闻采访车，然后由吴华荣在前面带路，两辆车飞速向儿童医院驶去。此时已近15时了，杭州的车流高峰马上就要到来，行驶在高架线路上的吴华荣想，若此时高架线路上出现一点点交通事故，那我们就完了，就会被堵在途中不能动弹。

每天从14时开始，作为杭州南北大动脉的高架桥的车流量就进入高峰期。好在此时杭州市交警指挥中心已通过电台了解到小俊俊的危险处境，迅速制定了一套应急方案：为送小俊俊的车设定了一条最方便、快捷的行驶路线。在交警指挥中心的布置下，送小俊俊的车辆下了高速公路。交警指挥中心又通过监控设备，沿途跟踪这辆汽车，一站一站地往下报；再通过路口的红绿灯远程控制系统，对此车将要经过的各个路口设置成绿灯，确保此车安全快速地到达省儿童医院。

在交通之声特意播放的一曲《不要害怕》中，载着小俊俊的新闻采访车向儿童医院飞奔而去。电波传送着主持人温暖的声音："小宝贝啊，现在你也在听广播是吗？听阿姨的话，千万别害怕，有那么多的叔叔阿姨都在帮助你，在为你想办法，你一定要坚持，一定要坚强，很快就会不难受了。"

14:40，在交警巡逻车的引导下，载着俊俊的新闻车顺利通过了杭州市区交通最繁忙的庆春路地段。若按正常情况，从高速公路出口到儿童医院，一般要四五十分钟时间，而在交警指挥中心采取了一系列措施后，送小俊俊的车只用了十五六分钟时间就赶到了儿童医院。

14:50，载着小俊俊的车终于到达了儿童医院，早已等候在医院门口的护士立即将他送到了急诊室；早已做好准备的医生护士马上对他进行检查。小俊俊的父母和一些关心他而赶到医院的市民，都在检查室外焦急地等待。

15:10，小俊俊被推进了手术室。手术室外，小俊俊的父母焦急不堪。对46岁的叶水田来说，他已失去过一个儿子了：四年前，17岁的大儿子在帮家里拆房时，从屋顶坠落不幸身亡，小俊俊是他的第二个儿子。几分钟后，卡在小俊俊支气管里的一块T字形的鸡骨头被医生顺利地取出来了。孩子终于可以喊出妈妈了，这一刻，大家那根因焦急而紧绷的心弦，终于松弛下来了。

几天后，身体已完全康复的小俊俊回到了自己家里，俊俊一家又恢复了以往的幸福生活。对小俊俊的父母来说，他们将永远记住为抢救小俊俊的生命而出过力的人。

时任杭州市委副书记叶明对此事感慨道："杭州这几年来城市建设发展

很快,面貌变化很大,但一座城市最重要的是市民的文明素质,一座城市的文明程度。从这个故事里,我们确实看到了杭州市民所具有的一种无私关爱、扶危济困的高尚品德。我作为市民,也作为市里的一位领导,为我们这座城市和我们这样的市民感到骄傲和自豪。"

——摘自央视《讲述》10 月 19 日播出的节目《生死时速》

广播跟电视、报纸不一样,很多事情的进展存在着不确定性。它的过程是很容易及时呈现的,哪怕没有结果,你只要呈现这个过程,听众就不会质疑你,他们是享受这个了解进展的过程,在这点上广播可能和其他媒体不一样,更具优越性。①

3.体现社会责任感

2007 年 11 月 30 日,金华某部队战士孟祥斌舍身救人,事发五分钟后,浙江广电集团交通之声首发第一声,连续报道《我看见了英雄》,并组织阳光车友免费接送吊唁英雄的市民,让交通之声的突发事件报道加入新闻行动,增加感染力,并逐步形成"第一时间报道、第一时间解读、第一时间分享"的节目呈现基本模式。

像这个时候,广播的主要功能,一个是搭平台,另一个是可以组织社会资源,由此来解决一些个体、小团体不能解决的问题。②

那么在孟祥斌事件中,交通之声是如何做到在事发后五分钟内就获得消息并展开报道呢?

当地的阳光车友(出租车司机)在事发后第一时间给我们的记者打电话说,那边好像有人跳河下去救人,但捞不上来了,还听说是个军人。当事记者也很快向本部汇报。按照已有的模式,我们在救人者身份等信息都未知的情况下,就播报了这条信息。然后,我就指示这个记者马上赶去现场,并在去的路上一路报道。"我正在出租车上要赶赴现场,我这里距离事发地大概需要××时间的路程,我现在所知道的信息是某某某告诉我的。"我们都是以这种方式来做报道的。这种做法的用意是让听众知道我们身边又有事情正在发生着,我们的记者正在赶往事发现场,为听众呈现事态发展过程。整个节目的聚焦点其实是这名赶赴现场的记者。

---

①②　与浙江广电集团交通之声总监助理兼 93 节目中心主任张家英的访谈。

孟祥斌事件，除了报道快之外，最经典的是我们在后期还做了一个爱心行动，使事件得以升华。记者反馈信息说，当地有许多老百姓买了孔明灯，自发在桥上吊唁孟祥斌。受此启发，我们就想在孟祥斌的追悼会上做些什么。这时，一批很热心的出租车司机就说，这个人在我们城市里做了这么好的一件事情，我们也想表达一点自己的心意。我们就会开车，要不就免费接送去吊唁孟祥斌的市民吧！我们就打算把这种很淳朴的想法落到实处。

于是，记者连夜印刷"孟祥斌走好"或"英雄走好"的车标贴。同时，记者还联系了当地运管，运管也觉得这是好事，大力支持。运管马上安排设点，确定接送市民的地点。这就成为我们后来的一种模式，就是运用好我们的车队资源。当社会知道出租车司机都在自发地出力，会传递出一种很温暖的力量。

整个过程我们都是通过直播的方式进行呈现——如加印车贴、出租车司机6点已经到达接送点、司机正在贴车贴等等。其实，追悼会的报道都是大同小异的，我们最大的亮点和与众不同之处就在于把出租车司机这部分表现出来了。

此外，2011年有一位交警也是因公殉职，我们的驾驶员就很快自发地表示要免费接送去吊唁的市民。包括在杭州的吴斌事件中，杭州的车队也做了这样的事情。

我们逐渐形成了一套应对突发事件报道的应急模式。我们坚持发布信息要快，报道事实的全过程，再辅以后期的爱心行动。[①]

三、突发事件报道带来的社会影响力提升

对媒体来说，抢占热点新闻的"第一落点"至关重要。按照舆论学的理论：媒介通过及时公开地传播新闻事实，迅速形成社会的注意中心和议论中心，就等于先行设置了一个舆论话题和方向。也就是说，谁以最快速度传播新闻给受众，谁就赢得了舆论制高点。

对广播而言，抢占新闻的"第一落点"，在报道上，几乎不存在技术上的障碍，电视台可以在第一时间打出滚动字幕，同步直播新闻。而电台更是可以迅速插播最新信息，直接连线目击者，并派记者赶赴现场，通过一部手机对新闻现场进行动态报道。

①　与浙江广电集团交通之声总监助理兼93节目中心主任张家英的访谈。

因此，媒体还需要增强信息来源。现在的广播电台都有自己的爆料热线，甚至吸引到众多专业报料人成为媒体的眼线，但是他们仍然需要更加通畅的爆料渠道，更加具有新闻敏感的接线人员。比如浙江广电集团交通之声的96093爆料热线，就是以非常专业化的平台处理听众爆料以及信息反馈，这里已经可以接收到与网络舆情同步甚至更快的舆情信息，比如温州的士罢工事件，交通之声先于网络五个小时播发新闻，当杭州19楼论坛爆出该新闻的时候，立刻有网友回应交通之声已经播出过内容，为浙江广电集团交通之声赢得了很好的媒体影响力。

当新闻进入"非抢不可"的时代，同时也对传统媒体的从业者提出了更高的要求，比如要有快速的新闻判断能力、抢占"第一落点"的专业素质以及过硬的作风。

但是，当突发事件发生后没有抢到新闻的"第一落点"：我们也不必束手无策或者紧急跟风，要争取在做深做透上做文章，抢占"第二落点"，向公众提供充分的事实，用客观事实的雄辩力量引导舆论。比如把事件中已经了解和可以确定的事实真相、正在采取的措施、有关部门和责任人员的态度予以公正报道，并提供"第一解读"，把新闻事件背后的衍生价值最大化挖掘，告诉受众，这里有最全面最权威最真实的信息——应该说，浙江广电集团交通之声在新闻评论上苦下功夫，就是确保当"第一现场"无法完成的时候，他们还有"第一解读"。①

这样，同样是对这一媒体平台社会影响力的巨大提升。

四、优秀个案

2012年国庆期间，小车免高速通行费政策着实引起了意想不到的道路大拥堵，浙江广电集团交通之声为疏导驾车人的情绪做出了很多努力。

2012年的国庆节，我国首次实施了小车免高速通行费的政策。那一周，高速公路几乎全部成了停车场。这其实也是一个比较典型的交通事件。路上堵得实在是一塌糊涂，给我们打电话的人很多，多是些发牢骚的，听友们的情绪很不好。因此，我们做的主要是这方面的引导和劝导，及时提供和更新公路信息

---

① 汤晓寒.传统媒体如何应对网络舆情[J].浙江:视听纵横,2010(3):55-56.

和交警等职能部门的信息。[①]

2013年年初的雪灾也算是一个比较经典的案例。

2013年年初这次冰雪灾害的播报也是比较经典的,改变了省应急办对我们的态度。其中最大的亮点是微信在互动中的运用。围绕冰雪这个主题,在60多个小时的直播中,我们一共收到4万多条微信,而热线和短信的数量差不多,各4000条左右。

在冰雪夜那天,就有人发来微信说,我已经困在这里七个小时了,车上什么吃的都没有,快饿死了。在播出之后,一位宁波的宝马车主就发来微信说,我这里有一箱橘子,还有香烟,车号是×××,在安全的前提下,可以过来找我。这样陆续播出后,还有车主发来微信说,我这里有饼干,想跟大家分享。虽然没有记者赶到现场拍摄记录,但相信这在现场一定很感人。

我们一直在节目中鼓励听众,路堵是现实,但也希望大家可以缓解一下心情,互相帮助,而且交警也在尽全力处理路上的事故。我们还在广播中呼吁,明天有很多车主都是要上班的,如果没有按时到岗,希望老板不要扣他们奖金。果然,之后就有一些民营企业的老板给我们打来电话说我们明天要放一天假,给员工休息。当然,我们主持人也很灵光,就接下话茬说,这些厂的名字我要全部播报出来,哪怕是有做广告的嫌疑。这就是在很艰难、大家怨气很多的情况下,大家形成的良性互动。

同时,有些私家车车主在这次冰雪灾害中,弃走高速公路,在省道或国道上"探险"。但我们手头是没有地方公路的信息的,这些车主就一段段探,探一段告诉我们一段路况。广播媒体比其他任何媒体都更能真实地跟受众进行"面对面"的交流。

总之,浙江广电集团交通之声在这么多突发事件中,总能提供实实在在的信息,督促相关部门处理好问题,缓解人们的情绪,减少不必要的冲突。久而久之,它的权威性、可信度给受众群留下了很深的印象。

交通之声通过长期的实战,对突发事件的报道已经形成规范性预案。对能预知的事件,如大雪等可能发生的灾害性天气,更提前进入报道状态。对完全突发性事件,平时的训练使得每个人能在很短时间内投入到报道当中去。交通之声能脱颖而出、战胜其他台的法宝并不只在日常报道,更是在对突发事件的

---

① 与浙江广电集团交通之声总监助理兼93节目中心主任张家英的访谈。

报道上。它们才是能够留住听众、增加听众的机会。

这么多年来,我们也进行了大量的实战,积累了很多经验,在不断完善我们的应急预案。因为目前突发事件的概率在增加,所处的媒体环境也大不一样。所以我也提出了一个理念:发生突发事件时,要求第一时间的信息服务,更重要的是对舆论的引导、对相关人群的心理疏导,这有利于增加媒体的人文关怀和人文厚度。[①]

第五节　节目理念与形式

一、节目理念概述

在广播电台的发展历程上,出现过三种节目播报的理念。

1. 思想宣导性理念

如新闻综合台。在这类理念指导下的广播,其媒体与受众的关系是俯视关系,即媒体在前面引领着人们的思想,让人们跟着它的步调走,具有浓厚的政治意味,所体现的是党与国家的价值标准。

2. 观点交流性理念

如珠江经济台。它与受众的关系是平视关系,即陪着人们一起前行,以聊天的模式拉近主持人与听众之间的关系,具有一种形式上的服务意识,实质上体现的是媒体趣味(主持人的趣味)和媒体的社会人情味。强调趣味性和娱乐性,呈现一种迎合大众的节目形式。

3. 需求服务性理念

如浙江广电集团交通之声。自这类电台开始,出现了媒介重视受众需求的服务心态,即在实质上形成了一种服务意识,并将其落到了实处。怀着"听众便是上帝"的心态去做节目,强调倾听的重要性。节目设置侧重于听众趣味,内容更具有当下性,对受众的关照更加明显,充分体现了需求满足理论的核心要点。

---

① 　与浙江广电集团交通之声总监张立的访谈。

需要格外指出的是，这一最新理念并不排斥前两种理念。只是说类似交通之声这样的电台，将需求服务的意识放在特别突出的位置。但与此同时，它也部分包含了前两种理念下的节目运作模式。

节目理念的定位决定着一个电台的内核，这也将直接影响到节目的播报形式。因此，对于浙江广电集团交通之声而言，明确需求服务性的节目理念，是其多年来一直保持高速发展、公信力蒸蒸日上的重要原因。

二、交通信息栏目化

浙江广电集团交通之声以交通资讯为主线，以交通专业类节目为骨架，以音乐为底色，以突发事件报道为亮点，以各种活动为陪衬，为移动人群带去新闻资讯和愉悦。

尽管交通之声自创办以来便一直强调要做到"信息栏目化、栏目信息化"。然而，言易行难。路况信息与具体栏目两者之间的角色关系究竟如何把握融合，对于当今中国的交通电台而言似乎还是一大难题。

最初的时候，广播都只有单纯的信息，没有节目的概念，现在我们强调的是怎样把信息和节目相融，即所谓的信息栏目化。不能没有栏目，但是信息怎么来跟栏目融合，是我们需要考虑的问题。①

交通台一直推崇的是线性流的播报模式，这也是交通台与其他电台之间最大的区别所在。这种平台效应虽然可以保证电台有一个稳定的受众群，但大平台概念的凸显也导致栏目及主持人品牌打造的弱化。原本，知名栏目和主持人也是营销创收的一大利器，但这在交通台反而成了一个软肋。由此才引出了如何平衡信息与栏目之间关系的问题。

可以预见，在短期内，这一矛盾还将继续存在。如何微妙地调整两者之间的比重，使之达到一个最佳的结合点，也是对交通台领导层的一大考验。

三、插件的运用形式

目前，浙江广电集团交通之声的线性插件基本包括以下几种：

---

① 与浙江广电集团交通之声总监张立的访谈。

一、《路灵灵》:19 次/天;7:00—21:30;

二、《高速 007》:16 次/天;7:30—22:30;

三、《动态气象直播室》:7:00—21:00 半点后;

四、《93 快报快评》:10:00—20:00;单点前快报;双点前快评;

五、《空港百灵》:5 次/天;7:30、11:30、14:00、16:00、19:00;

六、《健康最重要》:4 次/天:12:00、13:50、16:50、22:50;

七、《小马来了》:4 次/天:11:30、12:30、15:30、17:30;

八、《直通现场》:不定时播报。

形式多样、排列紧凑的小插件有利于吸引不同层次的人群,同时,作为电台的特色品牌节目,既易于推广和打响品牌,又易于高效率地进行广告的定点投放。

整体看来,这些插件的运用还是分层次、分类别的。

重中之重自然是主打路况信息播报的《路灵灵》和《高速 007》,这两者也是交通之声的王牌插件节目,一方面此类信息因可能涉及听众的切身利益(堵车与否影响到其行车时间),对听众的重要性不言而喻;另一方面,因其时间散点分布密集,故"吸金"能力也是一流。可以从对比中看出,其播报频率也是所有插件中最高的,毫无争议地位于插件中的第一阵营,电台对其投入的资源也理所应当是最优质的。而《空港百灵》虽然每天的播报次数只有五次,但因其所涉及的是航班信息、空乘服务,同属交通信息,同为线性流的根基所在,因此也可跻身第一阵营。

第二阵营主要包括《动态气象直播室》和《93 快报快评》,这两者的播报频率与第一阵营中的前两者不相上下,但其与交通之声的密切程度较弱,因此只能屈居第二阵营。气象与路况一样,是实时变动的信息,且是听众十分关心的内容,再与恰当的服装类品牌相结合,使得整个节目既有实用性又显趣味性。而《93 快报快评》则体现了在这个瞬息万变的时代,人们对于信息以及意见的渴望,同样以短平快的形式迅速抓住了听众的心。

剩下的一些插件则都可以归为第三阵营,即非必需型,应根据效益做实时调整,尽量避免因次要插件过多而引发听众反感,好心办坏事,那就得不偿失了。

第四章 交通广播节目的适宜性

四、节目单、节目大事记

表 4-2　浙江广电集团交通之声节目表（1998 年）

内容　时间＼星期	周一至周五		周六	周日
6：00	开台·健身苑			
6：30	音乐·流动信息网·音乐			
7：00	交广早新闻（交通·时政·社会）·气象·音乐			
7：30	路况	有理走天下		
8：00	交通新闻·气象	音乐·时尚风采·音乐		
8：30	路况			
9：00	交通新闻·气象	警官专线		警世钟
9：30	路况	相声小品·音乐		
10：00	交通新闻·气象	岁月留声（音乐专题）		
11：00	交通新闻·气象	交通广场		海陆空旋风
12：00	交通新闻·气象	快乐大巴		
12：30	路况	汽车音乐（流行音乐）		
13：00	交通新闻·气象	小说联播（转人民台）·音乐		
14：00	交通新闻·气象	清音雅乐		
15：00	交通新闻·气象	保健时间·音乐·金融桥		金曲派送
16：00	交通新闻·气象	绕着地球跑		
17：00	交通新闻·气象	绿茵风云录		
17：30	路况	报刊精选		
18：00	交通新闻·气象	流动信息网		
18：30	路况	交广大家谈		网上交通
19：00	转播 CCTV 新闻联播			
19：30	路况	音乐无限（音乐专题）		
20：00	交通新闻			
20：30	路况	音乐·汽车医院		广播书场
21：00	交通新闻·气象	93 号停靠站		的士之家
21：50	一天交通情况综述			
22：00	转播人民台"精神家园"	转播人民台节目		
	结束			

　　注：1.每逢整半点播出交通信息，交通高峰时每一刻钟播出交通信息，特殊情况随时播放。

　　2.整小时节目，半点路况打点后插播。

表 4-3　浙江广电集团交通之声节目表（2013 年）

	线性插件	周一至周五	周六	周日
06:00—06:30	路灵灵 07:00—21:30	健康最重要（重）		
06:30—07:00		冬吴相对论	快乐出发 6:30—8:00	
07:00—09:00	高速 007 07:30—22:30	93 早高峰（孙婧、正阳）		
09:00—10:00		93 第一财经（小曼）	乐在途中	
10:00—11:00	动态气象直播室 07:00—21:00，半点后	周一—周四：有理走天下 / 周五：对话浙江（阿巍）	乐在途中	有氧周末 6:30—16:00
11:00—12:00	93 快报快评 10:00—20:00；单点前快报；双点前快评	93 车世界（小崔、杨洋）	飞越浙江	
12:00—13:00		消费放大镜（周慧）	飞越浙江	
13:00—14:00		中国汽车音乐榜（雁南）		
14:00—15:00	空港资讯 07:30、11:30、14:00、16:00、19:00	丁建刚房产时间（王瑶）	一周房产 企业之家	
15:00—16:00		小崔热线（小崔）	车友俱乐部（小崔、杨洋）	
16:00—16:30		联动浙江（孙婧）	冬吴相对论	
16:30—18:30		一路有你（许诺、余洋、徐侃）曹景行非常 6＋1		
18:30—19:00	健康最重要 12:00、13:50、16:50、22:50	安皓开讲（安皓）		
19:00—20:00		环球音乐风		
20:00—20:30		健康最重要（小小）		
20:30—21:00	小马来了 11:30、12:30、15:30、17:30	冬吴相对论（待）		
21:00—22:00		听天下（安皓、蓝婧）曹景行非常 6＋1		
22:00—23:00		完美释放（蓝婧）		
23:00—01:00	直通现场	温暖同行（叶豪、叶单）		
01:00—02:00				
02:00—03:00		平安高速（燕子、叶南、朱莉叶子）		
03:00—04:00				
04:00—06:00				

　　18 年间,浙江广电集团交通之声的节目设置发生了翻天覆地的变化,从最早的节目表和 2013 年的节目表的对比中,我们就能清晰地看到两者之间的巨大差异。

　　从新闻节目的时长来看,1998 年的时候是 7 点至 7 点半的《交广早新闻》,仅仅半个小时;15 年后的 2013 年节目单上,《93 早高峰》从 7 点一直延续到了 9 点,整整两个小时,是 15 年前新闻量的四倍。这一方面表现了整个世界特别是中国的高速发展,使得国内外的新闻总量大幅提升,另一方面也凸显了当代都市人早高峰时间的大幅延长,即随着城市化建设的推进,城市越来越大,上班路上所需花费的时间也越来越多,对于有车一族而言在车上待着的时间也越来越多,这就给交通广播的发展提供了新的契机。

　　从节目的类型来看,两张表格也大有不同,1998 年的时候除了常规性的整点路况播报、早新闻以及投诉节目(《有理走天下》),剩下的时间主要是音乐,还有一些相声小品,体现了传统娱乐节目在广播这一平台上的运用。此外,还有一些颇具时代特色的节目设置,如《警官专线》,十分明显地体现了当时交警与交通台之间紧密合作的关系;转播《新闻联播》以及人民台的节目也属于那个时代的特色,这些节目的从有到无,可以看出交通台作为一个媒体本身的专业化程度已越来越高,自主性亦越来越强。今天的交通台,节目类型已呈现多元化,信息量也大幅提升,汽车、房产、财经、健康……各领域的广泛涉及,有助于吸引更广大范围的听众,从而提升电台的影响力。

　　从交通路况的播报情况来看,早期电台的路况播报点只有 7 个,分别是 7 点半、8 点半、9 点半、12 点半、17 点半、18 点半、19 点半、20 点半,从这些点位的设置可以清楚地看出分为三个高峰期,7 点半至 9 点半为早高峰,12 点半为午高峰,18 点半至 20 点半为晚高峰。相比之下,如今的《路灵灵》以及《高速 C07》不仅在品牌运营、角色化设置方面已臻成熟,而且在点位的设置上也更为密集,分别为 19 次/天和 16 次/天,从点位数量的大幅提升也可以明显看出中国交通事业的快速发展。

表 4-4　浙江广电集团交通之声历年获奖节目

新闻政府奖项：

《鸡骨卡喉，幼童命悬一线；警民接力，打通生命通道》获 2005 年度浙江新闻奖（连续报道）
一等奖；

《我看见了英雄》获 2007 年度浙江新闻奖（连续报道）二等奖；

《出租车计价器集体失灵后》获 2008 年度浙江新闻奖二等奖、浙江省广播电视新闻奖（广播
连续报道）二等奖；

《600 平方的梦想》获 2008 年度浙江新闻奖一等奖、浙江省广播电视新闻奖（公共服务）二
等奖；

《梦想起航——琅琅书声暖玉树》获 2010 年度浙江新闻奖三等奖；

《油贼穷凶极恶，警察退避三舍》获 2010 年度浙江新闻奖一等奖；

《迈向高铁时代，飞越沪嘉杭》获 2010 年度浙江新闻奖（新闻现场直播）一等奖；

《温州动车追尾，各方展开紧急救援》获 2011 年度浙江新闻奖（连续报道）一等奖；

《轿车高速刹车失灵，上演真实版生死时速》获 2013 年度中国新闻奖（现场直播）二等奖

播音主持奖：

《阳光 TAXI——神奇的哥余姚》获得 2011 年浙江省播音主持作品一等奖

栏目荣誉：

《93 早高峰》获 2011 年度全国民生栏目 60 强、2012 年度全国广播栏目民生影响力 10 强
称号；

《93 早高峰》获 2011 年度全国交通广播十佳栏目称号；

《93 早高峰》入选 2013 浙江广播电视集团品牌栏目；

《有理走天下》入选 2013 浙江广播电视集团名牌铸造栏目；

《小崔热线》获 2012 年度全国广播生活栏目 10 强称号

　　以下介绍的是浙江省内唯一连续 18 年同一主持人播报的电台节目——阿
巍的《有理走天下》。

　　《有理走天下》以服务维权得到听众的喜爱，以法规宣传得到有关部门的重
视，以专业有理让人感受权威，以辛辣讽刺让人感受力度。"有理不在声高，心
平才能气和。理性维权不谩骂，交通投诉第一家。阿巍，有理走天下，品牌呈现
力量。"这是《有理走天下》节目的广告语，作为一档交通维权节目，《有理走天
下》致力于解决各种交通纠纷，包括警民纠纷，深受广大车友信赖。

　　主持人阿巍原为中学语文老师，1997 年年底进入传媒界，担任浙江广电集
团交通之声《有理走天下》的节目主持人已有 18 年。他对交通法规特别熟悉，
是浙江省第一位交通类专业投诉节目主持人。面对各种反映，他能迅速抓住问
题本质分析事理，善于运用法规知识及时作出判断，帮助驾车人维权，专业、权
威、公正、客观，自成风格，在听众心目中早已经树立起"客观公正"的形象。他
曾荣获浙江广播电视集团 2007 年度十大优秀主持人，2008 年在浙江广播电视

集团"六大名嘴"评选中，获得"最具亲和力奖"。凭借着他专业、理性、经验丰富、为民服务意识强等特点，一个小时的节目时间中热线电话不断，在维权过程中建立了交通之声与听众之间沟通的桥梁，是交通之声重点打造的品牌节目。

那么，这18年来，这一品牌节目在所涉内容上又是如何变迁的呢？

这个和整个社会的发展有关，由于时间跨度比较大，所以也很难非常清晰地进行梳理。节目第一层面，是的士司机，最早的节目面向的对象就是他们这一群体，主动帮忙处理的是有关交警和运管的投诉这两大块内容，主要讨论相关职能部门的处罚是否合理，包括交警和运管的处罚。

就靠这两样，节目运作了好长时间，起码有三四年，后来慢慢有私家车司机来进行投诉了，同样针对对象也是交警，我们的特色和专长也正是交警工作，而且我最懂的就是交通法这块内容。到了现在，我开始主动淡化出租车这块内容，特别是出租车运管这块，我基本上就放弃了。因为我们目前的服务对象主要定位在了私家车车主，出租车这块我可以做保险和交通投诉方面，但我已经不做行业的内容。

现在的节目服务业务其实已经发生了一定的转向。主要处理的是交警相关事件，除此之外，还有保险、交通部门，如公路、路政等，同时，我们现在也加入了银行这块服务内容。我的想法是，作为交通人来讲，尤其是开车人，除了法律法规方面的、保险理赔方面的，还有两大块，一是通信，二是银行，这些基本上是每个人必备的，如果再深入下去，那其他业务就比较散了。[①]

结　语

交通广播节目内容与形式的转变与两个因素息息相关：第一，核心资源垄断地位的丧失，原来路况主导节目的思路必须改变。以路况为主，增加更多具有交通特色的新闻信息传播，持续扩大交通广播的社会影响力，变交通小民生为社会公共服务的大民生。保持原有的节目服务功能，但节目内容必须适应社会发展，延展为交通移动人群日常生活的各个方面，而不局限于交通领域。在

① 与浙江广电集团交通之声93节目中心副主任何巍的访谈。

这一方面，交通之声已经开启了一个非常好的示范，我们从一个连续18年来一直受听众关注的投诉节目《有理走天下》的发展与转型中就可以得出这一结论：适应受众人群的改变以及受众需求变化的节目肯定能得到人们的认可与喜爱；反之，不管其前身多么风光辉煌，不跟上听众的脚步最终也只能落寞收场。第二，中国城市化速度加快，私家车数量暴涨，交通拥堵问题从一个"突出现象"变成了一种常规的生活状况，路上移动人群的心态也较以前发生了显著的变化，因此，节目的内容与形式必须做出适当调整，浙江广电集团交通之声的线性节目结构、类轮盘类的节目播出形式、各式各样小插件的灵活内置，以及"信息栏目化，栏目信息化"的突发新闻跟进机制等，都是在充分研究变化的市场后做出的科学大胆的回应。

正如本章的主题一样，节目的适宜性在中国并不是一个简单的问题。它既要有创新的精神，更要有审时度势的韬光养晦，既要大胆改变，又不能贸然进取。交通广播的发展不能单凭路况新闻，但如果在这一阶段全然放弃则风险更大。因此，改良节目的内容与形式比完全放弃原有的形态更可行，但难度更大。可以说，浙江广电集团交通之声在这些年的探索为全国其他交通电台的改革积累了非常宝贵的经验教训。

第五章　交通广播的受众

　　受众的果子,是这样结在广播的枝干上的:电视是充满,是一枝独秀,广播是萦绕,是满树开花;电视是一个方向,电视机的方向,人的方向,广播却有 360 个方向,耳朵的方向,全空间的方向;广播的本质不是传播而是协同,不是聆听而是陪伴,不需要眼睛判断,只需要耳朵分拣……

　　交通广播的主要受众为移动人群,私家车是他们收听广播的重要场所,作为一个家庭的出行工具,一辆私家车往往会载着多名家庭成员上路。此时,收听广播不再是驾车者的个体行为,而是以在车上的一家人为单位的家庭行为。而这些家庭成员对广播节目的选择与偏好,则有可能在长期的互相影响与适应中渐趋一致,最终形成一种相对稳定的家庭收听偏好——从某种程度上来讲,这种收听模式,是对早期全家人围着收音机听广播情境的一种发展式回归。①

第一节　交通广播目标受众的清晰度

　　从广播诞生的那天起,它就拥有庞大的受众群。随着广播的不断细化,广播受众也发生了分化。广播在走向专业化的进程中细化了受众的需求与选择,交通台的类型化最早给了电台改革者明确定位听众的思考,他们在目标受众的选择上与同类媒体相区别,保证了自身独有的竞争优势。其他综合类型的电台要在跟其他媒体竞争之前,先跟先声夺人的交通台抢占收听群,这自然成为一项挑战。

---

　　①　张立.私家车时代广播受众收听新特征[J].中国广播,2012(8):77-80.

虽然，交通广播在国内广播的发展历程中尚处于幼年，但从近年来各大研究机构所得的数据来看，在某一城市内，交通广播的受欢迎程度逐渐提高。相比于老牌的音乐台、新闻台这些收听人群稳定的电台，交通广播电台可谓是后起之秀，受众人数增幅显著，在短时间内就获得了固定受众，形成了自身的竞争优势，且稳居广播受众满意度排名的前列。

以浙江省内的广播电台为例，浙江大学新闻传媒与社会发展研究所曾在2009年做过一个"浙江小车广播听众调查"，其中有一个结论：排名前十的广播电台中有五个是偏向于交通台性质的，分别是杭州经济交通广播、西湖之声、浙江广电集团交通之声、城市之声和省汽车调频，可见受众对于交通信息的情有独钟（见表5-1）。同时，作为省内唯一一家同频覆盖的交通广播电台，浙江广电集团交通之声在省会杭州积聚了相当高的人气，因此，我们希望通过对交通之声的分析来探讨受众选择广播的依据和偏好。

表 5-1　浙江车载广播最受欢迎的电台排名（2009 年）

	排　名	总样本	排　名	杭州样本	排　名	地市样本
浙江广电集团交通之声 FM93	1	51.8	4	25.1	1	64.9
杭州经济交通广播 FM91.8	2	22.6	1	64.5	21	2.1
浙江音乐调频 FM96.8	3	15.8	3	27.0	7	10.3
中央台	4	14.9	5	15.0	2	14.8
西湖之声 FM105.4	5	12.1	2	35.2	9	0.8
县级台	6	10.4	10	3.7	3	13.6
城市之声 FM107	7	9.2	6	11.8	10	7.9
台州市频道	8	8.1		0.1	4	13.5
金华市频道	9	7.1		0.1	6	10.6
宁波市频道	10	6.8		0.2	5	11.1
温州市频道	11	6.7		0.0	8	9.9
省汽车调频 FM104.5	12	6.0	8	5.3	13	6.3
浙江文艺台 FM99.6	13	5.3	7	11.1	20	2.4
嘉兴市频道	14	4.8		0.0	11	7.1

续表

	排　名	总样本	排　名	杭州样本	排　名	地市样本
绍兴市频道	15	4.7		0.0	12	6.9
外省台	16	3.7		2.5	14	4.7
省经济台FM95	16	3.7	9	5.0	17	3.0
衢州市频道	18	2.9		0.1	15	4.2
丽水市频道	18	2.6		0.0	16	4.0
浙江之声	20	2.4		1.3	17	3.0
湖州市频道	21	1.7		0.0	29	2.5
未知台	22	1.0		0.3	22	1.4
舟山市频道	23	0.4		0.0	24	0.6
杭州新闻台FM89	24	0.2		0.6	23	0.1

一、目标人群的特殊性与优势

交通广播作为专业化广播的一种类型，有其特定的目标受众，"交通"二字点破了交通广播的目标人群——行驶在路上的人们。不同于音乐台、新闻台、综合台等这些广播电台，交通广播的受众流动性大，潜在受众群不易把握与抓取。交通广播是专门服务于驾驶员人群以及借助交通工具出行的人们，借由这一平台发布的信息也是针对交通路况和适宜驾驶人群收听的，于是就有了信息独一无二的便捷性。应该说，这是交通广播开始创建时对受众的明确定位，也正是因为有了这一点，才使交通广播区别于其他类型广播，脱颖而出。

"有人的地方就有江湖，有路的地方就有交通，有交通的地方就有车流。"

城市交通高峰时段的拥堵现象时有发生，也进一步催生了交通信息的人性化服务和事前导航，哪里有堵车，哪里有追尾，哪里路况较好便于出行，哪里路况较差最好绕道行驶，这些信息都在交通广播第一时间播出，给受众带来了出行的便利，这是新闻、脱口秀和歌曲等形式的节目无法满足听众的，因此，交通广播一开始就有其不可撼动的竞争优势，有车在路上，驾驶座上有人手握方向盘，交通广播就成为人们行驶途中的良师益友，其市场价值也是不可估量的，甚至有人认为,只要有这类受众群的存在,交通广播就绝不会走向消亡。

浙江广电集团交通之声对于省内移动人群的吸引力,可以从以下数据中清楚看出。图 5-1 是交通之声在省内的覆盖率、收听率和到达率,交通之声在省内的竞争优势一目了然。[①]

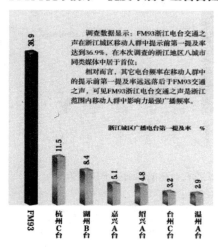

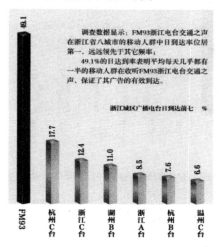

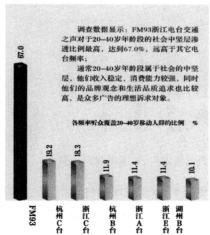

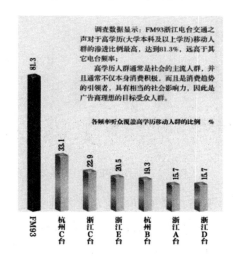

① 数据来源:2009 年浙江大学新闻传媒与社会发展研究所调查资料。

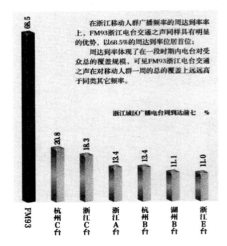

FM93周到达率在全省同样优势明显

在浙江移动人群广播频率的周达到率率上，FM93浙江电台交通之声同样具有明显的优势；

周达到率体现了在一段时间内电台对受众总的覆盖规模，可见FM93浙江电台交通之声在对移动人群一周的总的覆盖上远远高于同类其它频率。

浙江城区广播电台周到达前七 %

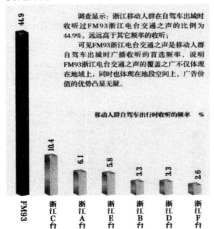

FM93是全省移动人群自驾车出行时的首选频率

调查显示：浙江移动人群在自驾车出城时收听过FM93浙江电台交通之声的比例为44.9%，远远高于其它频率的收听；

可见FM93浙江电台交通之声是移动人群自驾车出城时广播收听的首选频率，说明FM93浙江电台交通之声的覆盖之广不仅体现在地域上，同时也体现在地段空间上，广告价值的优势凸显无疑。

移动人群自驾车出行时收听的频率 %

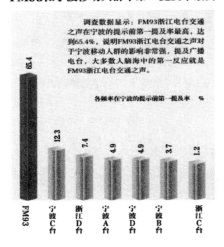

FM93在宁波移动人群中第一提及率最高

调查数据显示：FM93浙江电台交通之声在宁波的提示前第一提及率最高，达到65.4%，说明FM93浙江电台交通之声对于宁波移动人群的影响非常强，提及广播电台，大多数人脑海中的第一反应就是FM93浙江电台交通之声。

各频率在宁波的提示前一提及率 %

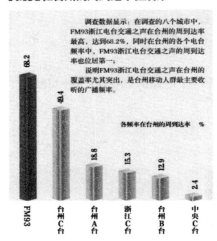

FM93在台州的周到达率位居第一

调查数据显示：在调查的八个城市中，FM93浙江电台交通之声在台州的周到达率最高，达到68.2%，同时在台州的各个电台频率中，FM93浙江电台交通之声的周到达率也位居第一；

说明FM93浙江电台交通之声在台州的覆盖率尤其突出，是台州移动人群最主要收听的广播频率。

各频率在台州的周到达率 %

图 5-1 浙江广电集团交通之声在浙江省内的覆盖率、收听率和到达率

　　交通广播的目标受众比其他各类电台都更具清晰度与明确性，更为重要的一点是，它的听众就是广告商的目标人群，这种高度重合性使交通广播的广告总量在短时间内超越了其他电台。当年交通之声作为浙江省第一个专业台，在汽车时代到来的时候，是顺着这个浪潮而来。不仅我们从事广播的人有这个感觉，企业同样有这样的感觉。他们觉着现在车子越来越多了，汽车时代到来了，

而且你们是这样一个专业台。第三年我们的广告总量就已经翻番了，虽然总量并不高，才一千两百多万，但当时已经超过杭州所有的电台了。当时我们虽然还小，力量也小，但是吸引力、口碑已经超过一般电台了。①

随着全国交通广播的快速发展，交通广播听众的这种含金量以及市场价值被越来越多的广告商所认识。赛立信媒介研究 2009 年在国内 10 个城市的调查数据显示，驾车人士大多是高学历、高收入、高层次的"三高"人士，这类听众以 30～49 岁为主，大专以上文化程度占 52.90％；月收入在 3000 元以上者占了72.54％，5000 元以上者占 28.40％，收入远远高于全社会平均水平；职业以私营业主、企业管理人员、白领或专业人士为主，属于较高层次的社会中坚阶层。广告商、广告主对此类听众群青睐有加。②

二、受众细分及对交通广播的运用

赛立信媒介研究 2009 年流动听众调查数据显示，驾车人士的广播接触率高达 99.2％，可见几乎全部驾车人士都是广播听众，驾车人士接触率最高的媒体是广播，甚至比电视接触率还高 10 个百分点（见图 5-2）。调查还显示，有大

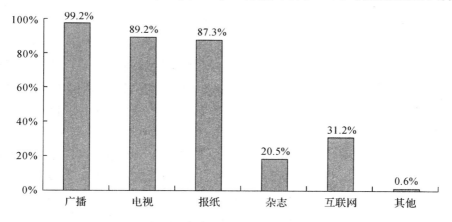

图 5-2　驾车人士的媒体接触率

数据来源：赛立信媒介研究（2009）。

---

① 与浙江广电集团交通之声副处级调研员（原广告部主任）马良奎的访谈。
② 黄学平. 中国广播听众及其收听行为之新趋势［EB/OL］.［2010-07-27］. www. cnad. com/html/Article/2010/0727/20100727164043324. shtml.

约 2/3 的驾车人士每天收听广播,平均每天收听广播的时间为 190 分钟,是普通听众收听时长的 2.5 倍。不仅如此,行驶中的汽车还搭乘着成倍于驾车人士的乘客听众,由此组成了流动听众的主力,并导致流动听众规模迅猛增长。①

在交通广播对应的目标受众群中,我们依然可以将其进一步细化为下列几种类型,这种分法完全不同于传统传播研究中对受众类型的划分,但它对我们分析交通广播受众的特殊性大有裨益。

1. 普通听众

这类人群占据了受众群的最大比重,和普通广播听众不同的是,交通广播的普通听众一般是坐在驾驶室里"行进中"的人们,无论是闪着打表器的出租车、满载货物行驶在高速路段的大货车,还是配置有高档音响的私家车,车载广播已经像刹车、油门一样与驾驶紧密联系在了一起。行驶途中,收听交通广播已经成为必不可少的一个环节。从最开始的出租车司机到现在日益庞大的私家车车主群体,或者是任何抱着收音机、手机等能够收到信号的调频工具的听众,都是交通广播听众中常见的一类人群。

尤其是,当下轿车市场发展的迅猛势头,为交通广播带来了光明的前景。据国家统计局发布的数据显示,截至 2012 年 6 月底,全国汽车保有量为 1.14 亿辆,与 2011 年年底相比,增加 811 万辆,增长 7.66%。其中私人汽车保有量达 8613 万辆,占全部汽车保有量的 75.62%,比 2011 年年底上升 1.21 个百分点。私家车数量的急剧上升,带来的是车载广播听众数量的上升,城市广播听众接触率已明显高于农村。城市及其周边地区仍是广播听众的主要密集地,是广播市场竞争的核心区域。由于移动人群,尤其是驾车一族的增长,广播不但不会消亡,而且正在焕发"第二春"。

如果分得更细一点,这里的普通听众又可以分为移动人群和非移动人群,移动人群是指真正行驶在路上的人们,包括出租车司机、货车司机、私家车车主等,非移动人群指居于一处用移动媒体工具收听交通广播节目的受众群。由于交通广播对服务对象的定位主要为移动人群,因此,其节目设置多服务于前者。但是,我们也不能忽视非移动人群这类潜在的受众群。交通广播能否从其他类别电台中抢占这一部分的受众市场,将是交通广播焕发新生命的起点。

---

① 黄学平. 中国广播听众及其收听行为之新趋势[EB/OL]. [2010-07-27]. www. cnad. com/html/Article/2010/0727/20100727164043324. shtml.

2.企业投资方

这里讲的企业投资方主要是指广告商。区别于报纸、电视,广播广告有其独特的竞争优势。首先,节约成本。广播相对于其他两种传统媒体,其广告竞标价要低得多。广告商要节省成本,获得短期的市场盈利,广播是最优化的投放平台。其次,目标受众明晰。收听交通广播的人群一般是高学历且具有相当经济实力的消费人群,这类消费者具有购买力,同时也掌握着家庭消费的最终话语权,因此,广告商在广播中投放的广告容易转化为经济效益。再者,空间优势。由于驾驶环境的闭塞和狭小,在行驶空间内借由广播播出的广告,能够实现点对点的传播,起到强化传播效果的作用。因此,越来越多的广告商放弃投资高、见效慢的传统广告运营,转而借由广播这一平台来开辟新的疆域。

企业投资方收听广播的视角跟普通听众不同,广告商更多地关注电台的品牌栏目和明星主持,以及高收听率的时段分析,着眼于广告投放的最佳平台和播出时段。在播出过程中,他们有专人负责收听投放的广告内容,播出之后,他们会针对市场反应及时与电台沟通并进行相关调整。这是注重经济效益和市场回馈的一类人群,这类受众群体的存在,时刻提醒广播要树立竞争意识,完善市场机制。

在浙江广电集团交通之声的程珉看来,交通之声的忠实广告客户看重的正是电台对移动人群的定位:交通之声刚创办那段时间,真正能够看得见、摸得着的受众是在出租车上,也就是说谁抢占了出租车这个有利空间,广播就成了谁的天下。怎么让广告客户认为我们的听众人群数量庞大呢?我当时建议在公交站台设立广播,让等车的人们能够听到交通之声,同时,上了公交车后,听到的广播依然是交通之声。当时我们交通之声出过一个宣传带,就叫"抬腿出门就是交通人",就是明确"移动人群"这个概念。

浙江广电集团交通之声对受众群的精准定位,获得了广告商的青睐,浙商是其中最主要的一类人群(见图5-3),他们纷纷借助这个平台投放企业广告,形成了良性友好的互动关系。

3.新闻媒体从业人员

新闻行业内部存在着同行相忌的情况,为了抢夺一条有价值的新闻,记者常常要使出九牛二虎之力,媒体从业人员随时身在抢新闻、搜寻新闻线索的途中。除了借由普通市民和通讯员传递新闻点外,记者自身还需要不断地探寻可供使用的新闻源,因此,从其他媒体获取新闻线索便成为重要的手段之一。

图 5-3　浙商对浙江广电集团交通之声的评价

　　广播由于其讯息传达的便捷性、即时性，更是成为兵家必争之地。随着电波出现的讯息往往能成为独家头条，因此，对于其他注重追求新闻背后厚重感的媒体来说，以广播播报的新闻为源头，追溯其更深层次的社会意义，逐渐成为其媒体从业人的职业技能之一。能否从繁杂庞大的广播信息中抽丝剥茧找出适宜自身媒体报道的新闻，这也考验了一个专业媒体人的新闻敏感性和新闻素养。

　　可以说，新闻从业人员是浙江广电集团交通之声特殊的听众，他们收听的目的是为了获得最新的新闻资讯，从而自己跟进报道。这也说明了交通之声在当地新闻市场上的领军地位。在交通之声电台的大事记中，全城联动争分夺秒抢救被鸡骨头卡住的小男孩是浓墨重彩的一笔，在广播实时跟进路况信息和小男孩生命体征，关注事件本身时，《钱江晚报》《都市快报》等省内其他主流媒体纷纷抓住这一新闻线索，展开事件背后的深度分析，挖掘更深层次的新闻点。

　　4.在交通职能部门工作的特殊听众

　　交通广播的创建与当地交通管理部门是分不开的。许多城市的交通广播就是由交警部门牵头创办，甚至有过这样的说法，"交通广播是交警部门的自家电台"——这样说虽然有失偏颇，但是从另一角度说明了交通职能部门和交通广播之间存在着千丝万缕的关系。职能部门借由广播发布各类通知，从而达到快捷便利且高权威性的传播效果。同时，职能部门也可以通过广播进行相关规章制度的"试水"，从听众的各方反馈中获悉在该细则真正执行中有可能遇到的问题，从而在运行之前进行修改，以免造成资源浪费。而交通广播利用与交通职能部门的合作关系,可获得高垄断性与权威性的交通信息,从而树立自身品牌,培养受众忠诚度。

浙江广电集团交通之声就是由电台和交警部门一起联合承办的,甚至有一段时间,交通执法部门将其当作他们的"内部台",并且深以为荣。

这个电台是当时公安交警一起创办的,这其中的意义是不一样的。这个台办得好有我们的荣誉,办得不好有我们的责任,在归属上面我们就有一种认同感了。而且交通之声开展的宣传工作同我们的业务工作是紧密相连的,完全离不开"交通"这两个字。我们同其他电视台、电台的合作,那完全是生产性的,就是某一个阶段需要通过主流媒体进行强有力的宣传,那是辅助式的宣传,而与交通之声则形成了长期的合作模式,不同于其他阶段性、松散性和辅助性的宣传工作。①

浙江广电集团交通之声大大地便捷了交通管理部门的工作。我们的交通安全宣传,应该说是交通管理工程当中一项非常重要的工作,这是毫无疑问的。这其中存在的问题是,交通安全宣传不成体系,没有持久性,宣传面也不是很广。当时的宣传都是先发些资料,搞一些招贴画,虽然电视台也有我们的交通栏目,但仍然存在着断断续续的问题。交通安全宣传需要强烈持续的、范围广泛的宣传,当时的宣传达不到这种程度。当时我们考虑的是适应交通这么一个方面。尽管我们当时的指向是交通参与者,但是,我们的交通管理在当时的指导思想里面有个观点——在强者面前实行强有力的宣传交通管理,这个强者就是指驾驶员,就是指开车的人。在交通管理上,我们是有强者和弱者之分的,自行车和四个轮子的汽车比,自行车自然成为弱者,汽车是强者。那么,速度也好,你开车所需要遵守的规则也好,有些规定上面对强者是一种制约、控制与限制。目前新出台的八条规定,即在城市里面行人应该怎么样,电瓶车应该怎么样,这些规定是基于整个交通是由多元素组成的。但就当时的情况来讲,我们认为矛盾的主要焦点还是在于汽车。所以,当时主要就是通过汽车广播,在汽车驾驶员中实行强有力的宣传。②

但是,不容忽视的一个问题是,交通执法部门由于其自身执法的特殊性,容易陷于警民矛盾中心,这就出现了另一个问题——浙江广电集团交通之声要如

---

① 与原浙江省公安厅副厅长凌秋来的访谈。

② 与浙江广电集团交通之声 93 节目中心副主任何巍的访谈。

何协调好交警部门和听众之间的关系。

交通之声的王牌节目《有理走天下》就是以其公正且不偏不倚的报道方式深受广大听众喜爱。在涉及与交警部门的冲突问题时,交通之声秉承其服务于听众的办台原则。据《有理走天下》主持人阿巍回忆:交警说起来是与我们合作的,但是我们要去投诉他们,那么,交警部门就会有人来表达不同的意见,通常他会表达两个意思,一个是认为我们《有理走天下》是宣传交通法规的节目,应该多帮他们说话,要站在交警这一方;第二层意思是小骂大帮忙,不要放大,我们也会知错就改。

凌秋来也认为:交通之声的阿巍那档《有理走天下》节目,当时做的很多内容都是投诉交警的,这也是交通之声作为媒体的一个任务,就是群众监督。在第一线执法的交警,开始肯定对这个节目比较反感,但是,交通之声当时能够第一个提出"通过大众媒介来接受群众的监督",那么我觉得这点就是比较到位的。交警部门一开始接受不了,交警曾经有段时间不能理解,我们自己办的电台都批评我们,这就出现了一个问题,我们出了钱,我们听骂声,后来大家就慢慢理解了。从文明这个角度,从公众这个角度来讲是好事情,我们民警也感受到了压力,在文明执法方面收效很好。

正是这种双向理解,交通管理部门的执法越来越文明,老百姓对交警的投诉也日渐减少。就这一点来看,交通之声功不可没。广播电台监督得当,执法部门规范化执法,交通之声再一次成为沟通交警和普通民众、使之相互理解的桥梁。

不仅仅是交通管理部门,其他社会职能部门也利用浙江广电集团交通之声更好地履行着他们的职责。交通之声作为社会公共媒体,它在承担着自身社会服务性功能和任务的同时,也监督和配合其他职能部门开展工作。

正因为如此,交警、交通管理部门的工作人员都成了交通之声的忠实受众,他们与普通受众的不同之处是,这些特殊的听众通过收听交通广播来了解人们对他们日常工作的反馈意见,并通过交通广播这一特殊中介与人们达成互相理解、包容的关系。在我们的访谈过程中发现,这些人比其他受众都更频繁地接触交通广播媒体,而且这已经成为他们自身工作的一部分。

三、对交通广播听众定位的不同理解

交通管理部门和广播电台所属机构性质不同,管辖职能也各不相同,因此,两者在对听众定位方面,容易出现不同的理念。交警部门认为交通广播之所以成为交通广播,顾名思义其最大的受众群体应该定位于交通移动人群,为移动人群提供便利,同时协调交警开展认真细致的监管工作。

在交警部门看来,浙江广电集团交通之声对于受众的最大服务内容是进行强有力的宣传,这也是他们把交通之声作为内部台的主要原因。当时办台的时候,我们就是想通过这个媒体进行大范围的宣传,我们看中的就是这种有力的宣传方式。我们之前的交通法规宣传效果不够好,需要加强,这是一个想法。第二个则是对受众的定位,这是非常明晰的,在我们看来,交通之声的受众就是交通参与者。不仅仅是越来越多的私家车车主,还包括行人。所有人都跟交通有关,开车的也好,坐车的也好,走路的也好,骑车的也好,都参与交通,指向很清楚。第三个,当时主要是借这个平台完成三大任务:第一个任务,宣传交通法。第二个任务,提供交通信息。就是实时提供交通安全、道路通行、交通管理政策这块的信息。第三个任务,就是接受群众监督,维护群众利益。当时就是这三个目的。[1]

但交通广播出于更全面系统的考虑,其受众定位不局限于单一的移动人群,还包括拥有移动媒体的各类人群,这也应该是电台需要去吸引的潜在受众群。同时,交通广播的服务定位也不止于路上信息和发布交通部门的各项通知,而是结合当前受众需求,对应受众心理,从方方面面考虑,规划出一套内容丰富且时间段契合度高的节目流。因此,从长远角度来看,交通广播的主要目标受众是移动人群,但是不能也不应该放弃携带有移动收听工具的非移动人群。

在选择受众区域方面,交通部门也为浙江广电集团交通之声提供了建设性的建议,事实证明,交警部门对杭城交通的熟悉度,对于刚刚成立的交通之声是大有裨益的。凌秋来回忆起当初办台的情形:当时董台他们的思想是重点着眼于杭州市区,主要内容就是向听众播报路况。当时的西湖之声也有实时路况,

---

[1] 与原浙江省公安厅副厅长凌秋来的访谈。

重点就是在杭州,因此我们认为交通之声的重点应在全省范围内,这就是我们交通之声与西湖之声的差异。我跟董台讲,我们的关键不仅仅是杭州。理由有两点:第一,杭州已经有西湖之声,已经启动道路信息这部分。第二,我们的重点在全省,不在杭州市。我们提出来要立足全省,指导思想要调整,所有的设备需要重新布置。所以,交通之声一开始就以杭州为据点,同步运行,全省统一,同频覆盖。

应该说,这种全省覆盖的想法最终成为交通之声的巨大优势。我们当时一起去北京的,我们强烈推介一定要全省同频,在北京待了一星期,去做工作,最后批下来了。作为一个交通台,它的特性是线性的、是流动的。而全省同频覆盖就吻合了这个特性。批下来以后,我们就集中精力,让他们配合广播电台建基站。[①]

交通部门与交通广播在听众定位上虽然有分歧,但幸运的是,他们最终确定的受众群体是一个覆盖范围(全省)更大、更具消费能力的移动人群与非移动潜在听众。这也为浙江广电集团交通之声后续的发展奠定了很好的受众基础。

四、各类型广播电台对交通人群的争夺

从 2003 年至 2009 年的七年间,伴随城市化进程的飞速发展,尤其是私家车的迅猛增加,广播的核心受众渐渐从固定收听人群向移动收听人群转移。这一期间,各家广播电台对驾车人群的争夺可谓风起云涌。从索福瑞数据来看,北京、广州、上海、杭州等全国主要城市电台收听率的前几位也基本集中在汽车、交通类电台。在广播发展史上,出现了"车轮子挽救了广播"的现象,汽车的发展、交通的拥堵带动了广播从衰落走向繁荣,也迫使各大电台纷纷"变脸",向交通广播类电台靠拢。

在杭州地区,主打交通牌的浙江广电集团交通之声和杭州交通经济广播占据了相当明显的市场优势。2007 年 1 月 1 日,杭州的老牌电台西湖之声转型为汽车概念电台;城市之声更于 2008 年转型为全国首个私家车电台——"私家车107",围绕私家车群体进行针对性的深度开发。

仿佛在一夜之间,交通类广播就如同雨后春笋般纷纷冒了出来,让听众应

---

① 　与原浙江省公安厅副厅长凌秋来的访谈。

接不暇。事实上,对于广播从业者来说,这是大势所趋——因为车轮上的商机实在诱人。收听交通广播的人群一般是高学历并且具有相当经济实力的消费人群,这类消费者具有购买力,同时也掌握着家庭消费的最终话语权,因此,广告商在广播中投放的广告容易转化为经济效益。由于驾驶环境的闭塞和狭小,在行驶空间内借由广播播出的广告,能够实现点对点的传播,起到强化传播效果的作用。在同年举行的中国广播广告高峰论坛上,各大专业媒体纷纷表示"中国广播的窄播时代已经到来,核心听众从农村转向城市,从固定收听转向移动收听,'移动人群'成为广播收听的新主流"。

虽然定位不同,办台人心里能够区分这一概念;但如何让普通听众对某一交通媒体产生信服,形成长久的收听习惯,还是摆在各类交通广播电台面前的问题。僧多粥少的局面如何打破,如何创立出风格独特、吸引多元受众的电台,是交通广播需要攻克的难题。浙江广电集团交通之声又要如何应对这一激烈的竞争,站稳脚跟呢?原总监董传亮认为,交通电台要发展,必须在专业台的特色上下功夫。"我们认为,从广播的专业化到类型化中间有一个过渡地带,我们称为特色化。我们把主频率浙江之声定位为解决车上新闻资讯那点事,交通之声定位为解决车上人的交通服务信息的那点事,把经济广播称为财富广播,解决车上人的理财那点事,女主播频率解决的是车上人社交的那点事,城市之声叫私家车广播,解决车上人快乐那点事等等。"[①]那么,浙江广电集团交通之声能够专业到什么程度?高速公路如果堵了,我们的记者都能说出汽车应该走哪个出口;汽车配件方面的知识,我们的记者也能了如指掌。如果能够做到这样,还有什么听众会不喜欢呢?[②]

如何能从众多的交通类电台中找到自身的发展优势,让听众继续保持收听状态,浙江广电集团交通之声现任总监张立也有自己的看法。第一,要加强交通特色新闻的力度,新闻拥有最广泛的听众人群,尤其对私家车车主来说,这个人群对新闻的需求比一般的老百姓更强烈。上次我们调查出来的数据,当时我们也觉得很奇怪,这个人群对时政新闻的需求是第一位的,放在民生之前。现在有些台也在跟进做新闻。第二,进一步延伸交通广播的触角,就是它在社会各个细胞的触角,从社区到各个职能部门,到各级政府,一个媒体在中国的社会

---

① 董传亮.车载收听环境下服务理念的再运作[J].中国广播,2012(6):9-10.

② 与浙江广电集团副总编辑、浙江广电集团交通之声首任总监董传亮的访谈。

架构里面想要立足的话,这个触角是非常重要的。[①] 关于如何发挥交通电台报道新闻的优势,我们在后面的章节中将会具体阐述。

第二节　听众的变化——受众影响力的形成

广播发展到今天,谁都无法否认它已经真正进入一个以受众为中心的新时代。广播从业者作为新闻的传播者,也不再进行单向的传播,听众的心理需求,以及这些需求背后的文化动因造成了新时代广播受众的新变革。

业界对于"内容为王"还是"受众为王"一直存在争议,但是不可否认的是,对于广播而言,听众始终是支撑广播业的基石。"内容为王,受众为本"是广播媒体恒久不变的追求。2001 年,中国社会科学院新闻与传播研究所研究员陈崇山在第三次传播学研讨会上提出"受众本位"概念,指出所谓受众本位,"是指一切传播活动均以受众的意志为转移,以满足受众需要和提高受众素质作为传播的出发点和归宿点"。广播立身的根本是要满足听众的需要,为听众提供信息、服务和娱乐,受众的多元化需求也促使广播不断更新视角、延伸宽度,受众的兴趣成了一只翻云覆雨手,在信息高速发展的今天,越来越被人所重视。

每天,广播电台都可以直接从听众这里接受大量的信息,他们之间的互动比其他媒体更方便、更真实,也更具时效性,因此,广播比其他传统媒体能更早更敏感地捕捉到受众在需求上的细微变化。

当前的广播收听环境与几年前相比,有了很大的变化,如果说在 2004 年前广播收听中家庭收听还占据较高比例,那么这个数据在新的形势下已经被改写。

2011 年浙江广电集团对全国的广播进行了一次调研,通过调研发现汽车时代真的到来了。有几个数字非常能够说明这个问题:截至 2011 年 10 月,中国有 1 亿辆汽车,美国是 2.8 亿辆,中国在世界上排第二位。还有一个数字是,在车上的收听率于 2011 年 10 月达到了 51%,首次超过了家庭收听。在车上的收听人群里,46%是中高端人群,汽车收听人群的收入比人均收入高出 40%。还

---

① 　与浙江广电集团交通之声总监张立的访谈。

有一个数字是,车上收听人群吸纳广告的能力是家庭收听人群的 10 倍以上,车上收听人群吸纳广告的能力更强。这些数字显示汽车已经成为广播收听的主阵地。[1]

一、听众层面的跨度

据 CSM(中国广视索福瑞媒介研究)全国 30 个城市的广播收听率调查数据显示:在家户内人均收听时间 2009 年为 62 分钟,2010 年为 60 分钟,到 2011 年缩减为 59 分钟。与此相反的是,在车载收听市场的人均收听时间有较大幅度上扬,由 2009 年、2010 年的 15 分钟上升至 17 分钟多,车载收听时间占收听广播总时长的比重也由 18% 升至 20%。一些经济较发达的沿海城市的比重水平更高,达到 30% 左右。种种迹象表明,车载收听已经成为国内广播收听的主要方式。[2]

1. 受众范围的变化

在私家车尚未遍布城市各大主干道、街头巷尾前,交通广播的主要听众群是那些出租车司机和乘客,到后来,随着居民生活水平的提高和城市交通的拓宽,收听交通广播的受众也由原来的出租车司机、货车司机及乘客拓展到私家车车主。

根据《中国广播影视》的相关调研,截至 2011 年 8 月底,全国汽车保有量首次突破 1 亿辆,中国成为真正意义上的"车轮上的国家",交通广播俨然已经成为每天上亿驾车人的"精神领袖",毫无疑问,人们对于交通广播的传媒诉求是——"你,对我很重要。"私家车时代的到来,为广播听众的数量带来了新的增长点。我们做过一项浙江小车广播听众调查,结果如图 5-4 所示,小车人群有着非常强烈的收听广播的行为习惯,在车上只收听广播和以收听广播为多的受众占到了总受访人群的 64.3%,有时收听广播的占 30.7%。[3]

移动人群的增长也导致了广播听众范围的变化,浙江广电集团交通之声的王雁认为,交通之声最初的受众定位是以出租车为主的。当时我们被灌输的一

① 董传亮. 车载收听环境下服务理念的再运作[J]. 中国广播,2012(6):9-10.
② 佚名. 新媒介生态环境下的传统广播广告[EB/OL]. [2012-05-07]. http://www.cnr.cn/advertising/ywyj/201205/t20120507_509565438.html.
③ 张立. 私家车时代广播受众收听新特征[J]. 中国广播,2012(8):77-80.

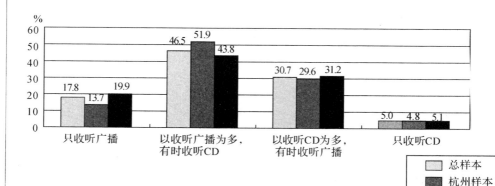

图 5-4　汽车收听情况

个理念就是,打的的人,就是有影响力的人。那时候是这样的,我们的目标听众其实跟广告商的定位是一致的,他们追逐哪类人群,我们也定位到哪类人群。后期发生了转变,开私家车的成了目标受众群,那么节目就要相应地开始调整。①

同时,由于新技术的发展、移动收听工具的增多,即使不在驾驶途中,收听交通广播的普通听众数量也有显著提高。智能手机、电脑、MP4/5、iTouch 等收听工具的扩展从根本上提高了受众的涉入度。

交通广播受众范围的变化,还可以从电台主持人对听众称呼的变化中看出。以前称这些听众为"司机朋友们"、"师傅",再慢慢发展为"私家车车主们",到现在一般都称"听友"、"车友"。称"听友"更多一点,还有用淘宝体的,叫"亲"。称呼的变化可以看出受众范围在扩大,不仅仅为汽车移动人群,还包括不移动但拥有移动收听工具的年轻人。

2.受众年龄的变化

从另一层面来说,受众跨度的变化也体现在年龄层的变化。90 年代初听广播的,基本上除了学生就是老人。我后来接触过几个比较热情的粉丝,都是老人,给我煮酱牛肉啊,鸡蛋啊,我值晚班的时候送过来。要么就是武警军官指挥学校的这些武警,当兵的,值夜班时,没事干,站岗听听广播。学生居多,大学生,也有些硕士生、博士生,当时是那些生活环境没那么丰富的人群会选择去听广播。②

―――――――――

①② 与浙江广电集团交通之声总编室副主任王雁的访谈。

私家车尚未普及的时候,交通广播的主要受众集中在 30 岁到 50 岁之间的出租车司机中,这些人长年累月坐在驾驶座上,收听交通广播,获取路上信息,同时获得驾驶途中的乐趣,这是他们成为交通广播忠实听众的重要原因。发展到后来,由于私家车车主的爆发式增长和新技术的发展,以及交通广播自身对其节目内容的扩充和调整,其受众年龄层也发生了显著变化:30 到 50 岁之间的人群依然占很大比重,但是,30 岁以下的听众群体比例已经明显上升,这一方面是因为私家车车主的总体年轻化趋向,另一方面,学生族和新新人类利用手机等平台在等车或行走过程中也选择收听交通台,受众年龄层进一步扩大。

3. 受众知识层面的多元化

从单一的出租车司机到现在数以万计的听众,受众的职业涉及社会的方方面面,知识水平也出现了分化。有文化水平较低的货车司机,也有日赚斗金的社会精英人士,他们的审美情趣和兴趣点也大不相同。有人说,今天广播的听众面明显地变小了,这是从"窄播"的角度而言的。人们接受信息的渠道增多,有了更自主的选择权,生活习惯、职业需求、文化层次、个人喜好等因素都成为影响他们选择收听广播的因素。交通广播对象性的加强带来了新群体的介入,移动人群和办公室群体这些社会中坚力量的不断增加使听众价值得到了提升,也进一步促使交通广播播报内容的多元化发展。"从新近的调查结果看,第一,到 2011 年上半年,在一些主要的一线城市,广播听众的人均收入高出所调查城市居民平均收入 40%;第二,车载收听大量增加,车载收听听众比居家收听人群的文化水平及学历水平要高一些,这一点也成为业界共识。"[①]

4. 受众收听方式的多样性

曾经,收音机是人们收听广播的唯一工具,收听方式的单一性也限制了广播的发展。但现在,随着科学技术的发展,供受众使用的收听工具愈加多样、先进,高保真音响、车载收听系统、网络、随身听、MP3/4/5、手机等都成了高质量的收听工具。尤其是网络收听,已经越来越受年轻人的青睐。网络收听可能成为将来广播发展的一个重要趋势。

随着收听方式的多样性发展,听众对广播节目的要求也发生了变化,希望制作节目的手段更多样,元素更丰富,节目更有个性。同时,对声音的要求也更

---

① 金少华.车载收听环境下提高广播注意力的策略[M]//金少华,张芹.创新——从听众体验开始.杭州:浙江大学出版社,2012:15.

高了。因此,电台为听众提供的声源应该是高质量的,只有让听众收听到高保真的广播节目,才能从根本上留住听众。

5. 受众收听场所的变化

原来以家庭为场所,或者以公共领域为场所的收听方式在汽车时代到来之后发生了急剧的变化。而恰是这一点,挽救了媒体地位已经处于弱势的广播。在美国也是如此,汽车收音机技术的使用使开车听广播的听众数量大幅度提高,因此,尽管人们说广播的黄金时代已经过去,但实际上在今天的美国,广播听众还是比电视多。[①]

收听场所的改变,从另一个角度来看,也培养了一批新的听众群,这使得广播听众更为丰富,走向年轻化了。同时,场所的变化也使得不同场所的听众构成比例不尽相同,与家庭收听的听众相比,车载收听的听众趋向男性化、年轻化、高收入化。但是这种场所的变化,使广播的生存空间变得更加狭窄,退缩到"汽车空间"。虽然在今天看来依然有强大的广告市场来支撑,但是,如果交通广播今后不把空间进一步拓展至数字化的收听领域,其影响力终究会减弱。

6. 收听时段的适时变化

CSM 媒介研究 2009 年对全国 31 个城市的广播进行收听调查,其中总体收听率分时段走势数据显示,全天会出现高低不等四个收听高峰,收听率最高峰出现在早间 7:00—7:30 时段,期间总体收听率超过 17%,午间 12:00—12:30 时段收听率超过 8%,晚间 18:00—18:15 时段收听率接近 10%。车上收听率在高峰时段的 8:00—8:45 和 17:00—18:30 较 2008 年数据有明显提升,车上收听或将成为市场价值日益提升的广播收听市场。[②] 虽然,传统的早、中、晚依然是广播收听的高峰时段,但随着城市化进程的不断加速、人们生活节奏的加快,以及工作压力的加剧,晚高峰过后的 9 点到 10 点,逐渐成为繁忙都市中的另一个高峰时段。根据赛立信媒介研究 2011 年的调查显示,从收听时间来看,全国广播市场全天出现了 7:00—8:59、12:00—12:59、17:00—18:59 和 21:00—22:59 等四个收听高峰。

在杭城生活的人们,近年来都能感受到城市交通早晚高峰的变化。以前

---

① 潘立.受众移动化到媒体移动化——交通广播的发展空间[J].中国记者,2007(8):73-74.

② 王平.2009 年广播收听市场回顾[EB/OL].[2010-05-05].http://media.people.com.cn/GB/22114/50421/189113/11523483.html.

的作息时间跟现在不太一样，以前是早上 8 点上班，现在是越来越晚，因为我们整个时间在往后延，睡觉也越来越晚了，我觉得这是一种新的变化。随着城市生活水平提高，生活富裕，城市居民夜生活也越来越丰富，各方面的应酬交际也越来越多，这是一个很自然的现象。在以前没有那么多私家车的情况下，主要的收听时间在早上上班前，人们晨练的时候，也就是早上五六点钟，那个时候非常热闹，收听广播的都是一些老头老太太。中午的收听高峰时段可能是在单位、在家里听听，所以那个时候中午的节目也好安排。还有一个是晚上，就这三个阶段。可现在，我觉得收听高峰改变了，变成早高峰、晚高峰、夜高峰，7 点到 9 点的早高峰，下午 5 点到 7 点的晚高峰，晚上 9 点开始到 10 点的夜高峰，或者再往前和往后半小时，8 点半到 10 点半。①

时至今日，广播的节目设置已是围绕四个清晰鲜明的交通高峰段展开。不同时段，受众的情绪不同，需要设置不同的内容，不同的语言情境。同时，由于交通拥堵，人们在路上的滞留时间延长，对节目的长度也需要进行不同于以往的设计。以浙江广电集团交通之声为例，早上 7:00—9:00 是《93 早高峰》，主要是播报新闻资讯，节奏也比较紧凑，满足上班路上人们获取信息的需求；中午 12:00—14:00 的《一听可乐》，则是一档娱乐性较强的节目，每天一个话题，主持人以幽默轻松的语态来进行谈论，与听众互动，适合午间出行的人们舒缓情绪；傍晚 17:00—19:00 的《一路有你》则是以新闻资讯打底、主持人进行演绎的一档伴随性节目，节目的风格为新闻轻松说、娱乐融其中的感觉，重视和听众在路上的多媒体实时互动，节目诉求则是疏导堵在路上的听众烦躁的内心，愉悦忙碌一天的听众的情绪；20:00—22:00 是《全媒体连接》，由主持人用轻松的语态为听众梳理一天的国内外重要新闻，这后两档节目的诉求在于为夜间再次涌现的高峰时段提供目标听众所需要的新鲜讯息。②

为了更好地契合各时间段收听人群的收听习惯，同时提高节目的品质，浙江广电集团交通之声不仅适时地调整节目内容，同时在广告营销上针对收听时段也做了相应的调整。现在交通之声有很多客户，他们已经越来越精明了，他们只要早晚高峰，其他都不想做。所以后来我们想了一个办法，用 ABCDEF 的方式制定各种套餐，每个套餐都是 10 次，有好的 10 次，也有差的 10 次，差的 10

① 与浙江广电集团交通之声副总监兼广告部主任张欣的访谈。
② 张立.私家车时代广播受众收听新特征[J].中国广播,2012(8):77-80.

次里就有半夜时段的,好的 10 次里面没有半夜时段的,价格也不一样,广告客户自己去考虑,你要价格便宜点,半夜里播出也可以的,这个很正常。现在我们每天都会出一个时段表,因为我们要实行动态加价。相对来说,早高峰晚高峰是最容易被接受的。夜高峰有时客户不大接受,但比午高峰好,午高峰现在反而没这么好了。①

二、听众需求的变化

最开始,听众使用交通广播主要是用于了解路况、及时掌握第一手的交通信息,同时,向广播媒体反映交警执法中出现的问题以及记者无法第一时间获取的新闻点,这一时期的交通广播目标受众明确,节目内容简洁明了。近年来,由于私家车车主的增多,路况信息的复杂化,广播竞争的激烈化,其受众的"胃口"越来越大,单一的信息早已满足不了他们的需求,获取交通信息的同时,他们也迫切需要了解有关生活方方面面的信息,同时借助广播节目缓解在城市中快节奏生活的压力。

这种特征的日趋明显,伴随着广播内容的改革,使交通特色新闻脱颖而出。交通性新闻的出现主要是因为广播受众的变化。交通广播受众的变化,是私家车走向家庭的变化,所以我们在设置节目内容时把新闻资讯这块放进去了。三年多下来,也证明了我们当时的决定是正确的。我们在跟其他台的交流中,包括跟国外广播电台的交流中都发现设置新闻资讯节目完全符合当前受众的收听需求。②

浙江广电集团交通之声对受众的研究一直非常细微,他们比其他电台更加具有危机意识与竞争意识,当交通广播发展速度一旦放缓,他们就意识到单纯依靠路况信息垄断的时代已经结束。"2008 年以后,交通广播的发展速度放缓,新闻广播的发展速度加快,因为全国人民都在关注新闻、关注大事。这实际上给交通广播提出了一个新课题,原来垄断车载收听的时代已经过去,车上听众多元化的需求、类型化的需求格局已经形成。每一个广播频率都可以在车上争

---

① 与浙江广电集团交通之声副总监兼广告部主任张欣的访谈。
② 与浙江广电集团交通之声总监张立的访谈。

得自己的一片天地、一群听众。"①

　　在调查研究中我们发现,时政新闻、新闻点评、经济新闻、民生新闻、体育新闻等这些新闻资讯类节目都拥有较高层次的收听人群(见图5-5),私家车人群由于其自身的职业、兴趣爱好等原因,对新闻的摄取要求时有增加。那么,如何将新闻资讯做大做强,交通之声有他们自己的理解。这三年做下来之后一直在逐步强化,尤其是这三年,每年都在强化。从一开始的新闻到评论,第一年取得了很好的效果,浙江很多台都马上跟随了,第二年发展到七个评论,然后把快报变成快评,每年都在增加新闻量。我感觉到这也是顺应了受众的需求。娱乐是需要的,但纯粹的、信息量比较小的娱乐,听众还不满足,越来越多的听众希望我们能够帮他们梳理好信息,方便他们的接受。②

　　正如前文所述,交通广播听众的发展变化经历过两个阶段,对此,浙江广电集团交通之声总监张立曾有过很到位的论述:

　　第一个发展阶段,出租车以及城市公共交通的蓬勃发展推动交通广播的繁荣,这一时期广播的主要收听人群为职业司机。通常情况下,他们是一个人在车上收听广播,或者是与他们的服务对象一起在车上收听,广播频率的选择权掌握在司机个体手中。

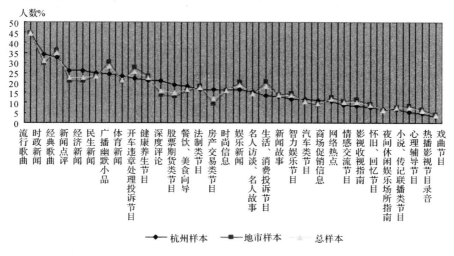

图5-5　听众最喜欢的节目类型及其人数(浙江省)③

　　①　董传亮.车载收听环境下服务理念的再运作[J].中国广播,2012(6):9-10.
　　②　与浙江广电集团交通之声总监张立的访谈。
　　③　数据来源:浙江大学新闻传媒与社会发展研究 2009 年"浙江小车广播听众调查".

第二个发展阶段,汽车开始进入家庭,家庭用车的爆炸式增长又将广播带入了私家车时代,这一时期广播的主要受众渐渐转向拥有私家车的人群。作为一个家庭的出行工具,一辆私家车往往会载着多名家庭成员上路。此时,收听广播不再是驾车者的个体行为,而是以在车上的一家人为单位的家庭行为。而这些家庭成员对广播节目的选择与偏好,则有可能在长期的互相影响与适应中渐趋一致,最终形成一种相对稳定的家庭收听偏好。从某种程度上来讲,这种收听模式,是对早期全家人围着收音机听广播情境的一种发展式回归。不同的是,听广播的场所从家里转移到了车上,当然,对于广播节目内容和表达方式的需求也已发生了转变。

从个体收听到家庭收听的特征变化,向广播节目的制作提出了新的问题:如何在节目中设置适合家庭收听的元素?我们不妨从一个家庭的基本成员结构以及家庭成员的共同关注点出发,作一些合理的判断和设计。比如,相较于以职业司机为主要目标受众的第一个发展阶段,私家车时代广播的家庭收听模式意味着两个较为显著的变化:一是营造了难得的家庭成员聚集在一个封闭空间里共同接收信息的环境,二是女性听众的比例大大增加。因此,节目设置上可以更多地关注有关家庭消费品的一些资讯,如菜价、油价、房价的波动等——在可以边收听边讨论的情境中,这些能够为日常生活提供参考的实用信息恰恰是受众需要并且感兴趣的,甚至还会直接影响到这个家庭的购买决策。再如,家庭普遍比较关注下一代的成长,孩子在车上,家长对于广播节目的选择,就会迁就孩子的偏好。在家长接送孩子上学、放学的时间段,比如 6:30—7:30 或 16:00—16:30 之间,可以编排一些适合中小学生收听的节目。[①]

当前,随着私家车迅速增加,交通台与私家车车主这部分汽车人群的黏度是最高的。即便是一般人也有惯性意识,开车当然要听交通台。到目前为止,受众对频率呼号的黏度还是很重要的,尤其是当前浙江广电集团交通之声"交通第一广播"的名号也已经在省内叫响,形成了自身品牌影响力。

三、听众参与方式的变化

曾经有人描述广播节目主持人这种职业就是"对着空气讲话",在完全独立

---

① 张立.私家车时代广播受众收听新特征[J].中国广播,2012(8):77-80.

的播音室内，面对着话筒和看不见的空气，主持人只能凭经验播出一档节目，少了受众的参与反馈，一档节目做下来难免有不落地的感觉。时代发展到当下，受众的媒介观也在不断变革，受众需要平等地对话与沟通，广播主持人业务素质的提高也要求他们不断地追求与受众"零距离"的接触。

"主持人，我有一个情况要反映，在××路段有一辆车子抛锚停在路边，现在这一路段交通比较拥堵……"拨打热线电话是传统的听众参与广播节目的重要方式。同时，在一些设置了听众参与互动的节目中，主持人抛出一个话题邀请听众参与讨论，从节目伊始，导播间内的电话就会响个不停，很多听众将打进热线戏称为"打仗"，可见听众参与节目的热情度之高。但是，从另一个层面来看，听众"抱怨"热线难打也暴露出广播在那一时期存在的问题——与吸引受众注意力的成功相比，受众参与方式的滞后对于受众的积极性是个挑战。

随着网络技术的革新和通信设备的变革，广播平台也逐渐向外延伸。微博成为广播发布信息、与受众交流、及时收到反馈的途径。广播的声音单线交流到了微博上就拓展为视听双向交流，听众可以通过@、评论、转发、私信等方式在微博上进行沟通，也能第一时间看到微博上发布的信息和图片，从视觉上获取更加真实有感的信息。同时，微博作为时下流行的一种自媒体，每一个微博用户都能成为新闻的发布者。广播听众也不例外，只要轻触手机或者敲击键盘，就能及时将最新的资讯传递出去，只要通过微博的@功能告知交通广播的专属微博，就能将有价值的信息第一时间传达给主持人及其他听众。当热线电话已不再是广播沟通的唯一桥梁，当这些互动方式加入到主持人和听众的沟通中，受众的参与方式呈现出了多元化的趋势，也为传受双方的互动带来了更便捷有利的条件。

谈到了微博，就不能不说微信。作为时下年轻人使用最多的通信工具，微信由于它的新颖时尚和功能齐全备受推崇。触觉敏锐的广播媒体人开始利用微信来与受众进行第一时间的沟通。

浙江广电集团交通之声的多媒体拓展部主任秦晓峰对于微信这一新元素在广播节目中的使用可谓赞不绝口，在她看来，有了微信平台，加入更多听众的声音以后，你会觉得互动性更强，趣味性更强，有些听众发过来的是很好玩的、很有趣的东西，会声情并茂。

值得一提的是，受众将自己的声音发到微信平台，同时也能听到其他听众或深沉或高亢或娇嗔或搞笑的"众声相"，男女老少的声音齐聚一堂，进一步增进了与广播之间的联系,同时也成为维系听众之间紧密关系的纽带。

对于任何媒体来说,受众参与度高都是媒体从业人员所追求的,这代表了媒体被受众的认可程度,从另一角度来讲,受众的自我认同感和媒介归属感也在参与媒介互动中形成并巩固。广播与受众的互动实际上和节目生产是同步的,这是广播与传统媒体相比的优势。跟听众的互动,实际上是听众参与这个内容的制作,听众也成了内容的一部分。从听众的感受来讲,他感觉参与了这个内容的生产;从信息生产的角度来看,他们是参与到一个再生产的过程中,成为节目内容的一部分了,这个可能也是广播的一个特点。①

受众的参与方式多种多样,从线上延伸到线下,当受众将对路况的需求、对电台的忠实和对社会公德的阐发结合在一起,路况观察员和路况达人这样特殊的受众群体就出现了。

浙江广电集团交通之声开始启用路况观察员播报路况信息的方式,通过微博等其他方式征集了一批电台的忠实粉丝,命名为路况观察员,这些路况观察员的主要工作,就是观察各个路口每天发生的一些细微变化。

那么,和路况观察员相比,路况达人又负责哪些任务呢?交通之声在城市中寻找对杭城路况熟悉的人,开始在节目中有意安排一些互动,把纯粹的路况播报变成解决城市交通问题的一种通道,让这些路况达人出谋划策,然后梳理这些点子再与交警支队进行交流。

交通之声广播利用自身的属性,整合优化资源优势,交警部门作为他们特殊的受众群,必不可少地也要参与到节目的制作中来,通过这种互动来达到双赢的效果。我们要求交警来发布消息,比如说今晚黄龙有一个演出,有四万多人,那今天晚上交通如何管制,我们就来"权威发布"。再比如说,杭州有很多单行线,那老百姓到底买不买账,老百姓到底配不配合?像这种权威发布的内容,我们要求交警部门来录制,他们都会配合我们的工作,这样在内容上、形式上、品质上都得到了提升。②

此外,浙江广电集团交通之声还提出了一个从"司机师傅"到"车友"的转变:最初我们是想,我是交通台,我要报路况,因为这才是交通台的标识,要不然的话你就不是交通台。报路况大家都很踊跃,觉得他们是有这种参与的需求。

---

① 与浙江广电集团交通之声总监助理兼93节目中心主任张家英的访谈。
②② 与浙江广电集团交通之声总监助理兼93节目中心主任张家英的访谈。

司机们告诉我们报路况是有用的,所以那时候很多节目里面都称呼他们为司机师傅。现在我们也不叫他们司机师傅了,叫听友啊,车友,还有用淘宝体的,叫亲。②

四、听众职能的变化

媒体发展到今天,受众已经不仅仅是信息流的终端,在作为受传者的同时,他们也担负着社会主人翁的职责。这里就需要谈到一个受众自我认知加强的问题。人的自我意识是主体对于人我关系的认识,推及广播而言,是受众在参与广播互动中对自己的地位及与传播者关系的认识。听众的这种自我意识,主要表现为听众有自己的自尊心和自信心,相信自己的认识和判断。表现出乐于接受引导,厌恶训斥,自主选择所需的与己方观点相同或相近的传播内容。

从近几年广播听众参与广播的互动来看,我国广播收听人群的自我意识呈现前所未有的强烈和多样性,交通广播听众尤甚,由于其定位的特殊性和明晰度,交通广播受众有其独特的自我解读,这主要体现在以下方面:

(1)受众希望广播的内容越来越丰富,他们希望能从电台中听到上至国计民生的大政方针,下至与生活息息相关的治安、物价、油盐柴米等问题。同时,对于当前关心的舆论热点,他们也开始畅抒己见。

(2)受众积极向广播电台提供社会新闻,并有意识地对记者进行报道方面的引导。

(3)受众积极参与一些突发事件的报道,使自身的参与成为报道本身的一部分,在广播电台中,这种由听众参与并共同促使事件发展的新闻生产过程已经成为广播的重要优势。

(4)受众对电台组织、宣导的公益活动参与意识增强,活动过程从筹备之初到结束呈现出双向交流的态势。浙江广电集团交通之声的很多节目在后期就直接由热心听众来牵头组织。这样的个案非常普遍。

(5)受众主动向电台提供信息的热度不断升温,借由广播平台组织公益活动,热心社会公益,真正认识到媒介作为人与社会沟通桥梁的作用。交通之声听友热心社会公益的事情数不胜数,他们和交通之声一起,联合建立了93爱心基金,在全省首开的士爱心捐助先河,捐助最需要帮助的司机朋友。1998—2009年,93爱心基金带着司机同行和社会各界的爱心,陆续捐助了近30个的士司机家庭、200 多名贫困学生,筹集爱心款累计近 30 万元。

从浙江广电集团交通之声听众热心公益活动这一现象,我们发现听众职能的一个改变:从被动接受信息到主动参与,从与媒体合作到开始主导活动,受众的主体意识、对社会的责任感以及自身的传播意识被不断激活,而媒体对听众的要求与期望也随之改变。下面我们介绍两个简单的主要由听众发起的活动。

浙江广电集团交通之声 93 爱心基金

起初,93 爱心基金主要针对出租车司机群体,2008 年,93 爱心基金的帮扶对象延伸到困难学子,先后帮助杭州市朝晖七小、磐安实验小学、淳安实验小学共 8 名学生。2009 年 5·12 汶川大地震一周年纪念日之际,93 爱心基金将2008 年为灾区募集的 134499.8 元善款,通过浙江省爱心事业基金会捐助给200 名青川小学学生。捐助金额对于各个困难家庭来说,虽然只是杯水车薪,但是爱心行动却像阳光雨露,开启着奉献、坚强的心门。

以下简单举几例 93 爱心基金的捐助典型案例:

一、2001 年杭州一名的哥遇害身亡,交通之声发起号召,数千名志愿者积极响应,把当天第一笔收入捐助给遇害的哥的家人。随后的六一儿童节,交通之声组织十来名杭州的哥带着子女和遇害的哥的孩子一起游玩杭州乐园。

二、2005 年温州的哥林伟东的女儿林纯纯得了白血病,全省各地的听众一起帮助林伟东,捐助了 3 万多元。

三、2005 年在杭州开出租的河南籍驾驶员王天义遭遇歹徒刺伤,杭州乃至全省的同行纷纷慷慨解囊,及时为他送上了捐助款。远在河南的王天义的 80来岁的叔父说"真想来杭州看看这些好心人"。伤愈后的王天义继续在杭州开出租车,并且几次帮助有同样遭遇的同行。

四、2006 年绍兴司机王伟被歹徒刺成重伤,杭州的哥志愿去绍兴看望王伟,希望他好好养伤回到出租车行业。

五、2006 年在杭州开出租的江西籍驾驶员陈天文遭遇歹徒砍伤,交通之声为他启动 93 爱心基金。陈天文的姐夫万师傅说他在全国很多地方跑过出租车,只有杭州给了他这样的温暖感受,他决定一直在杭州开出租。

六、2007 年金华的哥张世奇遭遇抢劫身中 20 多刀,交通之声为他现场募捐,共筹集 12000 多元。

七、2008 年,为患肺炎的杭州的哥捐助。

八、2008 年,为患疾病的杭州的哥廖列兵捐助。

九、2009 年父亲节,策划了加油老爸活动,为江西籍的哥张运根家庭捐助,其女儿因车祸卧病在床。

交通之声出租车司机志愿服务队

由听众组成的交通之声出租车司机志愿服务队也是交通广播受众强化自身职能、树立社会公民意识中浓墨重彩的一笔。

交通之声出租车司机志愿服务队成立于 2004 年 7 月,当时需要将近 6000 名志愿者为即将召开的七艺节服务,而出租车司机志愿者是最让人想不到,但也是最缺少不了的。宾馆、剧院、展厅都分布在各处,司机是连接那些地方的天使,他们要承担指路、带路、承运工作。在七艺节召开之前,交通之声团支部利用媒介优势,通过广播在浙江全省发起了"志愿七艺,文明承运"号召,并成立了"出租车司机志愿服务队"。在随后于杭州西湖体育馆举行的"第二届全省出租车司机才艺汇演"上,在杭的出租车司机志愿服务队志愿者精彩亮相。七艺节忙碌的身影中,出租车司机志愿者成了最美的风景线。

五、听众与交通广播的黏合度

1. 听众与浙江广电集团交通之声的心理共鸣

稳定受众群体是建立在受众信赖感的基础之上的,一个媒体是有社会责任感的,在将这种社会责任感潜移默化传达给受众之后,你在受众心目中,就会产生一种美誉度,媒体有了美誉度,受众就会对你产生信任。受众信任这个媒体,这个媒体传播的东西才会被受众接受,受众也会跟着媒体的思路走,否则受众会有抵触。[①]

受众对广播的信赖也涉及情感上的接近性,只有产生了感情才会觉得亲近。受众对广播产生的亲近感有可能是收听习惯形成后的心理惯式,也有可能是听到一首动人的曲子、一段触及心灵的谈话、一则印象深刻的新闻,甚至是主持人不经意间流露出的"家长里短",这些都有可能在瞬间给受众留下深刻的印象,从而使其产生共鸣,在心理上和广播保持无形的连接,建立一种良好的交流关系。

作为出租车司机和私家车车主,求近倾向体现在听众希望能够第一时间获

---

① 与浙江广电集团交通之声总监张立的访谈。

取最新的路况信息上，交通之声为了更好地满足目标听众的求近心理，让听众对其产生依赖性，稳定听众群，还专门成立了听众服务中心，这在杭城交通广播领域也是一个创举，且收效颇丰。（听众服务中心）主要负责三件事情，第一个是 96093 热线，第二个是自驾游，第三个是跟听众相关的一些新开发的产业项目，我们现在的重心放在如何组建我们的听众团队，包括听众团队的归类，他们的收入、年龄、兴趣爱好等各方面的信息，怎么把它做得更到位，包括听众的服务，听众打进 96093 以后我们怎么样更好地服务。① 正是浙江广电集团交通之声如此细致周到的服务，促使其听众能坚持收听这一电台，忠诚度提高。

2. 听众对广播陪伴性功能的需求

广播最早出现的时候，因为媒体资源的稀缺，广播听众是在高度注意力下收听节目的；汽车时代的到来催生了广播的陪伴性功能，听众的收听状态呈现出下意识的半接受状态。广播作为一种移动收听媒介，在此之前的观念里，其声音元素塑造的目标就是要把听众的耳朵"叫醒"，车载广播的流行使得广播对于听众注意力的强行聚焦有了新的理解，陪伴成了其最主要的目的，从把耳朵叫醒到让耳朵变得舒服，这是广播人服务意识的一大提高。NBC 授权委托的一份哥伦比亚大学的报告定义了广播的新角色，"广播是一种几乎能够伴随所有行为的媒体"。

对于当下的私家车人群而言，在路上的时间本来就是衔接他们从家到单位、从一个目的地到另一个目的地的过渡时间。在这些流动的时间段，受众收听广播，一般来说并不是抱着专门的获得性目的，更大程度上只是作为开车活动的一种伴随性行为。人们很少会以一种洗耳恭听的姿态去收听广播，某些时候甚至只是心不在焉地收听，如果有两个以上的人一起在车上，这些随意听到的信息或许也只是作为途中聊天、调侃的谈资。因此，随着私家车时代的来临，广播的伴随收听特征进一步得到展现，听众收听广播的随意性较之以往也相应有所增强。具体表现为：（1）就收听状态而言，听众可能随时进入又随时离开；（2）从功能角度来讲，作为人们开车时的一种陪伴型媒介，无论传递何种信息，广播始终不能忽略受众对于缓解开车疲劳、增加路途趣味的第一需求。②

浙江广电集团交通之声从立台之初就旨在为有车一族提供最全面的服务，

---

① 与浙江广电集团交通之声总编室副主任王雁的访谈。

② 张立. 私家车时代广播受众收听新特征[J]. 中国广播，2012（8）：77-80.

让受众切实享受到驾车的乐趣。通过电台近年来从节目内容到形式上的变更，我们可以看到，交通之声一直在注重提升自己的陪伴性功能：首先，以交通节目、音乐节目、娱乐节目和情感节目为主，节目内容贴近民生；其次，节目格调舒缓，音乐占重要比重，营造舒适的驾车环境，除了路况信息，音乐节目安排在车流量高峰时段，也是出于为听众考虑的目的，缓解听众在遭遇堵车情况下有可能出现的烦闷情绪；再次，主持人的认可度高，化身成听众的朋友身份，主播需要表现出一定的情绪风格，如幽默或犀利，有态度和情绪的聊天式播报会拉近与听众的距离，营造出更强的交流感。就这一点来看，浙江广电集团交通之声拥有一批明星主持，阿巍、小崔、许诺、孙婧等都是浙江广播界的王牌主持人，听众的接受度高。他们在节目中或诙谐或睿智的主持风格深受听众喜爱，对节目的把控度以及听众兴趣点的抓取有着丰富的经验。

此外，在节目内容与形式编排上也做了一些针对性的设置，一是对信息进行点状或者片段式的播报，方便听众随时进出，比如浙江广电集团交通之声下班时段的节目《一路有你》，就是引入了类似报纸标题的手段对播报的新闻作了段落式的分割与提炼；二是运用多种播报元素对内容进行拆解，播点新闻、加点点评、配点音乐，节目形态的立体感和丰富度就得到了面目一新的改善。[①]

对于广播的陪伴性功能，交通之声的员工是这样理解的：人在驾车的时候，有个人在旁边跟他讲话总会听起来比较舒服，而且容易形成一种习惯。这种习惯，就是广播的伴随性。它就陪着你，车上有那么一个电台陪着你，使你感觉不会很无聊，这些都是手机代替不了的。以后社会的发展会使人变得越来越孤独，广播的伴随性就更重要。只不过要想一想用什么去陪伴他，仅仅有信息肯定是不够的了。可能还需要有另外一些弹性的节目，这个恰恰是我们需要思考的东西，用什么来陪伴人们。[②]

3. 听众受广播内容的影响

媒介在给受众提供便利的同时，也影响着受众的生活，在信息轰炸式传播的当下，每个人都无可避免地要接触到各类信息，也有各种可能会被"洗脑"。

由于对广播产生了依赖性和信任感，听众容易受广播影响，这些影响可能是生活购物的小细节，可能是知识储备的完善，可能是情感的宽慰和告解，也可

第五章 交通广播的受众

---

① 张立. 私家车时代广播受众收听新特征[J]. 中国广播, 2012(8): 77-80.

② 与浙江广电集团交通之声总编室副主任王雁的访谈。

能大到精神层面价值观的树立。交通之声在这方面的作为可以称得上是一个有较高社会责任感的媒体。它在新闻、评论、舆论监督,尤其是公益活动的开展等方面对听众产生了持续的良好影响。它在致力于构建一个美好的拥有良好沟通关系的城市公共空间这一点上,比其他媒体更有勇气、信心和责任去尝试,并且获得了成功。

4. 城市归属感的构建

城市是人类群居的栖息地和群体心灵的归属地,在人民生活水平大幅度提高的同时,城市归属感的缺失是市民生活不容忽视的一个问题。生活在城市中的人们需要找到对所在城市的认同,找到对自我身份的确认,同时,还要找到自身情感的投入点。在这一点上,浙江广电集团交通之声的出租车志愿者起到了很好的带头作用。我对阳光车队感到非常自豪。这群人在出租车司机这个群体中是最优秀的,虽然从事的职业比较普通,但他们总是非常积极向上。我们在恰当的时间把这群人组织起来,而且其中很多从开台就跟着我们,跟着我们走过了 16 年。[①]

媒介作为沟通城市生活的桥梁,对于城市归属感的构建更有着舍我其谁的认知。受众通过媒介了解到生活在同一个城市中的人们的日常生活状态和心理,熟悉城市的每一条街道、每一家店铺,知晓发生在这个城市中的最新事件。再远的空间感,再陌生的环境,借由电波的力量,几秒钟之内就能拉近彼此的距离,城市也在不间断的电波流转中渐次清晰。

正因为此,交通广播关注同城生活,关注城市中的每一条街道,关心每一次天气的变化,这些内容的播报不同于其他媒体单一播报新闻、娱乐资讯或者音乐,交通广播立足交通,更接地气,也就更贴近市民生活,更能促使受众城市归属感的构建。

交通广播在构建城市归属感方面存在不容置疑的先天优势。广播的想象空间跟电视完全不一样,有时候同样的一个内容,比方说,我在广播里做,他在电视里做,对人和事物以及场景的想象,声音给人们心灵带来的感受,完全不同。为什么现在有人去做声音的作品,因为这能够在安静、冷静的时候给他带来思考,这个可能是其他媒体无法替代的,阅读无法替代,电视也无法替代,网络更是无法替代。这可能是广播最大的优势,这是从主持人播讲的角度。还有

① 与浙江广电集团交通之声总监助理兼 93 节目中心主任张家英的访谈。

一个，现在跟其他媒体不一样的就是，尤其是从去年到今年，像微信这样互动的手段，声音的互动手段进来之后可能又给广播带来了契机，曾经的热线让广播一下子火了，虽然质量不是太高，但是它的形态发生了很多变化，老百姓觉得他参与了传播。现在利用微信的互动传播，广播身上又依附了很多极具魅力的东西。[①]

结　语

受众是一个善变的人群，从需求到满足，如果说交通广播从一开始还能以大量路况信息满足受众需求的话，那么今天这种情况正在发生变化。变化的原因之一是听众人群从出租车转移到私家车，私家车时代的到来，使广播受众发生了结构性的有利变化。几乎所有广播电台都意识到了这个群体的优质潜力，他们不仅文化程度较高，而且掌控着一定的社会资源；他们不仅经济实力较强，而且很有社会责任感。更为重要的是，他们是广告商最为看重的优质人群。因此，对这一人群的争夺成了城市电台发展与转型的关键，许多电台开始改变原来的综合性定位转向私家车电台，一时间，各大城市的交通广播像雨后春笋一般冒了出来。

浙江广电集团交通之声是浙江唯一同频覆盖全省的交通广播，无论在全省哪一个城市哪一条高速公路或国省道上，只要把广播频率调到 FM93 兆赫均能收听到交通之声的广播，这也是中国广播史上的首例。凭借这一优势，浙江广电集团交通之声在交通广播发展的第一阶段能轻易打败其他对手，因为这一阶段中，路况信息始终是受众收听交通广播的主要原因。但是，在交通广播发展的第二阶段，即路况的垄断性优势开始丧失，同时随着道路越来越拥堵，路况信息对许多听众而言已经失去了实质性功能，在这一阶段，交通广播如何再次吸引受众？浙江广电集团交通之声的探索无疑具有前瞻性：第一，打造具有交通特色的新闻信息，保持交通广播的本质特点，同时，利用广播即兴报道的便捷性优势重点开创突发事件的报道风格，让广播随时与新闻事件的进展保持一致；第二，延伸广播的触角，深入到社会各个机构的细胞中，使广播成为人们始终不离不弃的媒介。

---

① 与浙江广电集团交通之声总监助理兼 93 节目中心主任张家英的访谈。

第六章　交通广播的运营模式

　　十年前，有人就说，广播是弱势媒体，永远都不会有大发展的机会。也有人说，广播已经走到尽头，在新媒介的冲击下，广播将难以为继。[①] 这种针对广播的媒介地位以及发展趋势的判断，估计媒介研究者们在不同时间不同场合听到过好多次，可一直到现在，在三大传统媒体中，广播反而发展得特别好。据《中国媒体投资报告》的数据显示，1999 年广播广告在全国总广告费用中的比重仅为 2%，远不及电视的 25%，报纸的 18%。但据 CTR[②] 市场研究公司前几年发布的数据显示，广播广告在所有传统媒体的广告营收增量上处于领涨地位，2011 年的同比增幅达 28%，说明广告主更加清晰地认识到广播媒体的价值，广播在市场的认可度已经提升，广播人也开始增强信心。

　　从相关数据中我们还可以获知，广播广告收入额处于稳步上升趋势，从 2005 年的 50.58 亿元，到 2010 年全国广播广告收入的 96.3 亿元，同比增长 34%。[③] 但即使这样，广播广告的总量在整个媒介市场的占比依然很小。如果与世界先进国家的广播广告水平对比来看，如美国，广播广告一般占媒体市场总量的 10%～12%，那么中国广播的经营创收至少还有翻番的增长空间。关键的问题是，下一个增长点在哪里？

---

　　① 董传亮. 广播经营与管理[M]. 杭州：浙江大学出版社，2008：50.

　　② CTR 市场研究公司是中国最大的市场资讯及研究分析服务提供商，其研究服务涵盖品牌营销和媒介受众，研究领域跨越媒介与受众研究、品牌与传播策略、产品与消费市场分析、渠道与服务管理.

　　③ 周小普，吴盼盼. 中国广播现状与前瞻：频率有限，未形成全国市场[EB/OL]. [2011-07-13]. http://www.mediavalue.com.cn/328787.html.

第一节　交通广播的运营模式

一、运营模式的转变

从 1991 年全国第一个交通频率——上海人民广播电台交通信息台开办到现在,全国交通广播已有百余家。全国交通电台广告收入也从最初的几十万元增长到 2010 年的 28.9 亿元,连续六年保持高速增长态势,引起了业界学界的极大关注。

交通广播诞生于中国经济开始起飞的 20 世纪 90 年代,与其他电台不同,它的出现是适应社会发展的表现。随着城市规模的扩大,移动人群的增加,在移动媒介尚不发达的时代背景下,及时获取信息,成为城市居民的需求。广播适时靓丽转身,从入户收听走向移动收听,一改传统广播的"单向传播"、"宣传模式",关注移动人群,抓住交通信息,成为市民出行获取信息的最佳便捷通道,成为城市人际沟通、信息沟通的平台。正是交通广播从创办之初就抓住城市沟通的必要性和落脚点,使得交通广播一方面获得了受众对其在社会服务、媒体职责上的认可,另一方面其自身也获得了广告营销上的巨大收益。

1. 交通信息在广告中的巨大潜力

纵观中国交通广播的创办过程,其与公安系统交管部门的关系密不可分。无论是属于市政建设十大工程之一的上海模式(上海交通广播),还是市场导向商业运作的广州模式(羊城交通广播),交通电台从一开始就与政府职能部门,尤其是交通管理部门深入合作,成为其区别于传统广播的一大特点。

上海交通广播的创立是由上海市政府提出来的,当时叫得也很好听——"空中红绿灯"。当时市政府规定由上海市广播电视局与上海市公安局来负责实施这一工程。这么一个定位,导致之后全国所有的交通广播都和公安局挂钩。这完全是一个行政命令,但又很奇怪,这一条后来被广泛使用,公安局的落实单位就是交警总队,当时广电局这边的落实单位是上海市人民广播电台。[①]

交通台是我国特有的,交通信息是其核心资源。在交通信息尚未公开的时代背景下,与交管部门的合作为交通台提供了独家的权威信息。交通台牢牢抓住这一资源,成为区别于其他广播的核心竞争力所在。在城市沟通需求的背景下,交通信息作为出行人群的"必需品",权威性强,收听率高,更是受到了广告主的青睐。

在浙江杭州,当时的西湖之声也已经开始有零星的交通信息,但它显然还没有意识到交通信息所蕴含着的巨大广告潜力。当浙江广电集团交通之声全天候滚动播放交通信息时,其广告总量几乎是"蹭"一下上去了,把西湖之声、经济之声、文艺电台等都抛在了后面。

2. "交通参与人"在广告营销中的地位

与传统广播在家收听、静态收听的人群不同,交通广播的核心听众是移动人群。这些经常收听交通广播的听众会逐渐被培养出在动态中、不经意中获取信息和休闲的交通广播频率品牌消费观念。[②] 交通广播从一开始就紧紧抓住移动人群,探寻其收听规律和特点,吸引和培育属于自己的忠实听众群。这一听众群体,虽然都为移动人群,但随着广告营销对象的清晰化,这一内涵发生了转变。在交通台创建之初,中国的汽车行业刚刚起步,城内私家车车主很少,出租车司机是数量最大、最为直接的听众。交通台起步阶段主要就以出租车司机为受众。当时办交通台的时候,很多人说交通台办给谁听呢,当时的车很少,1998年私家车很少,百分之一二吧,公用车多一点,再就是出租车,出租车几千辆,因此我们主要是争夺出租车。[③]

但是,出租车司机并不是一个具有较高消费能力的群体。客观地说,出租车是交通广播与其他移动人群之间产生联系的"开关",广告真正的买家"坐在车后"。让交通广播的节目设置符合出租车司机的口味,使其愿意打开"开关",从而影响"车后买主"的品牌消费观念和消费行为,正是这一认知,使得交通广播受到了广告主的青睐。出租车一个一个地发展,发展一个就是我的开关源。表面上我是跟出租车司机套近乎,实际上是给坐在后面的人听的。因为坐在后

①　与上海广播电视台总编室副主任(原上海交通广播电台台长)乐建强的访谈。

②　汤晓芳.从交通广播看广播经营品牌战略[J].声频世界,2005(9):46-47.

③　与浙江广电集团副总编辑、浙江广电集团交通之声首任总监董传亮的访谈。

面的听众有3000～5000元的月收入，从当时来看这些人还是很有消费能力的。在当年的杭城，出租车每天上下80万人，他上去听到一句，下来以后就种在脑子里了。交通广播要为80万人服务，而不是为几千人服务，不是为8000辆车服务。我们只是培养了忠诚的开关源，这就是市场经济。[①]

20世纪90年代中期以后，随着社会经济的发展，城市化步伐加快，汽车保有量总体上升，汽车越来越成为具有地位象征的个人财产，私家车数量增加，交通广播的广告市场也不断扩大。同时，交通广播的受众观念也不断转变，出租车不再是唯一的"开关"，出现了直接以私家车车主为主要听众群体的交通广播，私家车车主成为新的广告宠儿。20世纪90年代能开车的，除了职业司机，都是有身份的人。90年代初期，基本上还都是专业司机，到了90年代中期的时候，就开始有私家车了。交通广播的定位就从出租车司机开始转向移动人群，转变成交通参与者。这个阶层已经属于社会的中产阶层，那么我们的节目定位就不能太低端，你要开始说点有品位的东西。[②]

3. 收入来源转变

1992年，中共中央、国务院颁布《关于加快发展第三产业的决定》，明确指出广播电视属于第三产业，并要求包括广播电视在内的第三产业做到"自主经营、自负盈亏"。与作为宣传机构的传统广播不同，交通广播是市场经济的产物，交通广播必须通过经营来维持自身运转。交通广播创办之初的经费主要来源于收费，这种收费方式为交通广播提供了启动资金，这一模式始于广州，被全国各级交通广播广泛学习和模仿，直到2000年初才停止。我们在车管所设了一个收费点，等于是听广播的司机要交钱，一辆车一年120元，第一年差不多就有1000多万，最多的时候3000多万，直到2001年、2002年的时候才停止。所以交通台一开出来，它的经济实力还不错。[③]

在我们访谈过程中，上海交通广播的创办者也反映，上海其实也采用这种模式，每辆车在年检的时候要缴纳"交通诱导服务费"，这在当时还是一笔比较大的收入，这个模式大概持续了十年左右。

收费这一形式，很大程度上基于与公安交管部门的合作。然而，随着市场经济的不断深化，这一收费形式慢慢变得"不合法"，有乱收费的嫌疑，这促使交

---

① 与浙江广电集团副总编辑、浙江广电集团交通之声首任总监董传亮的访谈。

②③ 与广东人民广播电台总编室主任（原羊城交通广播电台台长）林玲的访谈。

通广播拓展自身广告业务,逐渐减少直至不再进行收费,转而理顺广告主、广告公司、媒介三者关系,实行自主营销或广告公司代理制,将广告作为主要收入来源。

4. 从软广告到硬广告,从插播到套餐的广告运作转变

一直以来,广播广告的价值并未获得正确的认识。

大多数广告商将广告投放在报纸、电视等媒体,而忽视了广播,这也从侧面造成了交通广播的广告质量较低、品牌广告缺乏、广告收益"以量取胜"的局面。为了提升电台形象,打造优质平台,交通广播经历了从软广告到硬广告的转变。广告经营方式的转向,使得品牌广告客户关注电台、进入电台,为电台注入了优质资金,并提升了电台格调,形成了良性的互赢局面。

2002 年的时候,上海交通台一年的广告费只有 600 万左右。我们 2002 年 7 月 15 日去结账,结下来上半年总计 305 万。我就很简单地分析了一下它的广告,大半都是卖药,还有就是邮币卡等藏品,就是这种软广告形式,品牌广告基本没有。我上了之后五个半月就是 850 万,这个数字我记得很清楚。①

2004 年 1 月 1 日,国家广播电影电视总局正式实施《广播电视广告播放管理暂行办法》,这是广电总局第一次以总局令的形式对广播电视广告的内容、播放总量、广告插播、播放监管等进行全面的规范。伴随着国家管理办法的出台,交通广播更加重视广告质量,优化广告格局,逐年创下广告收入新高,形成良性循环。软广告关掉以后,上海的汽车品牌就开始进来,比如通用、大众、荣威,这些大的品牌,包括后来外地的,东风旗下的合作品牌,都进来了。我曾经问他们,为什么你们原来都不做?他们回答说,像我们这种牌子怎么能和卖药的广告放在一起播呢?软广告的收入其实硬广告 30 秒或 1 分钟就能赚回来,同时节目的内容和品质也上去了,自然而然收听率也就上去了,都会形成良性循环。2002 年,上海交通广告已经进入一个比较成熟的成长轨迹,每个步伐都很有节奏。上半年 300 多万,下半年 850 万,全年广告总量第一次破千万。2003 年我们过了 2000 万,2004 年 3000 万,以后每年都是增长,到现在这样已经基本上过亿了。②

随着广告质量的提升和对电台运作认识的深入,交通广播的时段价值被逐步认识,也越来越受到客户的青睐。在此基础上,许多交通广播开始考虑差异

①② 与上海广播电视台总编室副主任(原上海交通广播电台台长)乐建强的访谈。

化的时段套餐产品,并增加广告点位,为广告创收提供新的方式。我把全天的节目设计成广告产品,比如说整点报时、半点报时、15 分钟报时、45 分钟报时、报时前、报时后,我们就已经有八个品种了,然后 15 分钟一次的交通消息,交通消息播报前后各有广告时段,这样我们就有了 16 个品种,而且这些全是套播的,就是说所有的时段都可以利用。此外设计的广告产品有便宜的、有价格高的,这些设计里面都是有差价的,比如说正点前广告价位特别高,半点后便宜点,15 分钟报时广告可能便宜些,但 45 分钟的广告价格又高些,这些都是差异化的。[①]

二、北京交通广播运营模式的示范意义

1993 年 12 月 18 日,北京交通广播正式开播。北京交通广播以城市交通信息为专业性内容,致力于为驾乘移动人群提供良好的服务,使节目更具“交通”专业特色。自 2000 年以来,该台已经连续 12 年成为中国最具广告吸引力的交通广播台。以 2007 年为例,北京交通广播广告创收超过 3 亿元,是第二名深圳电台交通频率的近三倍。

运营之初,相较于广州,北京台起步晚,但是这也成为北京台的一个优势,能够思考前人走过的路,开创属于自己的运营模式。北京交通广播明确的市场意识及清晰的听众定位使它一直名列前茅,成为行业的标杆。以下是我们在对北京交通广播调查后得出的几点分析。

1. 自始至终注重市场调查,了解听众收听需求

广播曾经是“我办什么你就听什么”的单向传播,很久以来都未曾将受众需求考虑在内。而北京交通广播从办台伊始就注重听众需求,以季度、半年为周期进行听众调查,了解受众需求与市场反响,并及时调整节目,根据数据分析检测节目变化及其生命力,为节目的最终决策提供判断依据。

广播从“我办什么你就听什么”,发展到“我觉着我该给你听什么你就听什么”,实际上我们这个交通台,包括最早实行改革的一些交通台,走的都是这条思路,这个思路比以前“办什么听什么”已经进了一步,但还远远不够。到后来就变成了“听众需要什么我办什么”,为了实现这个目的必须要有一个市场调

---

① 　与广东人民广播电台总编室主任(原羊城交通广播电台台长)林玲的访谈。

查。"所以我们就引入了市场的机制,这个机制,据我的体会,在全国的同行里,我们是走在最前面的。"①

市场调查是一种有效检验节目质量、了解听众需求的手段,它长期执行的最大好处在于培养了媒介人不再轻易妄下结论的习惯,市场、节目、听众、客户都能及时回归自身合适的位置。

2.认清广告经营机制,做电台、代理双赢的广播

广告代理制是电台常用的一种广告经营方式,是在广告客户、广告公司与广告媒介三者之间,确立以广告公司为核心和中介的广告运作机制。一直以来,由于媒介处于较为中心的地位,形成了"强媒介弱公司"的说法。媒介和公司之间的合作关系,始终难以越过利益的围墙。

电台和广告代理公司,都是有矛盾的,电台老想自己多挣钱,最好广告公司别赚钱,赚的钱都归我。这怎么可能呢!什么叫双赢?总想自己赚钱,那你就赚不到钱。所以我跟广告公司谈话的时候,我说咱俩见面,我是想怎么让你赚到钱,广告公司觉得很奇怪,说没见过您这样的台长。我说道理很简单,你不是雷锋,你来这是要赚钱的。如果你赚到钱了呢,你就不跑了,你就好好干,但是你赚到那个钱,自然是小钱,我赚到的是大钱,我让你赚到小钱,就意味着我一定赚到了大钱。其实这是多么简单的道理。②

时至今日,这样的道理大家都知道,也有很多人会去做,但在 20 世纪 90 年代中期,能够大胆地迈出这一步并不是一件简单的事情。

和广告公司打交道,不要怕人家赚钱。大概 1995、1996 年,我们的广告已经是 1800 万。我就想,明年要是能增长 30%,也就是 600 万,就已经不少,也不容易了。于是我就跟那些广告公司说,如果超过 2400 万,超过那个数以后就三七开,你们得七,我得三。这个在当时是有点厉害的,广告公司一想,哎哟,这个数可真不小。可是,我也算过,如果我们不三七开,他至少也要得到三,现在呢,就是我们又把那个七,再分给他三点五。最后,他们完成了不可能完成的任务,居然达到了三千多万!这就叫重赏之下必有勇夫啊。③

3.依托技术,做极致服务的广播

服务,是交通台不变的核心内容。交通台自成立以来,就以交通信息为主要服务内容,为广大交通人提供了许多便利。随着社会和技术的发展,交通资

①②③　与北京交通台首任台长的访谈。

源垄断的局面日渐打破,如何继续把握交通信息、深化交通服务,这也给全国交通电台带来了新的挑战。

北京交通广播历来重视技术,奠定了全国乃至世界一流的设备基础。同时,北京交通台积极搭建交通信息平台,将简单的交通信息升级为全面的城市出行综合服务,成为北京人"出行必备"的全天候指南。

交通台建了个交通信息中心,有几个信息来源,一个是交管局警察那儿,另一个就是出租司机,车上给装的。这都是当时我当台长时候弄的,因为警察关注的是大道——主要交通干道,小巷往往照顾不到,但司机却是到处跑的,所以就可以把这方面给弥补一下。后来还觉着不够,又加上一个固定哨,在北京比较高的大楼,我们找一些居民,跟他们说:如果你们没事儿的话,每天早上、晚上哪个点儿你们就看着,有什么情况您打电话。电台这边其实已经设计好程序了,一接电话一摁下键,屏幕上就能显示出来。此外,还有来自听众自发的报道。通过这些渠道把信息汇集起来,可以说,北京交通台的信息中心绝对不比警察那里差,信息即时又立体。①

为了提供更为便捷的服务,交通台与新媒体联手开发手机软件,这个软件的功能主要有两个,第一是实时收听交通广播,可以跟主持人进行谈话、发短信等即时互动;第二是利用软件开发打的功能。从这个软件里听众能发现,在离你多近的地方有空车。你就可以发出一个信号:我要打的。而后在你附近的司机就会说:我愿意拉你去。出租车司机很快就会过来,非常方便。②

这不仅加强了听众与电台的互动,更为交通人出行提供了便捷可靠的沟通。

4.精心安排节目内容,做品牌优质的广播

品牌是消费者对产品的认知程度,是无形的资产。作为电台产品的节目和活动,是电台品牌的具体展示,彰显着电台的风格、质量、影响力,是听众识别电台、客户认定投资的标识。

什么样的节目是好节目,这对刚开办不久的北京交通广播而言并没有一个具体的标准。在那里,没有人要求你一定要按照某些特定的规律做事,我们被告知"领导满意、听众喜欢、市场认可的节目就是好节目"。这是一个极为务实的标准,北京交通台首任台长对这个标准做了进一步的解释——不要自恋,就

---

①②　与北京交通台首任台长的访谈。

算你再下功夫,再觉得自己做出的是个精品,没有人听也是白费功夫。[①] 正是在这样的一种认知的基础上,北京交通广播认真调研节目内容,及时调整节目设置,将路况信息打造成品牌节目,增强节目特色。在这个标准的要求下,他们尽可能地把一切可调动的因素都调动起来,特别是早晚出行高峰时的节目,包括新闻资讯、路况信息、音乐曲艺等内容,后来还增加了听众短信和互动话题。

除节目外,公益活动也是电台品牌形象的助推者。从希望小学到为司机免费体检,从爱心基金到灾情救助,北京交通广播利用自身影响力,从"服务听众"走向"号召听众",从公益活动的"策划人"变身为"组织员"。

第二节　典型经验:浙江广电集团交通之声

一、个案的创新优势

浙江广电集团交通之声于 1998 年 5 月 18 日正式首播。相较于北京、上海和广州,浙江广电集团交通之声开播较晚,却有着强劲的发展势头。其广告收入从 1998 年的 200 万,以每年翻一番的速率不断增加,到 2001 年已经超过2000 万,成为全省第一。到 2010 年,交通之声广告收入突破亿元,同比增长40%,成为浙江广播发展史上的首个"亿元广播",2013 年突破双亿元。自 2000年创收首次领先后,交通之声一直持续领跑浙江广播。

表 6-1　浙江广电集团交通之声历年广告收入

年　　份	金　　额(单位:万元)
1998	200
1999	560
2000	1200

---

① 李秀磊.成长[M]//潘力,杨保林.困境与出路:新媒介生态下的中国交通广播.北京:中国传媒大学出版社,2012.

年 份	金 额（单位：万元）
2001	2200
2002	3000
2003	3800
2004	5400
2005	6800
2006	7600
2007	8000
2008	8500
2009	9500
2010	12700
2011	16500
2012	17200
2013	21700
合 计	124860

（一）适宜的广告经营模式

广告的适宜性表现在必须符合该媒体自身的特点,许多适宜性考量都具有排他的性质:这就意味着,找到自身的适宜性,就拥有不会被他者轻易复制的独特性。

浙江广电集团交通之声在创办初期的广告经营其实是比较艰难的。这一方面是因为电台在一开始的时候,节目播出的时间总量明显不足,一天八个小时,还经常时关时停;另一方面在当时的杭州,出租车总共三四千辆,听众群体非常小。在电台开播前两年,交通之声主要依靠"关系广告"和"实物置换广告",比如电信公司提供热线电话、联通公司提供 BB 机等,客户以实物抵广告费用,同时又满足电台的运作需求,这一广告经营模式看似原始,也并不持久,但为浙江广电集团交通之声带来了最初的效益。

广播的商机随着汽车时代的到来开始凸显,广告商发现交通广播与汽车之间有着传统广播无法企及的紧密联系,而这也恰恰造就了交通广播的广告优势。传统广播通常以时段来评定广告价值,广告经营只考虑时段销售,不讲究

219

第六章 交通广播的运营模式

节目销售,更没有品牌销售和活动销售的概念。我们在访谈过程中也了解到,传统的广播营销人员基本上只会在价格上杀价,而在节目延伸产品的营销上,对根据节目内容的特点制作标板和产品来进行销售基本没有概念。

因此,交通之声能把节目和时段放在同等重要的位置进行营销,在当时实属非常先进的理念,他们在调研基础上,率先实行节目拍卖,提升优质资源配置和强强联合。在广告部内部实行"行业经理制",要求广告业务人员深耕细作,像编辑记者做节目一样卖节目,挖掘每一个行业的优势与价值。

时至今日,原广告部主任马良奎回忆起第一次拍卖的情景仍记忆犹新。第一次拍卖有"整点报时、半点报时、整点交通路况、半点交通路况"共四个节目资源。第一年来参与拍卖的客户也不是很多。当时,浙江商源拿到了整点报时,因为我们频率是93,他们刚好拍了93万,所以印象很深刻。[①]

"行业经理制"和"拍卖"的实行,为浙江广电集团交通之声连续创收立下了汗马功劳,这也成为交通之声广告经营的特色和亮点。此外,浙江广电集团交通之声还依托大量的活动打造交通广播品牌,并通过活动营销产生良好的经济效益,这与传统广播利用活动打造品牌,扩大影响力,而不追求经济效益的做法大相径庭。可以说,在这方面,交通之声有着成功的尝试,频道全年各类公益或商业活动都重视对市场的销售,几乎无一例外都产生经济效益,有效带动了广告的投放。

(二)全频道市场化运作理念

理念对于一个组织具有重要的指导意义。理念是经过深入思考而产生的对事物的认识,它不仅面向现实,是对当下的理解和分析,它更面向未来,是对未来的展望。理念展现了媒体对自身的认知、对市场的定位,是媒体的价值体现和行动指南。

理念贯穿于媒体的具体实践之中,指导着每一个浙江广电集团交通之声人的行动方向。交通之声重视理念的树立、贯彻和创新,提出"服务媒体"的定位理念、"整频道运作"的运转理念和"立体化推广"的外化理念,出色的理念确立和实践及深度的理念内化和继承为交通之声的发展奠定了基础。

---

① 与交通之声副处级调研员(原广告部主任)马良奎的访谈。

1. 服务媒体理念

服务理念是广播的核心理念,如果没有把服务做到极致,广播就不会有市场。[①] 交通之声在创台之初就提出"服务媒体"理念,并将其具体化为"信息服务、动态服务、适位服务、精细服务、实用服务、延伸服务、引导服务、创新服务"八项内容,打破了传统广播的宣传定位,为听众服务,为交通人服务。在这一理念的指导下,交通之声的节目设置与编排、广告性质与运作、活动对象与内容都极具特色。

服务的对象是人。交通广播具体、直接的服务对象是"交通参与人"。这就要求交通广播的服务更具专业性。电台在创办之初,每天派出七八名记者在路上"扫街"以获得交通信息,这在当时被称为"用两个轮子为四个轮子收集发布道路交通信息"。后来进驻交警指挥中心、高速公路指挥中心之后,更是布局专门力量为听众报道独家交通路况信息。发展到后来又在听众中建立路况信息车队、路况达人等扩大信息收集范围,补充更细微、具体、人性化的交通信息。在节目内容编排上,重视车辆服务、交通法规咨询、交通社会问题探讨内容的延伸,凡是移动人群所需要的各类专业服务都尽量涉及并认真对待。

服务的理念使得浙江广电集团交通之声从广播媒体中脱颖而出,但到了2007年、2008年,其他媒体也开始实践这一理念。面对这一挑战,交通之声始终把握听众需求,注重听众调查,一年开展四次听众调查,了解并分析听众的阶层、收入、个性、需求等各方面特点,思考如何将服务做得更加到位和精准。

2. 整频道运作理念

浙江广电集团交通之声从一开始就提出了整频道运作的理念。整频道运作是利用和调动整个台的资源,上到台长、下到员工,充分实现资源整合,集中力量办大事,对外形成一个整体。交通之声将整频道运作的理念运用到大活动、突发事件中,这也是交通之声能够持续发展、保持良性态势的重要一点。整频道运作是交通之声全体员工的共识,并贯彻到了广播的实际运作之中。

交通之声从节目到活动,从策划到实施,都不是靠单独的一个部门,而是动用了台里一切能够动用的力量。与广播相比,电视和报纸更多的是各个部门各自为政,但广播是一个系统工程,广播必须整体设计,讲究组合,打频道品牌,才能维持一个广播的影响力。交通之声从一开始就提出这一理念、认可这一理

221

第六章 交通广播的运营模式

---

① 董传亮.浙江广播:车载收听环境下服务理念的再运作[J].中国广播,2012(6):9-10.

念、执行这一理念、传承这一理念,使得交通之声的整个文化很有特色,团队意识很强。一旦有大的活动、大的事情,全台出动,全力以赴,这是别的台做不到的。经过多年的整频道运作,浙江广电集团交通之声形成了一系列的方法和惯例。这种整体运作手法在突发事件报道与大型活动组织上发挥了重要的作用,也是目前交通广播能与报纸、电视等传统媒体以及新媒体抗衡的最大优势。

现在,整频道运作更多体现在对外活动上。"文明出行"、"爱心浙江"以及其他由交通之声举办的几百场活动,都体现了整频道运作理念在交通之声的实际运用。

3. 立体化推广理念

浙江广电集团交通之声把电视的推广思路引入广播,重视立体化推广。只要是听众会看到、会感受到的地方,都会引入交通之声的推广。我们每年都投入大量人力、精力、财力宣传自身品牌,加深听众印象。上天落地都有了,高炮、墙绘、自行车库、超市地下停车库的灯箱、公交车,哪怕是拉杆、道闸我们都做过。① 这种立体化推广,使广播不仅活在声音的世界里,也符合年轻人对现代媒体的需求。

"除此之外,交通之声还积极尝试广播多媒体运作的可能,在平面媒体合作、网络媒体应用、新媒体借力及广播覆盖上取得了良好成效,与浙江省级及地市晚报建立了战略合作伙伴关系,在新闻资讯和一线记者使用上相互借力,在直播报道上异质互补,在活动推行上相互配合,创造了'报广'合作的新模式。同时,快速推进网络新媒体的使用步伐,开辟了交通之声微博;与浙江广电集团新蓝网通力合作,并继续在新建高速公路沿线新增交通之声形象宣传牌,在杭州市区各主要交通区域设立空中宣传牌、包装公交车车体,以5000块消防通道警示牌进社区为手段,加快了对城市居民区的频道形象渗透。"②

---

① 与浙江广电集团交通之声副总监兼广告部主任张欣的访谈。

② 张立,鲍平,郭华省."亿元广播"的成功实践——浙江广电集团交通之声跻身全国交通广播一流强台的启示[J].新闻实践,2011(3):59-61.

二、值得借鉴的营销经验

（一）行业经理制

广告代理制是媒体常用的一种广告经营方式，是在广告活动中，广告主、广告公司、广告媒介之间明确分工，广告主委托广告公司制定和实施广告传播计划，广告媒介通过广告公司寻求广告客户的一种运行机制。[①] 对于媒介而言，仅依靠出售时间和空间就可以收取广告费，不用亲自招揽和制作广告，减轻媒体工作人员负担，因此广告代理制在一开始便受到了媒体和广告公司的青睐。这也是浙江省大多数广播电台采用的方式。

2006年，浙江广电集团交通之声在广告营销上开始新的尝试，他们具体分析了交通广播的媒介特色、人员素质及工作特点，将广告业务员重新安排，明确每个人的广告领域和方向，正式实施"行业经理制"。用交通之声副处级调研员（原广告部主任）马良奎的话来说，行业经理制实际上就是通过精细分工，强化专业性，让业务员对该产品及客户有更深的了解，使业务员成为行业行家，在营销中更加精准、深入。

浙江广电集团交通之声根据行业划分将广告业务员设置成不同组别，如交通行业、金融行业、饮料行业、房产行业、药品行业等，每一个业务员都在自己领域内深耕细作，一方面不会形成单位的内部竞争，"相互不打架、相互不撞车"，另一方面也有意识地扩大了广告的覆盖面。这种做法使业务员更加专注，久而久之，业务员便成了专家，在与客户沟通时特别能取信于对方，关系也进一步巩固。

在全国各大电台均为广告代理制的情况下，浙江广电集团交通之声率先改革广告经营方式，为广告的持续发展提供了机制保障。然而，对于交通之声的广告业务员来说，却经历了短期的"改革阵痛"。"行业经理制"虽然将业务员孤军作战改为了团队作战，客观上增强了实力，但对于能力强的业务员来说，局限在一个行业，其活动范围受到了限制，利益被瓜分，这就损害了他们的积极性，对他们来说无疑是一种挑战和革命。交通之声认识到，这一革命，从短期讲确

---

① 陈刚，单丽晶，阮坷，周冰，王力. 对中国广告代理制目前存在问题及其原因的思考[J]. 广告研究（理论版），2006(1)：5-12.

实牺牲了一些业务员的切身利益,但长远来看,却是交通之声的优势和保证。

行业经理制为营销业务拓展了新的领地,一定程度上抵挡了2008年后金融危机和行业内竞争对手日益强大、瓜分市场的影响。

(二)价位确立的手段与技巧

广告经营除了需要机制保证之外,在具体操作中,也需要方法去配合。作为"市场化运作"的媒体,就像企业一样,一定是追求利润的。从浙江广电集团交通之声创台至今,市场环境、竞争环境已发生巨大改变,同行竞争日益激烈,广播在做大"市场蛋糕"的同时,市场份额却在你争我赶中不断变化。如何保证广告额的持续增长,保持亿元广播的奇迹,交通之声确实有自己的独到方式。

重新确立广告价格,是基于原来的广告价格被低估,同时也基于对自身品牌的充分认知和认可。

从浙江广电集团交通之声的硬件、软件出发考虑,其网络资源、节目资源、听众资源等,尤其是全省同频同步覆盖的独特优势,与其他电台相比,其广告价格是被低估的。因此,广告价格不能总是停留在低水平,而应该与整个平台地位相一致,这也是交通之声即使在经历过经济危机之后仍要求提价的原因。同时,为了促进整个电台广告质量的提升,交通之声压缩全天广告时间,用提价的手段保证优质广告播出。我们在客户中重点抓行业领军人物,形成一种在最好平台做最好广告的意识,只有这样,我们才能与优质客户达成长期合作。①

在提高广告价格、优化广告结构的目标指引下,交通之声为了防止内耗和混乱,制定了一些操作规则。一是出台了折扣标准,规定交通之声只能往上走不能往下走,这为广告业务员与客户洽谈提供了标准;二是进行广告申报,广告由行业组申报,相互之间不能扯皮,不搞恶性竞争。通过相互之间的监督机制,内耗就越来越少。

我们在营销的时候,一个是畅想交通之声的未来,通过这一过程,让客户建立信心。这个未来,通过两方面来畅想,一方面,就是让客户相信交通之声新的领导人是值得相信的。结合张立在FM107的业绩和其本身的经历,形成一套推荐他的说辞。当跟客户谈的时候,让他们相信我们台长是很有能力的,一定要有信心。另一方面,我们也跟客户讲我们未来的发展思路。这也是一个营销的过程,要让客户相信我们不是广告台,我们不再只有路况,我们交通台要升

---

① 与浙江广电集团交通之声副总监兼广告部主任张欣的访谈。

级,所以要跟客户讲升级概念。在最短的时间里我们要把交通台的优势梳理清楚,到客户那儿去说,让他们都装在脑子里面,让客户知道未来我们要怎样做节目。①

最近几年,交通之声的广告价位每年提价两次,这种营销策略使已经确定了全年广告合同的大客户有一种"物已超值"的良好感觉。

(三)优秀节目的广告运作

浙江广电集团交通之声有许多优秀的节目,比如《93 早高峰》、《阿宝路路通》、《有理走天下》、《高速 007》、《路灵灵》等。这些优质节目都是深受听众喜欢的王牌节目。如何将营销与节目结合,充分挖掘优秀节目的市场价值,让优秀节目产生更高利润,实现客户与媒体的共赢,交通之声的做法值得借鉴。

1. 依托优秀节目和黄金时段竞标拍卖

竞标拍卖,是卖方市场特有的现象,可以通过多家广告客户的竞争刺激,实现一定时段广告效益的最大化。② 浙江广电集团交通之声从 2002 年开始对整点报时、半点报时、整点交通路况、半点交通路况四个资源进行拍卖,后又拍卖《有理走天下》、《阿宝路路通》等优秀节目,让优质的客户占领优质的节目资源,强强联合,既为客户提供了市场的高额回报,又充分挖掘了优秀节目的潜力,保证了广告增长。

当时交通之声正处于上升阶段,将优秀节目拍卖,可以让有经济实力、品牌强大的客户占有优质资源,对于电台,也是对其品牌形象的助推。这是一个比较好的资源配置方式。这一理念从交通之声建台之初一直贯彻下来。拍卖不完全是为了钱,更重要的从长远考虑,让一些大品牌在重要的、特色的时段里唱主角,从当时讲,这也是比较超前、先进的理念。比如娃哈哈、中国移动、光明牛奶这些都是全国一流品牌,跟他们合作,也提高了我们自己的影响力。③

"浙江广电集团交通之声 2002 年 12 月对整点报时、特约路况等三个时段的标牌广告进行拍卖,结果由底价 106 万元拍到 226 万元,增幅达 213%。2009年,竞拍的品牌栏目和整点报时时段增加到 11 个,还带动联营的汽车调频

---

① 　与浙江广电集团交通之声副总监兼广告部主任张欣的访谈。

② 　彭小东. 传媒经营之交通广播电台运营模式［EB/OL］.［2010-01-30］. www.globrand.com/2010/346301.shtml.

③ 　与浙江广电集团交通之声副处级调研员(原广告部主任)马良奎的访谈。

第六章 交通广播的运营模式

(FM104.5)五个时段广告的竞拍,总成交额达到 1465 万元。"①在节目拍卖中,卖得最高的是阿巍的《有理走天下》。

拍卖对打造媒体形象、影响力肯定是有价值的,但拍卖也是对电台实力和能力的考验,没有优秀节目作为支撑,没有一定的实力和影响力,哪怕全部组织,也是组织不起来的,哪怕是拉"托儿",也是托不起来的②。因此,节目拍卖是其他电台难以模仿的广告运作方式,没有优秀节目资源、没有整个平台的影响力支撑,拍卖就无法组织和进行。但拍卖也为广告合作提供了一个公开、公平的方式,企业依实力和意愿竞价而得,对媒体来说,也有助于形象的塑造。

2. 套餐营销

所谓套餐,就是一种时间点位搭配。一般企业投放广告时,往往会买"时间段",每天在几个时间段内滚动播出。这是最初的广播套餐运作方式,这一时期无论是客户还是媒体自身,都对广播认识有限,对广播时段价值尚无清晰的概念,客户更多关注播出频次,广播套餐以量取胜。

套餐在设置上也是比较丰富的,比如有全套餐和半套餐。全套餐是 24 个点,每一个整点前后各一次。半套餐也有好几种,如单数(时间)次、双数(时间)次;或者早上 7 点到晚上 7 点,这属于时段比较好的 12 次;等等。套餐将每天的时间点位重新组合,将不同时段均匀分布,是比较传统、常见的广告营销方式。

但是,随着社会及媒体的发展,电台和客户都逐步认识到时段的价值,早晚高峰的时段更有吸引力,午夜则听众人群逐渐减少,广告套餐的缺点开始凸显。交通之声根据市场变化,将"时段要素"和"节目要素"考虑加入套餐设计,及时对套餐体系进行改变,延续套餐优势。后来我们想了一个办法,用 ABCDEF 的方式,各种套餐,都是 10 次,我有好的 10 次,也有差的 10 次,价格不一样,客户自己去考虑,你要价格便宜点,半夜里播出也可以的。这个很正常,就像单点双点,目的是把我们交通台的每个广告包更加优化。所以现在我们每天都会出一个时段表,每个广告包的时长,比如说今天整点前是几分钟,每天都有,不一样,因为我们要实行动态加价。③

① 彭小东. 传媒经营之交通广播电台运营模式[EB/OL]. [2010-01-30]. www.globrand.com/2010/346301.shtml.

② 与浙江广电集团交通之声副处级调研员(原广告部主任)马良奎的访谈。

③ 与浙江广电集团交通之声副总监兼广告部主任张欣的访谈。

此外,节目也是影响时段价格的重要因素,把这一因素考虑进去,套餐的设计就会不同。比如说这节目本来是在非黄金时段的,但由于该节目影响力很大,所以这个时段就上去了。节目好,就有客户来投,节目差,那就没办法了。①

对套餐时段要素和节目要素的新认识,使得交通之声改变套餐的组合方式,充分有效地开发利用各个广告时段,尽可能地开发非黄金时段,将广告均衡分布,以达到效益最大化。比如凌晨 0:00—6:00,一般都被视为没有听众收听的广告时段,交通之声通过综合开发,变"废"为宝,2002 年起,有 1000 万元的广告就产生于这一时段。②

3.线性插件的广告营销

交通台一直推崇的是线性流的播报模式,这也是交通台与其他电台之间最大的区别所在。在"信息节目化、节目信息化"运作思路下,浙江广电集团交通之声打破一个小时一个栏目的格局,碎片化经营,打破了原来整点、半点、15 分、45 分的点位概念,将线性插件引入广告营销,增加时间点位,使其成为营销的新增长点。

浙江广电集团交通之声的线性插件包括:《路灵灵》(19 次/天:7:00—21:30)、《高速 007》(16 次/天:7:30—22:30)、《动态气象直播室》(7:00—21:00 半点后)、《93 快报快评》(10:00—20:00;单点前快报,双点前快评)、《空港百灵》(5次/天:7:30、11:30、14:00、16:00、19:00)、《健康最重要》(4 次/天:12:00、13:50、16:50、22:50)、《小马来了》(4 次/天:11:30、12:30、15:30、17:30)以及《直通现场》(不定时播报)。这些插件又因层次不同而价格不同,比如《路灵灵》和《高速 007》是交通之声特色所在,收听率最高,则价位最高。

小插件既有一定的节目感,又有全天候滚动的感觉,它打破块状节目设置,符合当前交通广播碎片化收听的特点与线性播报的方式。小插件的出现,使客户对广告时段的选择不再局限于早晚高峰和整、半点点位,将时间拉碎,依托收听率高的插件增加新的点位,丰富了套餐搭配,也实现了时间上的增值。

收听率高的插件也获得了客户的青睐,有的节目由于紧俏,甚至出现几家企业共挤一个位置的情况。一些企业长年特约热点插件,一路跟随,忠诚度很

---

① 与浙江广电集团交通之声副处级调研员(原广告部主任)马良奎的访谈。

② 彭小东.传媒经营之交通广播电台运营模式[EB/OL].[2010-01-30]. www.globrand.com/2010/346301.shtml.

高。伊力特当年争整点报时，但被中国移动拿走了。后来我跟他们说，你们就拿《路灵灵》。交通台优势突出的、有价值的节目应该是路况信息。《路灵灵》有三个优点，一个专业，一个快，此外语言表达也很有特色。一年做下来，伊力特就提出，《路灵灵》就不要竞投了，他们希望长年特约。[①]

4.突发事件的提前营销

突发事件的提前营销，这是一个全新的概念。近几年，突发事件频出，汶川地震、温州动车事件、冰雪灾害等牵动着每一个人的心。突发事件发生时，收听率急剧上升，是广播广告营销的良好时机。浙江广电集团交通之声作为浙江省的应急广播媒体，对突发事件报道备有预案，在每一次突发事件中都体现了媒体的力量，2011年温州动车事件的28小时直播、2013年余姚水灾的144小时现场报道，更是将交通之声的特质和力量展露无遗。

每年第四季度，交通之声都会举办大客户、重点客户年会，对来年的广告进行先期销售，让大客户买断主要广告时段，最大限度地降低因日常零星销售比重过大带来的广告经营不稳定性。[②] 除这一"提前销售"外，在突发事件上，交通之声也采取这一方式。我们一般都是提前营销，如果我们有客户谈好，一年你有300万的预算，200万或者250万的预算是做硬广告或者栏目冠名，剩下50万呢，有突发事件的话我们就让你跟，或者说最近都是台风高峰期，如果客户有兴趣，就可以对接一下。但我们也看到，突发事件时期虽然收听率高，但难以预测，客户往往难以决断而错过良机。交通之声就把握"可预测"的突发事件，根据季节不同来设计营销产品，比如春节、国庆的出行高峰，夏秋季节的台风高峰期等，使客户看到突发事件的可能性，从而投放广告。[③]

三、浙江广电集团交通之声对优势资源在广告运营中的运用

18年来，浙江广电集团交通之声积累了丰富的各类资源。无论是硬件资源还是软件资源，都会成为其广告运营中与客户洽谈的资本。

[①] 与浙江广电集团交通之声副处级调研员（原广告部主任）马良奎的访谈。

[②] 彭小东.传媒经营之交通广播电台运营模式［EB/OL］.［2010-01-30］. www.globrand.com/2010/346301.shtml.

[③] 与浙江广电集团交通之声副总监兼广告部主任张欣的访谈。

(一)同频同步覆盖

浙江广电集团交通之声的最大优势在于硬件的不可复制性。其中,全省"同频同步"覆盖,一个频率听遍浙江,更确立了交通之声的优势地位。

当初创办者们为同频覆盖的审批一事奔波时,许多人不理解他们的做法,认为重视覆盖能有什么用,把节目做好才最重要。但事实证明,交通之声当初的做法非常明智。交通之声成为全国第一家全省同频同步的电台,这影响了全国的广播格局。同频覆盖成为其他电台与交通之声相比最不可企及的优势,这一优势不仅保证了节目的收听率和影响力,更凸显其在突发事件中作为"应急广播"和"服务媒体"的不可替代性。我觉得浙江交通广播的硬件决定很多时候听众只能听我们电台,如高速上听不到其他电台,只能听交通之声,因为只有我们电台在全省范围内不存在切换的问题。像2012年国庆节的时候,所有出行的人都被堵在高速上,大家都在听交通之声。我们的记者全部到了一线,不断地发回高速路况、各个路口出行的信息,准确又快速。①

一个频率听到底,使得节目收听具有连续性,真正做到了陪伴车友、服务车友的目的。这种同频覆盖的优势已为客户所认可,对客户而言,通过投放一个媒体而扩大其在全省的影响力,这是一桩不错的买卖。

(二)庞大的资源网络

网络是一个立体的概念,它把各种孤立的东西连接起来,使之发生联系,形成信息的联通,促进资源的整合利用。广播是一个信息流通、展现的平台,将各类权威信息通过这一平台以最快的速度传播开来,正是广播的魅力所在。因此,交通之声注重资源网络的建设,将各级政府职能部门、听众、客户、记者等"原点"编织成一张覆盖全省、铺满信息的网络,而自身则变成了信息中转、传递的中间站。

搭建网络需要具体设计、明确自身定位。作为交通台,就要思考车上的人需要些什么东西、它跟哪些部门或哪些台有关系。我们想把这些东西全部梳理出来,建立一个强大的网络。比如110、出租车管理公司、煤气公司、自来水公司等,凡是与移动出行人的生活息息相关的,我们都想把它纳入网络中来。②

基于这样的认识,杭州各类职能管理部门1000多家,都跟交通之声建立了

---

①② 与浙江广电集团交通之声副总监兼广告部主任张欣的访谈。

密切的关系,庞大的资源网络体现了交通之声平台的高度和质量,从而又成为其营销的亮点。

1. 政府职能部门

浙江广电集团交通之声与政府职能部门的合作由来已久。与政府职能部门的合作使得交通之声成为最权威、最专业的资讯发布通道。最近几年,交通之声不仅仅与交通部门合作,同时覆盖政府各个职能部门。比如进驻浙江省气象台,在突发灾害中为市民提供最新、最及时的气象预报等。

政府职能部门常常因信息传播不及时造成民众的困惑与误解,广播为其提供了迅速快捷的方式,交通之声在多次突发事件报道中成为政府职能部门最主要的"发声渠道",很受听众信赖。

2. 记者站的建设

为了将浙江省其他地市的资源也整合起来,浙江广电集团交通之声开始建立各地记者站。1999 年,交通之声在绍兴设立了第一个记者站,至今记者站已发展到 11 个。记者站有四大功能:第一是报道动态信息和宣传;第二是活动,覆盖到哪里活动就要做到哪里;第三是建立网络,扩大影响力;第四是创收。[1]

记者站就像延伸到身体每一个地方的脉络,它将新闻的触角伸展至全省各个地方,建起了与各地市联系的桥梁,收获了其他电台无法得到的地市新闻;又通过全省同频同步覆盖,使全省人民在第一时间了解各地动态。网络是个立体概念,当时记者站里面也建网络,这个网络非常强大,全省的网络。所以那个时候我就觉得,只要浙江省发生点事情,几分钟之内我们就知道了。我们是消息最灵的,因为有这么多记者派在各地,我们可以随时掌握信息。[2]

记者站的设立打破了地域的局限,大大提高了城市沟通的速度,拓宽了城市沟通的内容。交通之声通过记者站提升了网络力量,构成了营销的又一卖点。

3. 客户群

客户群也是构成浙江广电集团交通之声资源网络的一部分。交通之声多年来积累了很多客户,这些都是交通之声的衣食父母,是交通台口碑的传播者,也是未来可以重复利用、二次挖掘的资源,因此交通之声非常重视客户关系。

媒体与广告客户之间的关系一直以来都是相辅相成、互为依赖并能共同成长的。因此,交通之声总是尽可能整合客户资源,比如搞个车展,就想方设法把

---

[1][2]　与浙江广电集团副总编辑、浙江广电集团交通之声首任总监董传亮的访谈。

房产结合进来;搞个建材活动,又想办法把银行客户结合进来。这种做法,不仅扩大自身的平台效益,也让更多客户看到他们强大的资源整合能力。

(三)对特殊资源的利用

特殊资源,即浙江广电集团交通之声与众不同的资源。对于交通之声而言,它的特色节目、公益活动、官网合作等,都是特殊资源。在这些资源的营销中,更重要的是抓住其与众不同的与客户的结合点。

什么是特殊资源? 比如《高速 007》只有一个,你来冠名它就叫特殊资源;比如说我们台里的文明出行活动只有一个,这也叫特殊资源;比如除了常规广告,客户希望在台风报道中做公益独家合作,这也叫特殊资源;哪怕他跟你的微博合作也是特殊资源。客户一旦找到一个点跟其他不一样,那么我们都要绞尽脑汁去动脑筋。[①]

对这些特殊资源进行营销,广告创意、策划亮点才是客户看重的。对客户来说,不仅是花钱买广告,更是花钱买"优质的广告",因此对特殊资源的营销,往往谈创意多过谈价格。我们价格比较明确,我们不想把时间浪费在谈价格上,像菜场买菜,永远没有底价,没法谈。那我们谈创意,为什么你在我这投 100万,人家只要 30 万,我得给你理由,这个理由就是广告的创意,只有客户认可才行。[②]

浙江广电集团交通之声凭借多年来积累下的优势资源,已经形成一个广阔的平台,这个平台让他们在与客户沟通中始终信心满满。此外,他们对资源的二次利用与挖掘,一方面为客户提供了与众不同的广告切入点,另一方面也为电台带来了新的增长点。

第三节　品牌建设

一、品牌化运作意识

20 世纪 80 年代,有人将"brand"译为"品牌";20 世纪 90 年代,"品牌"一词

---

①② 与浙江广电集团交通之声副总监兼广告部主任张欣的访谈。

在中国的市场营销领域和广告传播领域通行起来。从 20 世纪五六十年代的品牌形象理论，到 20 世纪 80 年代的定位理论、20 世纪 90 年代的品牌资产理论，学者和大众对于品牌的认知不断深入。

大卫·A. 艾克被称为"品牌研究之父"，被《品牌周刊》誉为品牌资产理论的"鼻祖"。他指出了构筑品牌资产的五大元素：品牌忠诚度、品牌知名度、品牌认知、品牌联想和专有资产。品牌资产综合了消费者态度和行为以及市场手段等，维系着企业产品与消费者之间的关系，提升了品牌知名度、品牌美誉度和品牌忠诚度，从而增强了品牌的增值获利能力。[①]

丹·舒尔茨提出了"品牌构筑"和"商务构筑"的整合理论，认为大众媒介具有推进文化同质化的功能，在 21 世纪的市场里，企业和消费者双方对市场营销均产生影响。这时，传播比促销组合和市场营销更具深度。他主张，在 21 世纪，"品牌构筑"要根据"品牌传播"形成差别化。广告是主要面向企业外部的传播，但品牌传播是创造和消费者之间的"相互作用关系"的各种各样的活动。[②]

浙江广电集团交通之声于 2000 年初率先成立活动部，后改名为品牌推广中心。活动部的主要任务就是通过与听众之间的互动，结合人们的日常生活，捕捉生活亮点，让声音"落地"，构建广播"具象"，通过活动承载具体的品牌形象，让听众感受到电台就在身边。交通之声从"服务媒体"这一理念出发，与听众互动，为交通出行人提供所需信息。随着服务理念实际运作的不断深入，与听众在社会生活中的交织越来越多，交通之声发现了品牌推广的落脚点——活动，尤其是公益活动。

很多创意性的活动，当初就是在这个部门成立以后慢慢延伸出来的，如高考应急服务、关爱交警送清凉、文明出行等，正是这些活动提升了交通之声的品牌知名度和美誉度。

二、公益活动的品牌化运作

媒体是"社会公器"，媒体传递的信息会潜移默化地影响受众对社会的理解

---

① 韩福荣，王仕卿. 品牌理论研究（1）品牌理论发展评述［J］. 世界标准化与质量管理，2006（9）：4-6.

② 胡晓云，张健康. 现代广告学［M］. 杭州：浙江大学出版社，2007：306.

和认知,因此,媒体需承担起相应的社会责任。浙江广电集团交通之声通过公益活动传播公益理念,将生活中的真善美传递给城市中的每一个人,把交通之声打造成"城市名片"。

1.从"关爱交警送清凉"到"文明出行",以核心内容打造电台品牌

"关爱交警送清凉"是交通之声最早的公益活动。基于交通之声与交警的特殊关系,交通之声组织听众去慰问交警,送去茶水、防暑药品等,拉近了听众与交警的距离。

随着品牌意识的不断增强,到 2005 年,交通之声对"关爱交警送清凉"这一公益活动做了内容扩充,提出了"文明出行"的概念,以系列活动的形式在全省范围铺开,宣传交通法规,倡导文明出行,为这一品牌活动赋予了媒体承担社会责任的价值。

"文明出行"活动从 2005 年开始,迄今已有十二个年头,影响力大,参与人数多,是浙江省规模最大的文明出行的宣传活动。它是一个系列活动,像 2013 年有 6 项内容,18 场主题巡演,有高速公路服务区的宣传互动活动、文明出行示范街的示范活动、文明车队的宣传活动、全省交通广播的公益宣传展播等。

随着立体化推广理念的不断深入,交通之声整合广播、电视、网络资源,继续拓展"文明出行"影响力,依据交管局年度统计数据,举办"改变——浙江省文明出行现状发布会",推出"年度十大文明榜单"和"年度十大事故榜单",一改职能部门简单枯燥的数据发布形式,以直观、直接的方式使百姓理解一年中所处的交通环境,从自己做起,文明出行。

2.以普通人的故事助推电台品牌

除与交通紧密相关的活动外,交通之声还善于从和听众的社会交往中吸收信息,发现不一样的故事,主动为普通的身边人服务,为普通市民做公益,用温情感动听众,从而助推电台品牌。

在与听众的互动中,交通之声得知了两个美丽、动人的爱情故事。他们觉得有义务将这样"普通又特别"的故事传递给广大听众,感动社会。于是,交通之声主办两场公益婚礼,主人公的故事温馨又感人,使听众动容,拉近了电台与听众的距离,为交通电台的品牌形象又添一笔。

3.公益倡导——以社会反响体现电台品牌

公益活动的不断推进使得交通之声成为听众心目中"有责任、可信赖"的广播。听众对交通之声形成一种收听习惯,并积极响应交通之声的公益倡导,使

交通之声发挥了更大的媒体价值。

但凡我们台推的活动,在听众当中的反响都是很好的,听众对交通之声的公益认知,都是一点一滴积累起来的。这个是听众对我们最大的回馈。

印象深刻的是,玉树地震后,我们通过青海教育部门得知,有两万一千个孩子受灾,没有教室,读书都成问题。我们就想,作为交通台,我们能做什么。如果募捐,很多人都会疑虑钱去了哪里。后来就想,我们能不能给这些孩子买一些课桌椅,让孩子们重新读书。我们就马上开始做这件事情:一是铺天盖地的宣传,二是了解课桌椅的价格。一个星期的时间,听众就捐款400多万。我们拿着这笔钱,到玉树给孩子们解决课桌椅的困难。剩下的钱,放到教育基金、慈善总会那里,再去资助其他的孩子。

我们凭什么能在一个星期的时间筹集到400多万的慈善款?这件事情反映出,听众信赖我们,听众认同我们的公益行为,这就是我们和听众之间的情感,这也是我们作为一个媒体在这里工作的幸福。①

结　语

在中国,我们如何衡量一个优质的媒体?第一,媒体的社会影响力是否强大,这与媒体的社会责任感相辅相成;第二,媒体的经营收入是否在同行中处于领先地位,这与媒体的广告营销密切相关。浙江广电集团交通之声在历经18年的发展后,如今已成为一家极富魅力的媒体,在浙江广播界,其社会影响力、媒体美誉度、广告整体营销已成为最优质媒体的有力诠释。

一个从开办之初广告收入才达200多万元的媒体,在经历18年的风雨之后,200万成为2个亿。成功的背后,是多年实践的磨练与经验:第一个实行优秀节目拍卖,从此在杭城掀起一股广播节目拍卖热潮;第一个实行行业经理制,用经营节目的方式与耐心去培育广告新人,行业经理制打破了已实行多年的广告代理制度,为广播节目的推广开辟了一条新路径。凡此种种,没有开创者的大胆、细心、敏锐与决心,就没有今天交通之声稳步提升的品牌形象与持续发展

---

① 　与浙江广电集团交通之声副总监兼广告部主任张欣的访谈。

的广告收入。

广播——一个在媒介发展历程中曾多次不被看好的媒体类型，在中国城市化发展的特殊阶段，却闯出了一条独具中国时代特点的发展之路。浙江广电集团交通之声用自身的经历、受众的评价，以及市场的最大认可说明了这一点。

第七章　困境与未来

20 世纪 60 年代到 80 年代中期可谓是中国广播业的黄金时代。此后的十几年间,随着电视的普及化和电视业的大发展,电波媒介迈入电视时代;与此同时,市场经济和城市生活的兴起推动了纸质媒介自改革开放以来的第二波强劲浪潮:报纸的大众化——市民报刊在全国各大中小城市如雨后春笋般涌现,都市类报纸进入寻常百姓家。这样,在三大媒体中,报纸和电视的强势发展让广播的前景显得愈发黯淡,有人认为广播终将成为一种只能支持某些小众兴趣的媒体或者逐渐消亡。在此背景之下,汽车时代的到来可谓为广播业注入了一针强心剂。交通广播模式异军突起,成为广播业最引人注目的现象。借助独特的媒介优势,交通电台在维护公共秩序尤其是交通秩序、推动城市发展和社会建设等方面,都发挥了难以替代的作用。20 年来,城市交通拥堵已经离不开交通广播的即时信息疏导,交通广播已经成为人们出行的信息助手和精神伴侣。

但最近几年,交通广播在经历了高速发展之后,也开始面临各种问题乃至危机。广播的技术、运营、体制在新媒体时代会有怎样的变化?当社会各类公共服务日渐完善,与公众沟通渠道日趋增多,曾作为沟通平台和舆论监督的交通广播该如何开发新的传播价值?当交通信息不再成为独家的垄断资源,当人们再也不像以前那样依赖交通信息,那么应运而生的交通广播是否也会因此而"死"?

对于交通广播的未来,我们难以预测,但可以探讨。我们梳理这些年交通广播的发展历程,也是希望找到发展中的问题,看到未来发展的方向。

第一节　交通广播发展的共性问题

一、节目调整遭遇瓶颈：节目流 VS 节目版块

媒介格局演化之下，交通广播以往独有的交通特色正在弱化。一方面，随着智能手机的兴起和移动互联网技术的发展，移动人群已经成为各路媒体竞相争夺的市场。交通广播曾经是这个市场的主导者，如今优势日渐式微。另一方面，像杭州这样的中心城市，已经无可避免地成了一座"堵城"，在交通早晚高峰全城无路不堵的今天，提供路况信息已成鸡肋，甚至可能在"驱赶"听众。

既然路况信息已经不再是争夺听众资源的主要武器，那么听众需要什么？电台应该采用哪种节目形式，随时插播信息的节目流形式还是固定主题内容的节目版块形式？怎么调整才能达到信息传播的最佳效果？

"碎片化广播"是把信息打碎重组、完全根据即时性需求进行编排的节目理念，这种形式尤其契合交通中的移动人群。在车上一个人的注意力实际上只能集中五分钟，之后会慢慢减弱，碎片化的节目设置最适合在车上收听。提供给听众的内容信息要简明通俗，每个小单元相对独立，避免冗长、深奥。[1]

有人认为，交通广播归根结底是为驾驶者服务的，也可扩展至在有收音机的公交站台等车的人，行人和骑车出行的人则被排除在目标受众范围之外。当年我们就和珠江经济台一样，把广播的整个格局打破。现在我们提出叫作碎片化，当时我们没有总结出来这个理论。我们当时只是想，要和以前的播出形式完全不一样，要打破一个时段、一个栏目的固定格局，要打通所有的时段，当时给我的时间是八个小时，这八个小时大版块的节目就是一两个，《交通广场》和《有理走天下》。[2]

形象地说，碎片化节目形态就是把一个一个"微节目"串联起来，20 分钟一

---

①　董传亮. 车载收听环境下服务理念的再运作[J]. 中国广播，2012(6)：9-10.

②　与浙江广电集团交通之声副处级调研员（原副总监）程珉的访谈。

节,像绵绵不断的流水一样,给听众不间断的流畅的节目收听感受。这种播出形式为随时插播路况信息及突发事件提供了极大的便利,也为交通电台在激烈竞争中赢得了受众。

但现在,这一节目形式遭遇了前所未有的挑战。

第一,与以前相比,路况信息在数量上依然庞大,但随时插播的价值与意义正在减弱。在交通广播兴起阶段,在节目中间插入路况,于听众而言,信息传播的意义大于话题本身,彼时的节目流其实是一个连续不断的路况节目。交通广播发展到今天,高峰时段的道路越来越堵,路况信息对听众的作用已经大为减弱,这就对原来的节目流形式提出了严峻的挑战:当路况不再是节目流水线上的那一颗颗珍珠,我们拿什么内容来不断吸引听众的注意力?

第二,节目流形式的缺陷是难以培育品牌栏目,品牌栏目的缺乏,势必给广告营销带来一定的影响。整体形象强大的浙江广电集团交通之声也存在这个问题。而且,从员工这一角度来看,没有栏目和版块就很难使他们产生归属感,节目是好是坏,与他们的关系就不大。我们现在为什么要去开辟一些时段性和栏目性的节目呢?一个跟广告营销有关,便于有针对性地销售,另一个从队伍的锻炼来说,有栏目与版块就有一定的归属感和责任感。为什么?这个自留地是我耕的,我一定要让它长出好庄稼来。[①]

因此,交通广播这几年在节目制作与播出形式上一直徘徊犹豫,取舍不定,似乎没有找到一条两全其美的路径,既能保持节目流的优势,又能体现品牌栏目、节目的营销特点,而受众需求的变幻莫测更使其变革的脚步迈得谨小慎微。

二、信息资源独占优势丧失

2000年以后,城市中私人汽车的拥有量急剧增长。数据显示,1997年浙江广电集团交通之声创办之时,全国车辆的总数,包括私家车和公务车,约为2000万辆,杭州市车辆保有量仅为5万辆;2000年,杭州主城区的汽车数量为7万辆,三年时间增长了2万;但之后的十年,汽车的数量是以几何数级增长的,2013年,杭州主城区汽车数量突破100万辆,而北京则达到了500万辆之多!2012年,中国车辆保有量突破1亿,比2000年增长了4倍多。这意味着,人们

---

① 与浙江广电集团交通之声总监助理兼93节目中心主任张家英的访谈。

在汽车里的时间将会越来越长。

私家车催生了人们对交通信息的需求,交通广播第一个开发了这片市场并获得了高度成功。紧接着,所有的广播媒体都希望从中分得一杯羹,许多频率纷纷打出"交通牌",开始了以路上人群为目标受众的转型。各家广播、电视及报纸陆续开办交通路况信息节目,如此一来,交通台的资源专享优势不复存在,不再是提供路况信息的独家媒体,各家媒体混战割据的局面日渐形成。①

以浙江省为例,浙江省 11 家地市级交通广播,至少 6 家都以"交通"为台号。在杭州的 10 家电台中,有 4 家直接定位为汽车广播或交通广播。比如,西湖之声本是一家娱乐定位的电台,但在杭州它最早开始打造交通概念,曾经改为"西湖之声汽车电台"。目前,在早午晚三个高峰时段,西湖之声都有一档实时路况节目《1054 在路上》,由三位主持人主持,随时插播路况信息,以便听众选择路线、知晓整体交通状况。从整体上看,广播电台在交通信息资源上的正面对抗持续升温,节目同质化现象日益严重。

无疑,路况信息是交通广播赖以安身立命的核心内容,有人甚至认为,提供路况信息是交通广播唯一的赢利模式。但事实上它是一把双刃剑:路况信息的重要性自不必说,但如果过分依赖提供简单、枯燥的路况信息,也可能因为节目缺乏创新而留不住听众。毕竟,在传播渠道多如牛毛、信息无孔不入的全媒体时代,受众的耐心是有限的,口味是挑剔的。在无法独占交通信息资源的情况下,路况信息已不能单纯满足于可听性,更要强化必听性,确保信息的权威性和可靠性。例如,江苏交通广播网"六网合一"的理念,就是对专有信息认识上的拓展,广播与网络合作,增强信息的权威性,在技术创新层面上是一个突破。

除了路况信息独家垄断优势的消失,从技术和媒体生态层面看,广播的生存环境也面临着来自互联网和移动互联网的全面围攻。以微博为例,2012 年 6 月,微电台在微博上全新推出,经过几个月的升级,微电台基本囊括了全国各大广播媒体的在线收听链接。"微博、微电台的主持人和网友在线交流"成为网络微博、微电台的主打功能。如何在传统路况播报的基础上实现新突破,是交通广播需要思考的现实问题。

---

① 潘力.从专业化走向多元化——中国交通广播二十年的探索与实践[J].中国交通新视听,2011(6):18-20.

三、交通新闻改良难度加大

当路况信息失去优势之后，交通电台的核心竞争力开始削弱。

2008 年前后是交通广播发展的一个转折点，一是更多的广播电台倾向于或直接转型为交通电台，竞争越发激烈；二是交通电台独创的节目线性结构也面临来自听众与广告商的挑战。2009 年，浙江广电集团交通之声再次完善"信息栏目化，栏目信息化"的操作理念，即在事件发生的同时全程跟踪突发的、最新的、重要的内容，同步播出，跟进事态的进程，放大拉长播出时间。而对于每个单元时间重点安排的骨架性内容，则要求短小、简练、点到为止。[①]

"信息栏目化"这个概念是指模仿纸媒的操作方式，把一天 24 小时的节目时间割裂成几个大版块，使之版块化、杂志化。它在一定程度上影响了广播的灵动性，但能有效提高营销活动的精准化投放。此外，随着听众群体的知识结构、经济能力等总体水平的提高，他们会像个专业人士一样来挑剔你，你说话方式如何、用词是否精准、问题够不够专业、态度够不够好等等，总而言之，听众对我们的要求会跟以前不一样[②]。这些原因都导致广播重新回归节目版块。

目前这种"栏目化大版块"的模式可提升主持人做节目的能力，使其准确把握社会动态、近期热点问题。同时，主持人固定当班某一节目，较容易在节目热线中发现社会热点和焦点问题。

只是，如何突出交通性新闻，如何与其他综合电台的新闻有所区分，当路况信息成为所有电台的共享资源之后，当人们对路况信息不再像以前一样渴求之后，交通广播的核心新闻该怎样定位，这依然是许多交通广播的困惑所在。

四、服务功能延续与深入的阻力凸显

20 年来，交通广播披荆斩棘，借助公安交通管理部门提供的专业化平台，采取专业化运营模式，在提供公共交通服务信息方面取得了巨大的成功。

---

① 张立.沿着趋势的方向 寻求并创造机会[M]//潘力,杨保林.困境与出路:新媒介生态下的中国交通广播.北京:中国传媒大学出版社,2012:98.
② 与浙江广电集团交通之声总监助理兼 93 节目中心主任张家英的访谈。

浙江广电集团交通之声于2002年派驻记者进驻杭州交警指挥室。"路灵灵"和交警在同一个办公室工作,定点播报从监控探头看到的杭州市区路况信息。这种合作模式也为全国公安交通管理部门带来了好处,后者在为交通广播提供业务和技术支持的同时,也借助此平台开展工作,为交通规则普及与城市交通信息传播开创新的渠道。在合作过程中,交警执法工作的公开性、透明度得以保证,在这种压力之下,交警执法不仅变得迅速及时,也越来越规范与完善。

可以说,这种合作模式开创了交通广播、受众和交警部门"三赢"的局面。

交通广播在开创初期受到听众极大欢迎从某种程度上说与它对城市交通部门的有效监督息息相关,也与政府相关职能部门长期形成的信息垄断、服务不规范有关。交通广播成为各城市交通管理部门的一个延伸机构,它不仅帮助管理者沟通市民,也帮助市民传递反馈信息,没有一种媒介像交通广播那样如此细致到位地服务于交通管理部门与交通人群。因此,当社会机构的服务机制越来越完善,曾被交通广播替代的一部分服务功能开始回归至政府管理部门,交通媒介的服务功能就必须往纵深发展,而不能停留在信息播报、传递以及一般的投诉咨询类节目上。

但是,服务功能的延续与发展受到某种阻力的抗拒,一是广播是仅限于一种浅层面触动的媒体,其媒体特质决定其深度发展有一定难度;二是路况信息的获得依靠技术、人员以及与交管部门的合作关系,但深层次的挖掘、调查以及对规则、条例、管理方法本身的探讨需要一个更大的平台,这应该是整个媒介改革的问题,单凭交通广播无法解决。

五、个案研究:业界对交通广播危机的思考
——基于《中国交通新视听》(2011—2012)相关文章的分析

《中国交通新视听》是中国广播电视协会交通宣传委员会(下称"交宣委")官方刊物。交宣委是经国家民政部批准设立的行业性社会团体,于1995年8月28日在哈尔滨成立。会员单位囊括全国大部分省市自治区的交通广播电视播出机构。交宣委以"反映诉求、提供服务、规范行为"为己任,强调"合作、融合、发展、共赢"的行为理念,坚持"用思想引领行业,用活动带动行业,用创优提升行业,用服务触动行业,用创新推动行业",积极倡导办有思想的行业组织。

交宣委下设交通广播、交通电视、移动电视三个分会,先后创办了《中国交通广播》月刊、《中国交通新视听》杂志、《传媒参考》电子杂志和中国交通广播网(www.ctbn.cn),开通了以交宣委为首的全国交通广播新浪官方微博群,搭建起了全国交通传媒信息发布和交流的网络平台,形成了"上有网,下有刊"的传播新格局。

近年来,交宣委注重发挥"行业组织的协调优势、政府部门的资源优势、媒体平台的传播优势、传媒高校的研发优势",行业凝聚力、对外影响力、媒介渗透力、品牌美誉度大大增强,跨区域合作已经成为行业共识,在推进中国交通传媒事业发展进程中,发挥出越来越重要的作用。作为交宣委的官方刊物,《中国交通新视听》是全国170余家交通广播、移动电视机构,以及交通传媒产业的其他机构和从业者进行交流、讨论、协商和合作的平台。基于这一考量,我们选择该刊物2011年全年和2012年全年的24本期刊作为资料来源,分析两年来业界对于交通广播的危机和未来的看法。

整体上看,2011年该刊物发表了15篇关于交通广播危机和未来的文章,2012年共发表了10篇相关文章,相当于2011全年数量的2/3,这说明广播业界对广播问题危机的探讨逐渐减少。

2011年的文章在研究交通广播问题时,使用的关键词分别是"新形式"、"全媒体"、"变革时代"、"微博时代"、"新的社会环境"、"新媒体环境",总体来看,是媒体环境发生了变化,所以交通广播必须做出相应的回应与调整,否则就会出现危机。而2012年的相关文章在讨论该话题时,使用的词汇分别是"新的社会环境"、"媒介融合背景"、"全媒体时代"、"微时代"、"媒体变革"、"新媒体环境",总体意思不变,只是比上一年多了一个媒介融合的背景,而媒介融合是全媒体运作的一种方式。

2011年涉及交通广播危机的15篇文章中,有9篇属于"思想广场"栏目,占总数的60%,3篇属于"活动探微"栏目,为总数的20%,其余3篇分别属于"探索与争鸣"、"微博时代"和"本刊专稿"。2012年的10篇相关文章中,6篇来自"业务研究",也占总数的60%,其余4篇分别来自"学术前沿"、"名家之言"、"专题"、"台长论坛"。从"思想广场"到"业务研究"的转变,说明业界已经重视交通广播出现的问题和危机,并且开始想方设法把危机变成转机。

表 7-1 对 2011—2012 年《中国交通新视听》关于"广播危机"文章的梳理

	标　题	所属栏目
2011 年第 1 期	《新形势下广播新闻再思考》（李秀磊）	思想广场
2011 年第 2 期	《广播电视应对全媒体发展与监管的策略》（林勇毅 吴生华）	思想广场
2011 年第 6 期	《开拓广播核心资源蓝海 构建省级交广二维市场——解析湖南交广全媒体直播室的经验与作用》（冉照福 张冠）	思想广场
	《谈媒介融合下节目主持人应对之道》（王金鑫）	思想广场
2011 年第 7 期	《变革时代中的变革管理——媒介经营管理面临的新挑战》（张君浩 兰海燕）	探索与争鸣
2011 年第 8 期	《中国交通广播二十年的探索与实践》（潘力）	思想广场
	《交通广播发展的思考》（王俊伟 高光奇 殷建萍）	思想广场
	《微博时代传统媒体的挑战、机遇与对策》（李玲）	微博时代
2011 年第 9 期	《内容大拓展"态度"决成败——浅析新的社会环境下交广路况经营的战略思维》（王天峰）	思想广场
2011 年第 10 期	《唱响广播主旋律——中国交通广播 20 年发展再思考》（潘力）	本刊专稿
	《荣耀、变革与未来——中国交通广播 20 周年高峰论坛上暨上海交通广播成立 20 周年纪念大会综述》（周芳洁）	活动探微
	《交广 20 年，新面貌迎接新挑战——在中国交通广播 20 周年高峰论坛上的致辞》（王建军）	活动探微
	《赢者思变 驾驭未来——在中国交通广播 20 周年高峰论坛上的致辞》（郑丽娟）	活动探微
2011 年第 11 期	《新媒体环境下的广播发展路径选择与广播经营思考》（丁俊杰）	思想广场
2011 年第 12 期	《问题之辨 应对之道——谈城市交通广播的现状与发展》（乌桂升 张美东）	思想广场
2012 年第 1 期	《政府微博新闻传播及其对传统媒体的影响——从"最火的政府微博"谈起》（胡丹）	学术前沿
2012 年第 2 期	《内容大拓展"态度"决成败——浅析新的社会环境下交广路况经营的战略思维》（王天峰）	业务研究
	《台网联动：媒介融合背景下的传播新模式——第七届综艺新媒体高峰论坛综述》（舒鹏）	名家之言

	标　题	所属栏目
2012 年第 4 期	《探索全媒体时代广播新技术新发展——在"调频同步广播覆盖与传播效果研究"现场研讨会上的致辞》(高福安)	专题
	《全媒体——广电媒体发展的方向》(吕岩梅 董潇潇)	业务研究
2012 年第 5 期	《微博在广播节目的应用及其影响探析》(施会毅 韦冀宁)	业务研究
	《"微"时代的广播突围路径》(刘同顺 张晓英)	业务研究
2012 年第 6 期	《扬长避短走特色化道路——如何办好地市级交通广播》(刘万华)	业务研究
2012 年第 10 期	《媒体变革下交通广播节目的发展》(季海勤)	业务研究
2012 年第 11 期	《新媒体环境下广播媒体的几点思考》(高福安 刘亮)	台长论坛

第二节　交通广播的危机

一、危机的体现

图 7-1 和图 7-2 两张图虽然比较旧，但还是很能说明广播的现状的。从图 7-1 看，从 2003 年到 2006 年，如果把广播和期刊放在一起的话，在整个媒体行业之中占的份额是没有变化的。尽管有的电台活得不错，但是广播在中国整个市场份额中的占比实在少得可怜。[①]

相比之下，我们来看图 7-2，2009 年，移动和网络加一起，占全国媒体市场的41%。可是平面媒体，包括报纸、杂志、图书，加一起才占 29%。电视的占比也在不断下降。因此可见，传统的媒体都面临着巨大的危机。

---

① 刘浩三. 全媒体时代的广播发展机遇——专访中国传媒大学副校长、教授、博士生导师胡正荣[J]. 中国广播，2012(3)：35-37.

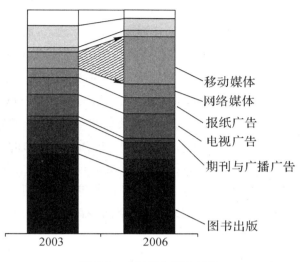

图 7-1　中国媒介产业结构

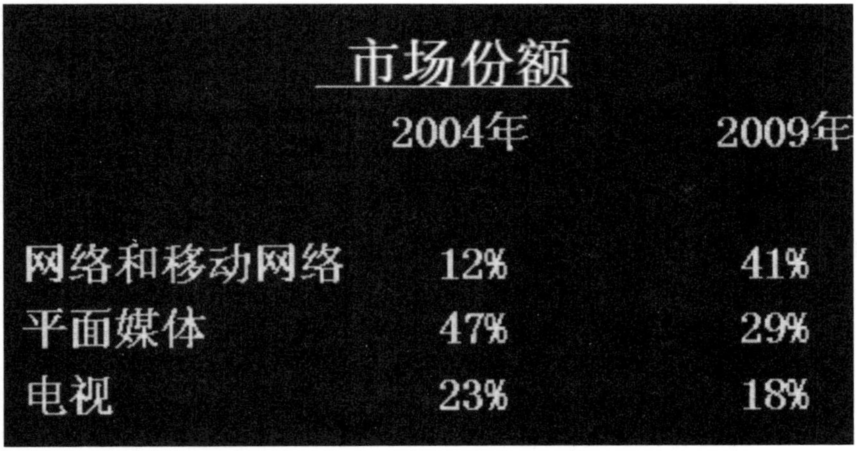

图中标注：移动媒体、网络媒体、报纸广告、电视广告、期刊与广播广告、图书出版

市场份额	2004年	2009年
网络和移动网络	12%	41%
平面媒体	47%	29%
电视	23%	18%

图 7-2　中国媒介市场份额

　　任何媒介都有其技术特质，这种特质既创造了它成为媒介的可能性，同时其技术局限性也规定了人们只能以某种特定的方式使用它。正如加拿大传播学者英尼斯所洞察到的，媒介可以分为偏向于时间的和偏向于空间的。偏向于时间的媒介性质耐久，容易传承，但不容易运输和生产，不容易使用，因而也不利于空间上的传播；而偏向于空间的媒介质地较轻，容易运输，使用方便，能够远距离传播信息，但它们传播的信息限于当下，持久性不强。进而，英尼斯也指

出媒介技术在时空上的偏倚与它所创造的文明之间的关系,即不同媒介在知识传播上的偏向决定了政治共同体的治理形态。而当人们结成大规模的政治组织时,就要克服媒介的偏向,既不能过分倚重时间,也不能过分倚重空间。多伦多学派的另一位学者麦克卢汉也特别强调媒介与时空的关系,他声称,"人类的传播史就是一部不断提高传播速度、摆脱时空束缚的历史……每一种新的传播媒介都以独特的方式操控着时空"。此外,他的很多观点——"媒介即讯息"、"媒介是人体的延伸"等等,也为我们提供了理解传播技术革命的洞见。

从两位技术主义者的观点来看,广播自然是偏向空间的,它是大众的、文化的普通媒介,强调传播的世俗化、现代化和公平化,因此,有利于传播信息和娱乐。交通广播将在路上的人连接起来,超越空间距离,方便人们参与到广播话题的讨论中,使事件还原本来面目。

广播偏倚空间的特性决定了其在技术层面的弱势,不过,广播的危机不仅仅体现在技术上,本小节将从技术层面、节目架构层面和体制层面三个角度来分别阐述广播面临的危机。

(一)技术层面

广播在 20 世纪 30 年代兴起之后,一段时间内对报纸构成很大冲击。报纸在传播速度上远不如电波媒介,但其凭借深度和便携性与广播、电视形成了传统三大媒体的鼎立之势。而广播在电视兴起之后,也一度惨遭灭顶,但又借助"车轮"力量获得新生。当然,这些传统媒体如今都面临着以互联网和手机为主的新媒体的更强烈、更深刻的全方位冲击,媒体行业的技术范式、生态链、生产和赢利模式都发生了天翻地覆的变化。

广播是易碎的,广播具有不可视性。与其他媒体相比,广播不像报纸那样有明显的头版二版之分,也没有电视那样非常清晰的栏目、版块。从听众角度来说,广播就是时间流水,有早高峰、晚高峰和夜高峰,有车流量大或小的时段,而没有非常清晰的版块、栏目或节目。这也是广播在短时间内宣传效果不如电视大、受众反应不如平面媒体大的主要原因。

与电视相比,广播需要反复地传播,才能达到预期效果。做广播比电视累的原因就在这里。虽然说广播的弱势地位正在扭转,但还是以浅传播为主,它在深度上始终无法与电视相比,因为它的收听环境就不允许这样,听众边开车边听,红绿灯或任何交通情况都会不断地分散听众的注意力,所以这方面的弱势不可避免。在这点上,电视传播的生动性、传播手段的丰富性,就比广播有优势,广播相对单一。所以我总是和台里员工说,做节目的时候要让声音丰富起来。①

广播技术限制了它的传播影响力,与不断强化各类功能的电视相比,广播收听无法回放,只能线性收听,除非电台安排重播。收听终端虽然已经多元化,但依然无法改变节目本身的线性结构。这种缺陷对日益忙碌、媒体使用无计划性的现代人而言,常会产生"擦肩而过、失之交臂"的遗憾。这对培养忠实的听众人群也是一个致命的弱点。

利用单一媒体形成传播影响力的可能性在如今这个时代越来越小,传统媒体纷纷借力新媒体,其中一个主要的原因就是通过与新媒体合作,可以增加其传播的渠道,扩大其传播的影响力。广播借助新媒体可以改变其收听终端的单一性,却不能利用新媒体对节目进行再传播,广播音频再传播的可能性虽有,但仅限少数有品牌的节目,这与受众可以在短时间内通过多种渠道收看某一电视节目从而使节目形成强大的社会影响力构成鲜明的对比。

就目前的技术而言,广播无法利用音频进行大面积的节目再传播,也很难将这些资源进行整合再利用。与其他传统媒体相比,过往报刊可以在各大图书馆的过刊阅览室查阅到,这种查阅的方便性一直是纸质媒体的优势;而大部分年轻人通过网络或手机等其他新兴媒体收看视频,这也是视频容易在短时间内形成热点或引起强烈的社会反响的技术保证。唯有广播,其线性的时间流水结构使它的再传播功能一直处于弱势位置。

(二)节目架构层面

随着人们物质生活水平提高,丰富的娱乐活动逐渐占据了人们大部分的休闲时间,广播可支配的时间在减少。受众的欣赏习惯、收听目的、收听内容呈现多元化,曾经一个频率一个节目引起万人收听的神话已很难再现。在这样的环境下,广播只有具备鲜明的个性、有辨识度,才会被听众快速识别。

从受众的角度来分析,一般听众可划分为忠实型、游离型、潜在型三种。②综合频道节目覆盖面广,导致频率的忠实型听众少,游离型听众多;专业频道由于内容相对集中,能使许多游离型和潜在型的听众转变为忠实型听众。在广播

① 与浙江广电集团交通之声总监张立的访谈。
② 孙孔华,谭奋博.频率专业化——广播与时俱进的必由之路[J].中国广播电视学刊,2002(10):4-6.

频率数量竞争激烈的情况下,只有对听众进行细分,对频率实行专业化,才能满足听众日益突出的个性化选择,满足听众的个体需要。

从广告营销角度来看,当今各类媒体产生的海量讯息不仅使受众困惑,给广告商的投放也带来新挑战。就广播而言,针对地域或者针对专门人群的精准广告投入在整体广告份额中的比例越来越高,电台的专业化、类型化是必然的发展方向。

传统综合频率的广播节目相当于大超市,商品种类多又全,但是很少有精致的产品。要想改变这种状况,就需要在专中求深,窄中求精,变"广播"为"窄播",变"大超市"为"专卖店",通过频率专业化的实行来实现广播精品化。广播频率专业化是指广播电台根据广播市场的内在规律和广播听众的特定需求,以一个频率为单位进行内容定位划分,使节目内容和频率风格能够比较集中地满足某些特定领域的广播听众的需求。广播频率专业化,不仅符合广播的规律,而且凸显了广播的特点,扩大了广播的优势。[①]

自20世纪50年代以来,美国综合性电台已逐步退出市场,专业台占据绝对主导,以新闻频率与音乐频率为主。一家电台一般只突出一种专业化的节目类型,其中音乐频率占三分之一,在音乐频率中又分出古典音乐台、乡村音乐台、流行金曲台、美国黑人音乐台、爵士音乐台、途中音乐台、动感摇滚音乐台、怀旧金曲台等。正是频率专业化,使得广播电台发现了自己的发展空间,在激烈的竞争中不但生存了下来,而且蓬勃发展。近十年来,广告收入一直保持着上升势头。[②]

专业频率要优化电台整体结构。要对构成频率形象的各种要素诸如节目、栏目等按时序进行科学合理的编排组合,构建与频率定位相统一的外在形象,要使节目架构与频率的定位相符,最大限度发挥专业频道的优势。要根据频率的定位和性质设置栏目,栏目名称与频率定位要吻合,栏目设置数量要合适,栏目时长要为听众所接受,栏目播出时段、各栏目的类型安排、栏目间的组合与呼应、利用各栏目来烘托频率特色等等都要在对听众进行充分调查研究的基础上

---

① 孙孔华,谭奋博. 频率专业化——广播与时俱进的必由之路[J]. 中国广播电视学刊,2002(10):4-6.

② 陈明亮,戴婷. 我国广播频率专业化的发展趋势[J]. 现代营销(学苑版),2012(11):238.

来进行。①

　　2002年,中央电台率先打造中国专业化频率——音乐之声,将全天18个小时音乐节目,以2~3小时为单位,划分为八个大区块时段,让听众可以完整享受Music Radio提供的音乐陪伴,被公认为是国内较为成功的专业化电台;2003年,中央电台经济之声全面改版,首次提出了"轮盘式节目结构"和"任意时间收听,20分钟搞定"的节目设置思路;2004年,上海地区出现东广新闻台,并于两年后推出每天15小时的大容量滚动新闻版块,以每20分钟为单元滚动播出新闻,做到"听新闻不用等",号称国内第一家新闻专业电台。

　　此后的一段时间里,各地电台以改版或新增的方式,推出了多家以音乐、新闻为主的类型化电台,如湖北电台FUNMUSIC RADIO(现湖北总台文艺广播)、南京热力调频、中央电台环球资讯广播、江苏经典流行音乐广播、中央电台中国之声频率等。很多地区的广播电台也正在逐步将类型化频率的理念和思路渗透在频率运营过程中,尝试着构建并发展类型化的音乐台、新闻台、交通台。

　　音乐台和新闻台作为专业电台的发展历史较长,相对成熟;交通台作为专业台兴起时间晚,还在摸索转型当中。浙江省内较为成功的音乐台和新闻台分别是动听968和浙江之声,故选取这两家电台的节目表,和交通之声的节目表对比,来探讨交通之声的节目设置的优缺点,以及改进建议。

　　从节目的格式上看,"动听968"和"浙江之声"节目设置很规整,以整点或者半点作为节目的节点;交通之声在节目之外,还附有七个线性插件,以便随时更新最新消息。这是因为电台类型不同,导致信息的播报方式和周期长短不一样。

　　从工作日和周末的节目来看,音乐台和交通台的节目有周末和非周末之分,但是新闻台一周七天的节目设置基本一致。这或许与电台的定位相关。

　　从节目和电台的专业关联度来看,音乐台只有一档财经节目,其余全与音乐有关;新闻台有一档财经节目、一档娱乐节目,还有一档文化类节目,其余都和新闻相关。在这点上,交通台就没有这么紧扣主题了,除了汽车和交通节目之外,交通台还有健康节目、消费维权节目、音乐节目、财经节目。

---

　　① 孙孔华,谭奋博.频率专业化——广播与时俱进的必由之路[J].中国广播电视学刊,2002(10):4-6.

第七章 困境与未来

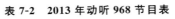

表 7-2　2013 年动听 968 节目表

时　间	周一至周五	周六、周日	时　间
6:00—7:00	爱上音乐的早晨	爱上音乐的早晨	6:00—9:00
7:00—9:00	乐听乐动听		
9:00—10:30	汽车 CD	音乐原味	9:00—12:00
10:30—12:00	鲁瑾脱口秀		
12:00—13:00	joy 直播室	午后音乐沙发	12:00—15:00
13:00—14:00	午后音乐沙发		
14:00—16:00	淘音乐	快乐音乐课	15:00—17:00
16:00—17:00	快乐音乐课		
17:00—18:30	最佳享受	最佳享受之周末版	17:00—19:00
18:30—19:30	听财经		
19:30—21:00	中国新歌榜	中国新歌榜之海外榜	19:30—21:00
21:00—22:00	心醉爵士	非常亚洲	21:00—22:00
22:00—24:00	情歌纪念册	凡人咖啡馆	22:00—24:00
00:00—6:00	不止好音乐		00:00—6:00

表 7-3　2013 年浙江之声节目表

时　间	节　目	时　间	节　目
00:00—05:00	钱塘不夜天	14:00—15:00	咖啡时光
05:00—06:00	天天服务台	15:00—16:00	财经非常道
06:00—06:30	早安浙江	16:00—17:00	我们都是汽车人
06:30—07:00	转播中央电台中国之声	17:00—18:00	今日大热点
07:00—08:00	浙广早新闻	18:00—19:00	浙江新闻联播
08:00—09:00	方雨大搜索	19:00—20:00	麻辣串串烧
09:00—10:00	维维说房	20:00—21:00	三味书屋(重播)
10:00—11:00	阳光行动—独立调查	21:00—22:00	星空夜读

时　间	节　目	时　间	节　目
11:00—12:00	新闻直播室	22:00—23:00	今日大热点(重播)
12:00—13:00	超级开心 GO	23:00—24:00	转播央视 24 小时
13:00—14:00	三味书屋		

表 7-4　2013 年浙江广电集团交通之声节目表

时　间	周一至周五	周　六	周　日	线性插件
06:00—06:30	健康最重要(重播)			
06:30—07:00	冬吴相对论	向快乐出发		路灵灵
07:00—09:00	93 早高峰			07:00—21:30
09:00—10:00	93 第一财经	乐在途中		高速 007
10:00—11:00	有理走天下			07:30—22:30 动态气象直播室
11:00—12:00	93 车世界		有氧周末	07:00—21:00
12:00—13:00	消费放大镜	飞越浙江		半点后; 93 快报快评
13:00—14:00	中国汽车音乐榜			10:00—20:00
14:00—15:00	丁建刚房产时间	一周房产	企业之家	单点前快报,双
15:00—16:00	小崔热线	车友俱乐部		点前快评;
16:00—16:30	联动浙江	冬吴相对论		空港资讯 07:30、10:30、
16:30—18:30	一路有你、曹景行非常 6+1			14:00、16:00、 19:00
18:30—19:00	安浩开讲			健康最重要
19:00—20:00	环球音乐风			12:00、13:50、
20:00—20:30	健康最重要			16:50、22:50
20:30—21:00	冬吴相对论			小马来了
21:00—22:00	听天下、曹景行非常 6+1			11:30、12:30、 15:30、17:30
22:00—23:00	完美释放			直通现场
23:00—01:00	温暖同行			
01:00—06:00	平安高速			

二、如何应对广播危机

（一）利用广播特性，与新媒体合作扩大影响

前纽约时报出版公司董事长阿瑟·苏兹贝格曾说："在我们这一代，新闻和信息的传输将会转向宽带，必须掌握三个关键的技能——印刷、互联网和视频，才能踏入宽带世界。因为那才是新闻机构的未来生存之本。"阿瑟·苏兹贝格所说的"印刷、互联网和视频"其实就是指全媒体时代的多元业务形态。随着经济的全球化、信息高速公路的发展突飞猛进，多媒体终端层出不穷，跨终端、跨业务、跨行业的"全媒体时代"已经成为不可逆转的历史潮流。

微博、微信作为公共开放的网络平台，不仅可以成为个人意见的发表平台，也可以成为传统媒体丰富自身内容的手段。[①] 交通广播早已开设微博、微信，通过互联网加强与听众的互动，尤其是微信，现在已经成为交通广播又一个令人期待的亮点。

1. 微博的使用

作为节目的补充，交通广播的微博可以发布节目之外的内容。同时，通过网络传播与广播传播的交互作用，将媒体在现实中的影响力扩展到网络，将网络中潜在的受众转化为现实世界的听众。

2010 年 8 月 31 日，浙江广电集团交通之声官方微博正式开通并发布了第一条微博，内容由高速路况记者"高速007"提供，是有关高速公路因施工而封闭入口的事情。截至 2015 年 8 月 31 日，浙江广电集团交通之声的官方新浪微博拥有 132 万粉丝，微信至 2015 年 8 月底有粉丝 98 万。

新技术变革的重要影响之一是降低了新闻制作的技术门槛，这无形中也降低了新闻工作的专业性门槛。例如，随着摄影硬件的升级，一部手机也可以拍出达到基本播出水准的视频，这时每一个新闻现场的公民都可能成为记者，这也使得"市民新闻"（citizen journalism）应运而生。[②] 所谓民众新闻，或曰公众新闻、参与式新闻、街头新闻等，指的是一种非新闻专业人员使用民用设备采集与制作新闻内容的新方式。

---

①　李玲.微博时代传统媒体的挑战、机遇与对策[J].理论探索,2011(3):91-93.

②　张磊.英国广播公司的新媒体战略[J].青年记者,2011(11):69-70.

首先,在 Web2.0 时代,微博就像一个天然的新闻信息广场,为传统媒体提供了强大的人际关系网络以及海量新闻信息和线索。从浙江广电集团交通之声的微博主页我们可以看到许多转发自其他媒体甚至普通听众的微博。在人人皆记者的时代里,无处不在的网民可以通过将所见所闻@广播电台的官方微博,为电台提供第一手的新闻讯息。我们现在在记者的打造方面,也是希望他们往全媒体的方向发展。所以我们记者发的微博微信基本上都是带图片的,不单单一段文字而已。我们希望所有的记者都有这样的意识:我跑的这条新闻,不仅仅可以在广播上发出去,微博也是我的用武之地。一般开设有微博的记者或者主持人,如果他们发布了一条自认为比较有价值的新闻,或者他们制作的节目在广播中被播出,一般都会主动告知我们多媒体部。[①]

尽管浙江广电集团交通之声早就和其他兄弟媒体建立了良好的合作关系,但是在微博平台上进行微博账号之间的互动,还是一个值得研究的课题。微博具有速度上无可比拟的优势,有些突发事件可以先于广播在微博上被报道。浙江广电集团交通之声的官方微博隶属于电台,但它日益成为一个独立的发声器。我们跟新浪浙江合作得不错,交通之声一些有价值的新闻,他们都第一时间会转。他们关注了比较多的省内媒体,因为我们这些媒体有第一手的信息。我们的信息来得很快,范围也很广,因为我们有自己的记者站。基本上所有的突发事件,都是我们这些有传统媒体作依托的微博账号报道后,新浪浙江再开始转发的。[②]

其次,广播电台开微博,可以将记者正在采集的过程或者刚刚得到的消息进行实时直播,这样,"粉丝"对新闻的关注就实现了前移,而这种互动也在一定程度上弥补了电台节目播出时效性的不足,使得听众在微博上对正在发生的新闻"窥见一斑"。如果实现了电台和微博的互动,在时效性上也提升了其与主流网络媒体之间的竞争力。

这一点在交通之声报道 7·23 温州动车事件时得到了十分显著的体现。

2011 年 7 月 23 日 20 点 34 分,甬温线永嘉站至温州南站间,D301 次列车与 D3115 次列车发生追尾事故,造成多人伤亡。事故引起了全国民众的关注,传统媒体与新媒体共同参与到了该事件的新闻话语呈现中。作为事发省份最有影响力的媒体之一,面对如此严重的交通事故,浙江广电集团交通之声几乎

第七章 困境与未来

---

① ② 与浙江广电集团交通之声多媒体部主任秦晓峰的访谈。

倾全台之力做了大量的直播报道,而在这次报道中最闪光之处就在于对微博"浙江交通之声"的使用。

在这次特别直播报道中,交通之声首次对微博传播进行了深度开发。当时微博管理员蒋捷正在衢州出差,接到消息后,他迅速找到一家网吧,就地展开工作,一边整理来自记者、现场听众的消息,一边有序地上传微博。由于微博信息全而快,"浙江交通之声"官方微博受到密切关注,大量信息被转发,单条信息最高被转发上万次。全国广播联盟170多家成员电台集体转发交通之声信息,凤凰卫视记者闾丘露薇留言"此时就只能听浙江交通之声",更有海外网友通过微博得知事件发生后,通过网络收听广播。

中国传媒大学广播产业研究所所长潘力发微博:"温州动车事故中,浙江广电集团交通之声是通过微博第一时间向网民传递资讯的第一媒体,体现主流媒体社会责任,24小时滚动播出,使广播媒体在突发事件报道中独具魅力,彰显新闻工作者的职责,是传统媒体借助网络新媒体共赢的有效传播手段,延展了受众领域,成为人们相互沟通的纽带,成为神州大地上爱心传递的接力棒!"

微博让更多的同行了解到交通之声正在现场报道这起重大的交通事故,并纷纷来电要求连线。报道指挥部迅速决策:专门安排一名记者统一对外连线发布消息,重点保证第一个抵达现场并发出媒体第一声的记者裕杰继续进行有序采访。从7月23日21点15分收到消息后发出第一条微博,截至7月24日0时,不到三个小时的时间,交通之声官方微博就发布了30条关于此次动车事故的微博。正是这些微博,不仅加快了信息传播的速度,而且冲破了广播信号覆盖范围的限制,不仅在浙江,全国人民都可以通过交通之声官方微博了解最新的情况。

从这次突发事件报道中我们可以看到,一方面是数以千万计的自媒体信息生产者,另一方面是拥有专业的采编队伍、掌握着一定话语权的传统媒体。突发事件的信息传播越来越受到以广播为代表的传统媒体和以微博为代表的新媒体交互作用的影响。

在此次动车事故中,一方面,传统媒体更加重视新媒体特别是微博舆论场,除了使用自有媒体平台发布新闻外,还积极利用传统媒体网站、官方微博等平台发布信息;另一方面,新媒体也不再"自说自话",两种媒体的互动联系越来越紧密,在突发事件中呈现出交互影响的态势。[①]

2. 微信的使用

如果说 2011 年属于微博的黄金时代,那 2012 年,则有一种新生事物让微博感受到了压力。2013 年 1 月 31 日市场研究机构 GlobalWebIndex 的报告显示,2012 年第二季度到第四季度期间,新浪微博负增长接近 40%,腾讯微博更是可怜,以接近 60% 的负增长排名垫底。而截至 2013 年 1 月 15 日,中国境内微信注册用户已经超过了 3 亿。

很多人甚至认为,微博将被更为人性化、更方便的微信挤出历史舞台,就像当年微博挤掉博客、播客一样。

微信能否取代微博我们暂且不去讨论,但是不可否认的是,微信作为短信的升级版,已经成为任何人都无法忽视的新媒体形式。而在这个浪潮中,浙江广电集团交通之声敏锐地抓住了时机,在微信利用方面也进行了自己的探索。使用中发现,微信的性能与广播天然地契合:

(1)支持声音互动。

微信推出后,其功能一直在不断完善中,但是微信的核心竞争力还是在于它能够支持音频便捷传播。这是微信超越短信的地方,同时也是它与广播最契合之处。广播是以声音为主要内容的媒介,微信出现之前,主持人可以将信息生动地描绘给听众;微信出现之后,当事人可以自己将话"说出来",这无疑要比主持人念出来更加生动和真实。通常情况下,交通之声每天能收到两千多条微信,有咨询问路的、参与节目互动的,突发恶劣天气导致交通问题的时候,微信平台上更是热闹非凡。广播节目需要非常丰富的音响,有了微信平台以后,加入更多听众的声音,互动性、趣味性更强,有些听众发过来的是很好玩的,很有趣的,声情并茂。用音频的听众开口都是"93,93",都是这样开始的,他也不会喊哪个主持人,就说"93,93,我在杭沪高速公路上怎么怎么了",还蛮有趣的。从节目话题互动的角度来说,主持人越有名气,话题越有趣,参与的人肯定就越多。从节目的角度来说,现在用微信显然多过用短信,我们对外播报还是微信用得多。[②]

① 芦何秋,胡晓. 突发事件中传统媒体和新媒体的交互影响——以甬温动车事故为例[J]. 当代传播,2012(1):82-84.

② 与浙江广电集团交通之声新媒体部主任秦晓峰的访谈。

（2）群发和自动回复功能，能够便捷地服务听众。

微信不仅仅是一个互动的平台，也是电台向微信用户传递消息的新渠道。微信设有自动回复和群发的功能，如何利用好这两个功能，让微信用户能够得到实实在在的服务，也是交通之声多媒体部一直考虑的问题。

微信设有自动回复和群发的功能，群发的话，一天只有三条，也就是说腾讯只给你三条群发的机会，我们提过很多次，希望突发情况下可以多一些，但还是不可以，所以现在我们就必须充分把握与利用这三条的机会。另外自动回复功能的应用，我觉得我们是用得比较好的。自动回复是没有限制的，在高速路况方面，或者是在突发事件及恶劣天气情况下，我们一般会做一个标准的回复。只要你发送，比如说冰雪路况或者沪杭甬高速，我们后台都编辑标准的回复信息。①

浙江广电集团交通之声微信自动回复的内容基本上都来源于路况平台，编辑们会做一个简单的整理。在这个过程中，多媒体部的工作人员牢牢把握"服务"这个中心，争取给交通之声的微信用户带来最大的便利。

自动回复功能的实质就是抓取用户文字信息中的关键词，然后根据关键词将对应的信息反馈给用户。在冰雪天或者其他突发情况下，直播节目中会有很多听众通过微信平台来问路。无论是各个节目口的导播还是多媒体部，都无法应对。他们曾经尝试过通过增加人手来做到——回复，但由于信息量太大并且繁杂，所以效果并不理想。而自动回复功能其实是使受众的咨询得到了100％的回复。

（3）微信用户拥有更高的忠诚度。

微博动辄百万千万庞大的受众（粉丝）数量，足以使其传播能力与传统的大众媒体相抗衡。而微信的用户是基于手机通讯录、QQ通讯录等相对狭窄的好友圈形成的，尽管微信也可以通过"摇一摇"或"附近的人"等功能采取"偶遇"的方式添加好友，但是，至少从目前来看，与微博相比微信的受众面十分"狭窄"。这决定了微博的传播形态和传播功能更具备大众媒体的特性，而微信则更适合交流。②

---

① 与浙江广电集团交通之声新媒体部主任秦晓峰的访谈。

② 陆高峰.从微博到微信[J].青年记者，2013(6)：95.

（4）以手机作为终端，能够随时同听众取得联系。

手机目前是人们使用频率最高的媒体，而微信依附于手机存在的特性，使得人们几乎每时每刻都可以接收到通过微信传来的信息，同时也可以通过微信将自己的信息传递出去。

微信的这一优势使得电台能够快速地和听众取得联系，无论是接受反馈还是传递信息的速度都大大加快。这一点在浙江广电集团交通之声报道 2013 年杭州冰雪灾害时得到充分展现。

围绕冰雪这个主题，在 60 多个小时的直播中，我们一共收到 4 万多条微信，而热线和短信的数量差不多，各 4000 条左右。微信已经成为最重要的节目元素和传播环节，这可能预示着今后广播的互动趋势。微信可以发送图片、文字和语音，经过我们的工作人员筛选和把关，可以选取与节目话题相关的内容。后来我们发现，很多微信用户其实只想知道某一地方是否拥堵，但是平台上的微信信息量实在太大了，根本来不及处理。后来我们也想出了一些办法，如果听众是想了解某条高速公路上的路况，我们就告诉他们，问哪条高速公路就编写一个关键词，然后系统会进行相应归类再自动回复。这不仅减少了一部分工作量，而且也没有放弃电台的服务意识，不会冷落那些需要路况帮助，却没有在广播节目中得到答复的听众人群。我们设立微信互动的目的并不是为了做节目，听众有什么想说的、想问的都可以跟电台进行及时的交流，这是为沟通搭建了一个平台。我们不能让想跟我们交流、想向我们寻求帮助的听众，听不到我们的回应或回复。[1]

有了微信这个渠道，我们得到的信息也就大大增加，可供节目选择的题材也就更加丰富了。这些内容作为原始的素材，都在节目中原生态地呈现出来，直接播放出去。我们在节目中鼓励听众：路堵是现实，希望大家可以舒缓一下心情，互相帮助，而且交警也在尽全力处理路上的事故。我们还在广播中呼吁，明天有很多车主都是要上班的，如果没有按时到岗，希望老板不要扣他们奖金。果然，之后就有一些民营企业的老板给我们打来电话说明天要放一天假，给员工休息。当然，我们主持人也很灵光，就接下话茬说，这个厂的名字我要全部播报出来，哪怕是有做广告的嫌疑。这就是在很艰难、大家怨气很多的情况下，大

---

[1] 与浙江广电集团交通之声新媒体部主任秦晓峰的访谈。

家形成的良性互动。①

（二）内容始终是应对危机的有效途径

"内容为王"的提出者维亚康姆公司总裁雷石东是这样阐述的："传媒企业的基石必须而且绝对必须是内容，内容就是一切！"无论在虚拟空间还是现实世界，对媒体而言，内容质量决定传播效果。让受众得到自己想知道的信息，就能抓住受众的注意力。比如58同城、赶集网这样的网站，它们的页面并不美观，但是能提供有实用价值的信息，所以网站的浏览量很高。

交通广播在互联网环境下，应当充分发挥自身的优势，在深度报道、背景挖掘和延伸拓展等方面狠下功夫，提升内容质量，并以此为手段，形成广播媒体在传播过程中的权威性，牢牢掌握传播过程中的话语主导权，"黏住"大批的稳定受众群体，以此来确保广播能有良好的发展环境。

节目创优，对广播电台来说是节目立台，打造王牌节目、金牌主持人，在受众心中形成收听期待。综观省内外各地方广播电视台，无论是提倡"新闻立台"，还是"经营兴台"，其最终的出发点和落脚点都会归结到提高节目质量、打造节目品牌、扩大受众市场这个基本点上。② 所以，从实际出发，以节目创优来带动整个电台的节目质量全面提升。

想要在竞争激烈的传媒市场赢得更多的受众，就必须在提供有价值信息的基础上，把节目做精做好。但是不能眉毛胡子一把抓，办好每个节目不现实，只能选择一些基础好又有潜力的节目，来做深做透。只有把这些节目办得有水平、有特色了，大部分受众的注意力才会转过来。说到底，内容的数量、内容的质量以及围绕这个内容要做的内容产业的催生和壮大是非常关键的。如果没有了这些东西，其他东西都白搭。因为对于任何广电系统以外的人来说，要想真正进入一个全媒体时代，最大的"短腿"就是没有内容，而这正是我们广播的最大优势。这些新媒体平台上的文化消费，是我们未来可能要大力发展的一个领域。③

---

① 与浙江广电集团交通之声总监助理兼93节目中心主任张家英的访谈。
② 江凌.地方台广播电视节目如何创优[J].今传媒,2009(4):61-62.
③ 刘浩三.全媒体时代的广播发展机遇——专访中国传媒大学副校长、教授、博士生导师胡正荣[J].中国广播,2012(3):35-37.

（三）树立交通广播的品牌优势

没有节目的创优，就没有节目的品牌；而没有品牌节目的电台，就一定没有像样的受众市场。品牌可以帮助消费者识别和选择商品，清晰的形象定位是经营品牌的开始，品牌效应在产品宣传中产生。一个品牌如果知名度高，消费者即便未曾使用，也会因品牌效应而购买。品牌效应的产生可能是经营者自身的宣传，也可能是其他消费者对品牌的认知。

认知品牌的规律同样适用于广播打造品牌。根据广播"谁在听、听什么、听下去"三要素的要求，"谁在听"指的是不同时段有不同的收听人群，各自需求不同；"听什么"就是说广播要把听众想知道和应该知道的信息传播出去；"听下去"要求节目做得有声有色，使听众能锁定收听，并形成收听期待。

浙江广电集团交通之声的品牌形象是"交通第一广播"。近年来广播户外活动日趋活跃，体现了广播人的公众意识和形象推广意识的加强，也为广播真正走向市场迈出了很重要的一步。但举办户外活动必须清楚认识到，是否围绕交通广播的特色，是否在社会上造成了一定的影响，活动对节目的收听率与广告经营发生了怎样的作用，确立形象品牌的过程实际上就是经营交通广播品牌的过程。"交通第一广播"是一种方法，一种促销广播产品的销售手段，目的正是打造交通广播品牌形象。

通过市场调研、专家论证、挖掘提炼，2009年浙江广电集团交通之声正式确立了"浙江交通第一广播"的市场定位，将节目定位从相对单一的"交通生活"领域延伸至"满足汽车人生活需求"。在继续坚持"动态广播，服务媒体"的办台方向下，突出强化舆论监督节目设置，全天布局五档新闻监督节目，形成联动格局，极力彰显媒体责任意识，提升频率的舆论引导力；创新引入曹景行等资深专家，创建了浙江交广评论员队伍，扩展了浙江交广节目的视野，提升了频率的节目品位；创意推出体现服务、娱乐、互动参与为一体的系列节目，有效丰富了浙江交广节目内容，增强了节目的灵动性。继续发挥新闻"第一时间，第一现场"报道的优势，最大限度发挥广播在新闻传播中不可替代的优势，提升了在突发事件报道上的影响力。同时继续主动扮演公共服务的提供者、社会资源的调度者和新闻事件参与者等多重角色，无数次处理和帮助解决了各种突发应急事件,成为浙江公共(应急)服务体系的重要力量。①

(四)占领蓝海的创新理念

所谓蓝海,是相对于竞争惨烈的"红海"而言,指的是尚未开发的巨大市场空间。企业要启动和保持获利性增长,就必须超越产业竞争,开创全新市场,这其中一块是突破性增长业务(旧市场新产品或新模式),一块是战略性新业务开发(创造新市场、新细分行业甚至全新行业)。

一个典型的蓝海战略例子是太阳马戏团。在传统马戏团受制于"动物保护"、"马戏明星供方砍价"和"家庭娱乐竞争买方砍价"而萎缩的马戏业中,太阳马戏团将目标受众从传统马戏的儿童观众转向成年人和商界人士,以马戏的形式来表达戏剧的情节,吸引人们以高于传统马戏数倍的门票来享受这项前所未见的娱乐。

浙江交通广播自 1998 年创办以来,经营创收始终保持高速增长态势,2000年至今持续位居浙江广播创收第一位。2010 年,浙江交通广播突出强化"创新"和"管理",通过频率定位创新和节目样式创新,有效提高了市场占有率;通过广告经营理念和手段创新,提升了广告含金量;通过强化管理,深抓细节,充分调动了员工的工作激情;通过不断拓展传播通路,扩展了频率的社会影响。2010年广告经营再次实现跨越增长,增长超过 40%,增收 3000 多万元,成功突破亿元大关,成为浙江广播发展史上的首个"亿元广播",2013 年广告经营突破"双亿"。

第三节 新形式广播

一、新媒体时代的广播融合

作为技术的产物,广播一直跟随着技术的发展不断地进行着变革。从传统

---

① 部分说法参阅:张立,鲍平,郭华省."亿元广播"的成功实践——浙江电台交通之声跻身全国交通广播一流强台的启示[J].新闻实践,2011(3):59-61.

的 AM 到 FM,从老式的收音机到现在日新月异的各种终端,广播一直从技术革命中获益。20 世纪 90 年代以来,信息技术日新月异,作为信息传播重要一环的广播,也迎来了新一轮的革新浪潮。

近些年来,以网络和手机短信等为中心的新媒体的高速成长使得媒体格局发生了重大的转变。尤其对于具有相当长历史的广播来说,新媒体的冲击会带来重要的影响。在这一轮的革新中,广播从传播技术到媒体形态,再到报道语态、经营管理机制,都在经历脱胎换骨的变化。① 不可否认的是,新媒体的出现与强势发展分摊了原本属于广播等传统媒体的市场,但同时也为广播提供了新的延伸和拓展的巨大可能性。广播由单向向多向的转变、广播和受众互动性的加强都和新媒体的崛起有重大的关联。

而在新媒体时代,广播已经积极地同各新媒体进行了融合,目前主要有以下几种形式:

1. 数字广播

数字广播是指将数字化了的音频信号、视频信号,以及各种数据信号,在数字状态下进行各种编码、调制、传递等处理的新技术。早在 20 世纪 90 年代中期,数字音频广播就成为国际标准,被认为是继中波广播(AM)、调频广播(FM)之后的第三代广播技术。与调幅和调频两种技术阶段相比,对广播来说,数字时代的到来也许具有更为深远的意义。目前,欧洲大多数国家都实现了广播技术从模拟至数字的升级。其中英国数字广播的发展最引人瞩目。

英国数字广播称为 DAB(digital audio broadcasting),DAB 从理论上讲,使人们可以使用眼睛来"收听"广播——由于其数字特性,DAB 可以传输任何文本甚至是视频信号,还可以将 DAB 收音机与电视机连接,以还原数字信号中的视频图像。从这个意义上来看,DAB 已经不是一种只传输音频信号的纯粹广播系统。在使用体验上,DAB 收音机与传统调幅和调频也截然不同。DAB 广播只需要记住相当有限的几个频段即可——每个频段属于一个特定的综合性电台,而每个电台又可以在这个频段内设置一个频率。如一个古典音乐爱好者收听 DAB 广播典型的步骤是:先调到电台(例如 BBC)所在的"播出频率",然后进入其音乐子频道,最后再进入古典音乐频道。其程序如同打开菜单一样简单。DAB 已经成为英国等西欧国家数字音频广播的标准,其使用地区并不仅

---

① 连新元.新媒体时代广播传播策略研究[M].北京:对外经济贸易大学出版社,2012.

仅限于欧洲。除此之外,美国制定的 IBOC(in band on channel)及法国制定的 DRM(digital radio mondiale)是世界上另外两个重要的数字技术标准。

2005 年,数字广播技术经过了数年的发展,已经可以同时传输视频、音频、数据等信息,完成了多媒体传输。而且,随着终端的发展,数字媒体已经可以适应大规模商业化的需要。

英国广播公司(BBC)自 1995 开始进行数字广播。2005 年,英国模拟用户人数为 1790 万,数字用户为 3750 万。2006 年,英国模拟用户进一步下降到 1320 万,数字用户上升至 4250 万,数字用户增长了约 12%。[①]

现在,英国有超过一半的人选择数字广播。BBC 提出了"数字英国"的设想:为迎接数字时代,必须重塑 BBC。2008—2009 年间,"数字化转型"是英国广播业的一个显著特征。在受众收听广播的时间中,通过数字平台收听的时间从 2008 年第一季度的 17.8% 增长到 2009 年第一季度的 20.1%。英国政府已正式宣布关闭 FM 模拟电台,全面过渡到 DAB 数字广播。

只有接收终端开拓的市场,才是真正有效的市场。DAB 接收终端的厂商得到了英国政府的支持,2008 年,DAB 数字接收机销售了 700 多万台。推广的主要手段是降低数字接收机的成本和价格,使社会中低收入阶层也负担得起。如今在英国,除了通过 DAB 接收机之外,还可以通过互联网、地面数字电视、卫星广播电视等手段来收听 DAB 广播(互联网可以收听到全部频率,电视接收机可以接收部分频率),所以 DAB 接收机的普及并不是英国模拟广播停播的唯一条件。

数字化技术改变了广播频率资源稀缺的状态,适应了听众对多元内容的选择。尽管广播的数字化转型还存在诸多问题,但是从美英日等国数字广播发展现状来看,数字广播的前景令人期待。[②]

2. 网络广播

网络广播是以网络为主体,借助网络传播的优势,对传统广播的传播方式和效果进行改造和优化的新的媒体形式。传统电台与互联网的对接与互动,使广播实现了从"听的广播"到"用的广播"的转变,带给了传统广播听众全新的体

---

① 陈永庆. 解密 BBC:世界传媒王国的成长之路[M]. 北京:华夏出版社,2009.

② 张彩,曹璐. 新媒体技术背景下美英日"重塑广播"的新态势[J]. 声屏世界·广告人,2011(5):122-125.

验和感受。在网络广播中,流媒体技术是支撑广播网站的核心,也是它最重要的功能。广播同网络的"联姻",既保留了广播不可替代的优势,又是对广播媒介功能先天不足的补救。

1995年4月,美国西雅图的"进步网络"在其网页上设置了 Real Audio System 的使用版。该软件提供"音频点播"服务,标志着网络广播的问世。有学者指出,一些传统电台的网站上往往是一些粗加工的"大路货",没有重视网络业务。与此相反,网络电台的节目则更精致和有针对性。

在线收听是电台网站提供的实时播放功能,它拓展了传统电台的覆盖版图及伴随性收听的路径,有效地扩展了广播"声音艺术的张力"。近两年,美英日等国的广播电台积极整合和打造,通过互联网在线提供多套节目,为听众提供在互联网上接触传统广播的集约化平台,借助网络的传播优势对传统广播的传播方式和传播效果进行新的拓展。如:打破电波覆盖范围,真正实现"地球村"对话;拓展从同步被动收听到人可同步、可异步的主动选择,提升了听众的主体作用;从单一声音文本拓展为文字、图片、影像等多符号文本,打破了单一广告经营模式,提升了节目的附加值,实现了信息消费的持续增长。

值得注意的是,网络广播绝非传统广播与网络技术的简单拼接。广播电台网站的重要功能是"导听",让受众用最适合自己的方式获取信息,做到快、准、精,进而实现网络内容产品的深度开发与整合。

3. 网络电台

网络电台不同于上文中的网络广播。如果说网络广播还是传统媒体和新媒体的互动的话,那网络电台,就是"网络自生媒体",没有发射塔,没有编录设备,听众听到的内容是通过网络传播、专门针对网络用户的。所以网络电台就是专门在网络上设置的电台,承办者可以是一个个人、一个组织,也可以是传统的广播电台,只是,他们的受众从带着收音机的听众换成了电脑前的网友。

传统广播吸引受众的有效手段是电台信息资源的权威性和主持人的可信度。而网络电台则拓展了 SNS(Social Networking Services)的网络服务,通过多种方式将一个个分散的用户连接并聚在一起,形成新的社会关系。也就是说,培养一个用户对电台的忠诚度,不仅要靠电台本身的信息资源,同时用户之间形成的新社会关系也使电台具有一定的黏附力。

日本 TBS 广播电台于 2007 年 4 月开播了日本首家古典音乐专业频率"OTRAVA"。这个专业频道是在考察英国的"Classic FM"的基础上,结合日本听众的收听特点而设立的。在节目构成上,它采用了较简洁的节目编排方式。一周节目主要分为九个版块,节目对应着清晨、早间、白天、傍晚、晚间和深夜时段编成不同风格。每个版块都有固定的广告商,广告商与制作人员共同策划节目内容。每个版块的 DJ 都由钢琴家和专业乐评人担当。在节目网页上开通网上检索功能,可以检索正在播出或已经播过的曲名和简介。听众除了在网上收听以外,还可以通过手机等终端收听。除此之外,该电台根据听众需求提供唱片的在线销售。

如要收听"OTRAVA"电台节目,必须进行简单的免费注册,包括年龄、性别、收听场所。通过听众的登录,电台收集了大量的数据,可以把握原来不够清晰的听众构成与信息需求,这亦是网络电台与传统电台的重要区别。电台根据掌握的数据,在网页上链接相关的企业广告,为特定听众提供特定的服务内容。

4. 卫星广播

卫星通信技术应用到广播领域的趋势之一就是卫星广播从节目传送向直播发展。卫星直接向个人、家庭和汽车的便携式接收机播送节目,大幅度降低了成本,开发了广播新的发展空间。在卫星数字音频广播方面,美国的 XM 公司和 Sirius(西里乌斯公司)最引人注目。他们各自都开播了 100 套节目,时间分别是在 2001 年 11 月和 2002 年。

XM 是美国第一家数字卫星广播电台,每天播送 24 小时,每周播出 7 天,全美国所有的地方都可以接收。在 XM 卫星电台所拥有的 130 个频道中,71 个为音乐频道,乡村、蓝调、嘻哈、摇滚以至古典、歌剧,可以说无所不包。另有 13 个为新闻频道,16 个为体育、谈话、娱乐、儿童频道等。[①]

2008 年 3 月,美国司法部批准最大的两家卫星付费广播公司 Sirius 和 XM 进行合并,Sirius 公司出资 33 亿美元收购竞争对手 XM 公司,美国卫星广播用户从 2008 年的 2050 万人增加到 2012 年的 3900 万人。[②] 大多数卫星广播用户喜欢广播的移动性,卫星广播正好具有覆盖面积大、音质好、信号收听效果不受移动速度影响等特点,使受众可以随时欣赏到音质纯净、丰富多彩的广播节目。

5. 手机广播

所谓"手机广播",就是利用具有收音和上网功能的智能手机收听广播。手

---

① 刘蒙. 美国广播新形态一瞥[J]. 山东视听,2006(1):47-49.

② 美国卫星广播听众 2012 年将达到 3900 万人[J]. 朱晖,译. 广播电视参考,2008(3).

机广播依托于移动通信网络和互联网络,用上网手机实时收听或点播网络广播节目。手机广播虽然目前仍处于起步阶段,但其巨大的发展潜力引人瞩目。

手机广播有两层含义,一是随着 GPRS、3G、WAP 等无线通信技术和服务的完善和发展,依托于移动通讯网和互联网,用上网手机实时收听或点播网络广播节目;二是在手机中内置了 FM 收听器,用手机可以直接收听电台广播节目。全媒体环境下的手机广播,指的是第一层含义。

随着 3G 多媒体手机销量的不断增长,手机广播以及相关产业也将随之得到空前发展。与此同时,在手机广播从技术到内容的全面完善过程中,传统广播必将找到与手机广播结合的最优化模式。正如 BBC 的克里斯·韦斯科特所说,广播"不会因为互联网的出现而死亡,但是会改变"。从这个意义上看,手机广播为传统广播的发展寻求到了更加广阔的发展空间。

手机目前是每天伴随人们时间最长的媒体,也是人们几乎可以随时接触到的终端。得终端者得天下,手机未来将会成为所有传统媒体都想登载的平台。音频是目前最便捷、流量占用最少的信息形式。很多人持有这样一个观点,智能手机将是下一个广播的平台,而且是最具活力的平台。

二、欧美发达国家广播的应对之道

1. 广播传播形态的综合化

数字时代的技术为媒体技术注入了催生剂,实现了媒体技术的融合,为其他方式的媒体融合提供了可能。比如,被称为数字音频广播(DAB)的新数码系统就能使从一端到另一端的音频信号数字化,从而消除一个频率只能用一个电台的缺陷,听众可以按照自己的意愿随时点播收听自己喜欢的节目。正是这种优势互补性,为广播以另一种形态发展提供了条件。[①]

3G(第三代移动通信)技术也给广播带来了机遇,它是传输速度和覆盖率博弈后的最佳选择。3G 技术将给广播带来更多的"移动受众",手机成为未来的个人终端,新一代广播听众即使处于高速移动状态,也能享受到"移动中清晰收听"的效果。

新技术改造下的广播获得了强大生命力,成为未来传媒业的主角。2008 年

---

① 谢耘耕,丁瑜.融合和转型——未来广播的生存之道[J].中国传媒科技,2009(7):12-13.

3月,CBS(美国哥伦比亚广播公司)的电台事业部和 AOL(美国在线)的电台事业部合并运营网络电台业务。CBS 电台部是全美第二大电台网络,目前一共运营着 150 多家电台;AOL 网站的电台部目前运营着 200 多个网络电台。与 AOL 的合作让 CBS 的网络广播听众群实现了三级跳,CBS 电台黄金时间流媒体的用户数字翻了一番。[①] 这回广播抓住了时代脉络,把互联网技术变革和广播变革充分融为一体。

2. 媒体受众的交叉化

随着媒体的融合加强,受众接触的各种媒介是相互交叉、互为补充的,受众的界限也将逐步变得模糊和交叉。比如,收音机的听众同时也很可能是一个"网虫",他在上网的同时,也可以网上在线收听广播节目。在媒体融合的背景下,受众必然从单一线性转化为同时扮演观众、听众、读者、参与者、用户等多重角色。媒体融合为受众提供了全新的综合感官体验,这将是具有革命性意义的转变。广播影响人的听觉,而以互联网等为代表的新媒体,充分调动了人的眼、耳、鼻、舌、身、意六种感官,全面提升了受众的综合性立体感官体验。

实践证明,未来广播媒体与网络媒体的融合发展就是在为受众创造更多参与机会的基础上,整合多种媒体的传播优势与效果,走广播资源加网络支持的合作之路,为共同发展整合最强有力的核心价值。

3. 广播从业人员的复合化

新媒体与广播的联合所带来的不仅是自身的提高和发展,同时也对广播从业人员专业素养提出了要求,复合型跨媒体传媒从业者成为行业的重要需求。媒体融合要求记者会使用多种传播手段。成功的记者应该是跨媒体的,一个优秀的文字记者应该可以成为一个出色的广电记者,同时,一个广电记者也应该能成为出色的文字记者。无论是印刷媒体记者还是电视记者,仅仅依靠采访本、录音机、照相机、摄像机是不够的,还需要学会运用互联网里的数据库,利用各种媒介资源为新闻的有效传播进行包装,这就要求记者不断提高素质。[②] 特别是在新媒体横空出世后,能否适应全媒体工作要求,成为衡量一个记者是否合格的重要标准。

美国最大的 25 家媒介集团,都是包括了广播、电视、有线电视、卫星广播电

---

① CBS 和 AOL 合作运营网络电台[J]. 中国广播影视,2008(4).

② 李希光. 媒体的融合与跨媒体记者[N]. 中华新闻报,2001-11-08.

视、报纸、杂志、出版、电影、唱片、娱乐、电话、互联网、体育、零售、广告等众多产业在内的超级信息传播集团。为了让记者兼备多项技能,美国各传媒集团专门成立了多媒体视觉中心,不但要求记者采集新闻照片等视觉新闻,而且要求所有记者采集视频新闻、广播新闻和摄影新闻。

4.节目形态的丰富化

新媒体固然能因其新颖的形态和服务功能赢得受众,但最终还是需要用内容将受众"套牢"。新媒体公司虽然具备先进的技术能力,但在内容制作方面力量相对薄弱,非常需要传统媒体的内容来支撑。特别是新媒体的出现,为广播节目形态的丰富化提供了技术支持,具体表现在同受众的互动更加便捷、信息来源更加多样等。

美国传播学者斯蒂芬·布雷德利提出:"以电子方式与消费者联系以感觉他们的需求,然后使用网络时代技术开发新的能力以实时响应这些需求。"只有真正"链接"受众需求,不断提供主流"内容",才可能长盛不衰。

广播、直播、点播、轮播等等,各种媒体传播形态实际上是相互渗透、互为借鉴、综合竞争的。广播电台可以通过自己的声音优势,大量采用先进科技成果,丰富节目形态。

5.构建新的价值链

价值链理论是哈佛商学院教授迈克尔·波特1985年在《竞争优势》一书中所提出的。他提出:"每一个企业都是用来设计、生产、营销、交货以及对产品起辅助作用的各种活动的集合。所有这些活动都可以用价值链表示出来。价值活动可分为基本活动和辅助活动两类,是竞争优势的各种相互分离活动的组成,价值链就是这些相互分离却又相互依存活动构成的一个系统。"[1]

在新媒体时代,新的技术产生新的信息传播方式、新的终端接收模式,从而催生出新的价值链。以英国广播公司(BBC)为例,BBC现阶段的新媒体战略主要在于将先进的新媒体技术在全英国普及,但这不妨碍他们在商业上的成功——在价值链的关键点上的增值。[2]

BBC新媒体战略的价值增值点首先出现在内容供应商中:新媒体引发了对于满足互动特性的新内容以及新服务的需求。BBC新推出的在线政治版块"民

第七章 困境与未来

---

① 迈克尔·波特.竞争优势[M].陈小悦,译.北京:华夏出版社,1997.

② 周嘉琳.融合、平台与价值链——BBC新媒体战略分析[J].东南传播,2012(9):21-23.

主在线"(Democracy Live)就是很好的例子。该版块覆盖了英国所有的政治机构以及欧洲议会的新闻内容,其特有的"语音搜索"功能能够通过关键词搜索直接定位到视频中的某一位置,帮助使用者进行对民主进程的文档检索。除此之外,适应移动终端观看的短片内容制作、多媒体形式的内容展示,也是 BBC 内容供应中的价值增值点。

发行也是价值增值点上的重要环节。对于 BBC 来说,发行商的增值不仅体现在将电视、广播、新闻中的内容放在新媒体平台播放获得第二次回报,还体现在将新媒体中的内容进行整合,利用新技术予以发行,以此提高其附加价值。BBC 最受欢迎的节目之一 *Top Gear* 在 iTunes 上销售,在美国点击率相当高,同时其商业网站 topgear.com 也获得了较高的流量和销售额。[①]

除此之外,BBC 很重视对其媒体平台 iPlayer 的建设,并将其打造成了未来潜在的价值链增长点。目前 BBC 已经对英国其他公共服务广播开放平台共享,在节目的制作、播放上进行合作,并且获得了良好的效果。无论未来 BBC 是否进一步开放该平台、推进收费项目,iPlayer 作为媒介平台一定会在其价值链增长上占据重要的地位。

第四节　交通广播的未来:终结还是发展

对于未来广播的发展,人们的看法各不相同,有的人认为广播将会消亡,而有些人认为在当今科学技术飞速发展的背景下,广播将会如虎添翼,发展成为一个全新的行业。关于交通广播的未来,我们曾经问过每位受访者,有悲观的,有乐观的,有顺其自然的,也有积极应对的。作为研究者,我们希望能从现实的蛛丝马迹里看到一些趋势。

一、符号说

人们说"汽车救了广播",只要汽车存在,交通广播肯定就不会消亡。交通

① 唐莘.BBC 的新媒体战略[J].视听界,2011(2):83-86.

广播的发展完全是社会经济发展的产物,随着经济发展而产生,更会随着经济的发展而改变。可能未来交通信息不是交通广播最主要的内容,"交通"会蜕变成为一种概念。在我们的访谈中,许多专业人士都认为交通广播并不会消亡,但"交通"这一概念在未来可能会有一些转变。

交通广播的听众所处的环境和位置是最为确定的,相对封闭的汽车空间已经黏合了一定数量的稳定听众,相比之下,其他电台,如音乐台、新闻台、经济台等,他们的听众并没有明确的收听场所,也许在家里,也许在公园,或许正在路上。但对交通广播而言,尤其是上下班高峰时段的节目,主持人的对象感会非常强烈,节目的设计也会非常明确。因此,有人认为,交通广播会永远有听众,只要汽车一直跑在路上;但是其他的类型广播,比如音乐台或经济台还会不会存在,这个问题倒是值得仔细考虑。可能十年二十年之后,以交通信息为内容核心的交通广播会逐渐消亡,这是当然。现在汽车技术如GPS这么发达,以后人们在开车的时候,仪器会自动显示前面的路况,到时还会有人选择听路况吗?交通的概念可能就变成一个符号了,专业性也不会像以前那么强了,它有可能会像一个新闻台一样生存着。

国外的主流电台就是新闻台和音乐台,然后是谈话台。在中国,音乐台的收听率排在第三,但它的创收并不太高。我觉得交通台以后就是走向以交通为特色的新闻资讯台,实际上就是在特色的基础上,比别的台更专业,在突发事件来临的时候,听众依旧会选择交通之声。

此外,交通这个领域是不会消失的,因此,我们的电台还会有很多打着交通旗号的内容。

交通信息在以后可能变成像气象信息那样的内容。未来交通广播肯定还是存在的,但已经不是现在意义上的交通台了。[①]

二、消亡论

在本书的访谈中,少有被访者支持交通广播会消亡这个观点,但是大家都明显感受到它面临的新危机。

从宏观的方面来看,信息传播全球化进程正在推进,新技术发展日新月异,

第七章 困境与未来

---

① 与浙江广电集团副总编辑、浙江广电集团交通之声首任总监董传亮的访谈。

信息传播的内涵和方式大大向时空扩展。从微观上来看，人们接收信息的渠道、方式更加多样化，广播的发展速度已经远远赶不上许多新兴媒介的发展速度。因此，交通广播必须不断调整、跟进，适应信息化时代的媒体变革。

由于网络技术和数字技术的发展，人们对接收信息的速度要求越来越高，特别是直播卫星、国际互联网、手机电视、网络电视等新形态的媒体方兴未艾，广播独有的快速、便捷、不受时空限制等传统优势，似乎正在日益边缘化。正如上海广播电视台总编室副主任（原上海交通广播电台台长）乐建强所说，网络、手机等新技术的发展，客观上蚕食了交通广播的生存空间。信息共享的同时意味着没有什么信息资源是可以绝对独享的，也没有什么所谓特色是不可替代的，更没有什么专业性的本领是不可模仿和抄袭的。若交通广播不能随着环境变化调整自身的节目和广播格局，那么交通广播的消亡将不日到来。

20年来一直高速发展的交通广播最近一两年其核心竞争力不断被蚕食，新的优势尚未建立，听众也呈现分流趋势。一些专业人士认为，交通广播的高速发展提前透支了它的迸发力与持续性，如果找不到新的功能优势以及增长点，那么交通广播很有可能像昙花一现的经济台一样逐渐步入没落与消亡的归途。中国传媒大学教授潘力在中国广播电视协会交通宣传委员会成立十周年时说："虽然交通广播历经十余年的发展取得了一定成就，但现在的发展速度和势头已经步入瓶颈时期。我们必须时刻提醒自己，审视周围的环境和自身的条件，对存在的问题和风险有清醒和明确地认识。庆祝交宣委成立十周年，既是我们回顾成绩、梳理经验的时机，也是我们谋划未来、寻求突破的新起点。"这句话既应景，也是事实。

三、发展论

因为广播具有强大的伴随功能，所以任何一种类型电台都不大可能轻易消亡。社会发展导致人群越来越分散，个体生存越发独立，但与此同时人们也会越来越孤独，广播收听终端的多元化趋势使广播的伴随性功能在现代生活中被无限放大。不管是网络收听、手机收听、车载收听还是居家收听，人们也许不太在意那个声音到底在说了什么，但是那个声音本身对人们来说太重要了。如果车载收音机在，一上车，一点火，就想到了，这是习惯使然，这就是广播的伴随性。它就陪着你，车上有那么一个电台一个主持人陪伴着你，开车就不会闷。

所以，我是觉着很乐观的，广播，还真的不容易灭亡。我相信，广播媒体会寻求新的发展融合的机会。

首先，扩大服务范围，这是发展的一个基本点。在我们的访谈中，有人不赞成把广播电台类型化，如果把交通台定位成"为车上人服务"会更好，即受众永远就在那里。交通广播没有必要定位成一个只播交通信息的电台，人们未来可能会有新的关注点，你可能会更关注养老的信息等。由于交通半径的扩大，有车一族会关注方圆几里之内的事情等，所以交通广播要一直关注这些驾驶人群的想法，框住自己导致交通台消亡是件很遗憾的事。在今天，能生存下来的节目都是面向所有交通参与者的，广播就是要把受众需要的信息统筹编排得更加合理，听着更加舒服。如果广播能够提供听众在某一个时刻需要的和应该知道的信息，那么交通广播肯定不会灭亡。我是觉着很乐观的。因为有汽车，所以交通广播还真的不会灭亡。[①]

新技术的出现，也给交通台提供了新的契机，当然不仅仅是交通台，但是交通台作为最前沿的电台，其感触是最敏锐的，所以它对技术的依赖要比别的类型广播强。交通广播的核心竞争力不是"交通信息"这个概念，而是对交通人群的综合信息服务，这个服务不是依赖于像交警信息网这样的网站，而是自己构建的服务平台。这个平台不光可以服务开车人群，打车也可以，停车也可以，甚至延伸服务都可以。

其次，在扩大服务范围的同时，坚持自身的地域化策略，做极致的交通广播。以"内容为王"的趋势来看，最后胜出的肯定是内容做得好的电台。原来我们在讨论，交通广播的生命周期到底多长？我们历史上也有过最红火的经济台，后来基本上消失了，瞎起哄的时候，我也提过，用所谓的新媒体的技术与手段来延续它的生命周期，但利用新媒体只不过是扩大交通广播影响力的手段。要维持与发展还是得回到广播本身，即回到广播作为特别地方化的一个社区媒体，真正为社区的人们服务，我想，这也是这么多年每每有人说它要死了，都没死掉的原因。[②]

这种极致的内容服务在交通广播身上可能体现为"另一种垄断"：即当来自交警指挥中心的信息成为共享的之后，交通广播还是找到了其他更为细小的

---

① 与广东人民广播电台总编室主任（原羊城交通广播电台台长）林玲的访谈。

② 与上海广播电视台总编室副主任（原上海交通广播电台台长）乐建强的访谈。

点。现在北京有交管局的网站、我们的网站，交委还有一个，但我觉得还是我们的更新最快，因为一直有人在那里盯着这些东西，一直有人在做这个事情，这是一个原因；还有就是，有些信息，是其他人没有的，比如说一些小街小巷。那些地方，出了事儿，警察也不知道，警察也不在那里。司机在那里，他的及时性和鲜活性都比较好。警察呢，他主要管长安街等主干道，有些小的街道就管不了这么多。①

当然，交通广播的内容也会随着社会的变化、需求不断地完善。举个例子，冬天东北冷，很多东北人跑到海南过冬，于是东北人就在海南办了一个电台。所以将来随着社会需求的发展，交通台的内容也会发展。其中，因交通发展变化而形成的社区性，也许是未来交通广播的一个出路。

有人认为，广播最大的缺陷就是所有的内容都不被保存。所以，也许到了未来的某一天，我们十几年内所做的工作都是徒劳。大部分的情况，广播能够留下来的东西很少，永远都是在进行中。比如我喜欢一个主持人，在我回家旅途中很无聊的时候，他陪伴我，说话给我听，但是我回家下车之后，我就把他忘了，只剩下了那一刻的意义。虽然进行时也十分有魅力，但是广播不具备保存价值，也就很难说它未来会发展成什么模样。②

但不管怎样，人们都相信，未来交通广播的发展，会朝向更专业化、更技术化、更社区化的方向，即使交通广播消亡，它所具有的社会交往功能也会通过别的方式得以延续，它的理念与内容也将随着交通的发展和听众的需求而改变。

结　语

交通广播的未来是一个未知数。我们曾经探讨过媒体的生命周期，从第一张报纸诞生至今，已有400多年的历史，但是报纸的消亡已是趋势。比尔·盖茨在2005年庆祝自己50岁生日时就宣布，今后10年报纸将失去原来的意义，大量信息将通过电子途径传播，而不是以成堆纸页的形式，今天，这个预言基本

---

①　与北京交通台首任台长的访谈。

②　与浙江广电集团交通之声总监助理兼93节目中心主任张家英的访谈。

实现。现在有一些学者甚至列出了报纸消亡的时间表。美国北卡罗莱纳州立大学的教授菲利普·迈耶出版了专著《正在消失的报纸：在信息时代拯救记者》，在图书的中译本封面上，赫然印着他对报纸消亡的预测：2043年春季的某一天，美国最后一位读者把最后一张报纸扔进了垃圾桶，从此，报纸消失了。

那么，广播是否也会有这么一天？据最新的数据显示，现在27％的美国人在汽车里不收听 AM 和 FM，也不收听曾几何时非常火的卫星广播，听的都是互联网广播，汽车上直接装有互联网广播接收机。这个广播能接收 500 个频率，听众只需定位几个自己常听的频率。国内的情况也是如此。现在超过 1/3 的听众已经不再使用收音机，而是通过各种各样的便携设备收听广播，而且超过 1/3 的收听量来自于非居家收听，这就意味着移动收听已经成为主力。我国大陆整个在线收听广播的数量基本上每年都是 5％、6％地往上增长，网上收听更是翻倍增长，越来越多的年轻人开始在网上消费音频。① 按照这个速度，数字广播将是未来发展的趋势，那么，交通广播需要在三个方面下功夫：一是做足地方性的区域服务，扩大服务范围及内容；二是利用广播的天然优势尽快融入互联网，开发微博、微信等自媒体的声音功能，使之成为交通广播的另一个播报平台；三是继续保持交通特色，拓展交通的外延与内涵，利用原有的特殊资源为移动人群开发更多的服务。

① 部分数据参阅：刘浩三. 全媒体时代的广播发展机遇——专访中国传媒大学副校长、教授、博士生导师胡正荣[J]. 中国广播，2012(3)：35-37.

参考文献

一、中文部分

A. 专著类

[1]郭庆光.传播学教程[M].北京:中国人民大学出版社,1999.

[2]朱慕唐,张海宁,王伯言.西方城市经济学[M].北京:中国财政经济出版社,1988.

[3]陆锡明.大城市一体化交通[M].上海:上海科学技术出版社,2003.

[4]常青.都市遗产的保护与再生——聚焦外滩[M].上海:同济大学出版社,2009.

[5]邵培仁.传播学(修订版)[M].北京:高等教育出版社,2007.

[6]昌波.新闻舆论监督论[M].北京:人民日报出版社,2004.

[7]张鸿雁.城市形象与城市文化资本论[M].南京:东南大学出版社,2000.

[8]王安中,夏一波.C时代:城市传播方略[M].北京:新华出版社,2008.

[9]上海东方广播有限公司交通广播电台.交通广播二十年[M].北京:文汇出版社,2011.

[10]张勉之.世界广播趋势[M].北京:中国广播电视出版社,2005.

[11]赵鼎生.西方报纸编辑学[M].北京:中国人民大学出版社,2002.

[12]谢晖.新闻文本学[M].北京:中国传媒大学出版社,2007.

[13]连新元.新媒体时代广播传播策略研究[M].北京:对外经济贸易大学出版社,2012.

[14]陈永庆.解密BBC:世界传媒王国的成长之路[M].北京:华夏出版社,2009.

[15]崔宝国.中国传媒产业发展报告[M].北京:社会科学文献出版社,2010.

[16]董传亮.广播经营与管理[M].杭州:浙江大学出版社,2008.

[17]胡晓云,张健康.现代广告学[M].杭州:浙江大学出版社,2007.

[18]潘力,乐建强.交通广播总监启示录[M].北京:北京广播学院出版社,2004.

[19]潘力,杨保林.困境与出路:新媒介生态下的中国交通广播[M].北京:中国传媒大学出版社,2012.

[20]陆晔.中国传播学评论(第五辑)"交往与沟通:变迁中的城市"[M].上海:复旦大学出版社,2012.

[21]孙玮.中国传播学评论(第四辑)"传播媒介与社会空间特辑"[M].上海:复旦大学出版社,2009.

[22]金少华,张芹.创新,从听众体验开始[M].杭州:浙江大学出版社,2012.

[23]阿尔温·托夫勒.未来的冲击[M].秦麟征,等译.贵阳:贵州人民出版社,1985.

[24]赫波特·甘斯.什么在决定新闻[M].石琳,李红涛,译.北京:北京大学出版社,2011.

[25]迈克尔·波特.竞争优势[M].陈小悦,译.北京:华夏出版社,1997.

[26]登哈特.新公共服务:服务,而不是掌舵[M].丁煌,译.北京:中国人民大学出版社,2010.

[27]克琳娜·库蕾.古希腊的交流[M].邓丽丹,译.桂林:广西师范大学出版社,2005.

[28]佐藤卓己.现代传媒史[M].诸葛蔚东,译.北京:北京大学出版社,2004.

B. 期刊类

[1]《交通社会学》研究课题组.交通的内涵和社会意义[J].武汉交通科技大学学报(社会科学版),1999(1).

[2]孙玮.作为媒介的城市:传播意义再阐释[J].新闻大学,2012(2).

[3]孙玮.作为媒介的外滩:上海现代性的发生与成长[J].新闻大学,2011(4).

[4]刘路,王安中.城市传播研究学科交叉常态化建设的创新路径[J].社会科学辑刊,2009(6).

[5]展江,戴鑫.2006年中国新闻舆论监督综述[J].国际新闻界,2007(1).

[6]丁柏铨.论舆论监督在和谐社会构建中的作用[J].现代传播,2006(3).

[7]孟建,赵元珂.媒介融合:粘聚并造就新型的媒介化社会[J].国际新闻界, 2006(7).

[8]陶建杰.城市软实力构建中的媒体发展策略[J].新闻大学,2010(4).

[9]陆扬.析索亚"第三空间"理论[J].天津社会科学,2005(2).

[10]马彩红.中国交通广播发展历程[J].新闻知识,2009(4).

[11]张云江,林玲.依靠社会服务社会——羊城交通广播广播改革的一点尝试 [J].中国广播电视学刊,1996(S1).

[12]王媛.广东交通广播品牌价值构建的启示[J].中国广播,2011(2).

[13]王玉玲.北京交通广播——多渠道营销战略巩固品牌核心价值[J].传媒, 2012(12).

[14]孙树凤.北京交通广播的借鉴意义[J].中国广播电视学刊,2003(10).

[15]罗霄兵.不只是"交通""广播"——北京交通广播电台经营分析[J].广告大 观(媒介版),2010(7).

[16]顾朝林.新时期中国城市化与城市发展政策的思考[J].城市发展研究, 1999(5).

[17]宁越敏.中国城市化特点,问题及治理[J].南京社会科学,2012(10).

[18]汤晓寒.传统媒体如何应对网络舆情[J].视听纵横,2010(3).

[19]潘力,李茜.中国交通广播 20 年发展再思考[J].中国广播电视学刊,2011 (12).

[20]谭天,赵敏.中国广播亟待第三次升级转型——破解广播发展困局的思考 [J].新闻记者,2012(10).

[21]王媛.广东交通广播品牌价值构建的启示[J].中国广播,2011(2).

[22]许颖.论广播热线节目的"互动性"[J].现代视听,2010(2).

[23]秦晓天,谢先进.交通广播发展历程与思考[J].现代视听,2007(1).

[24]孙树凤.北京交通广播的借鉴意义[J].中国广播电视学刊,2003(10).

[25]方延明.新闻文化的学科观——兼谈新闻文化的定义,框架结构及特征 [J].南京大学学报,1994(4).

[26]孙俊明.把"报料"变成"报道"——谈西湖之声电台新闻热线的实践[J].中 国广播电视学刊,2006(9).

[27]鲁风,李曼.974 交通广播的取胜之道[J].当代传播,2006(5).

[28]刁佳音.谈如何找准交通广播定位并有效提升核心竞争力[J].辽宁师专学

报(社会科学版),2011(5).

[29]施淑萍.中国区域经济与交通因素的关系初探[J].中南财经政法大学研究生学报,2006(2).

[30]陈博.我国数字广播的发展概述[J].中国传媒科技,2009(2).

[31]杨利明.数字广播的传播学解读与发展趋势[J].中国广播,2009(4).

[32]张彩,曹璐.新媒体技术背景下美英日"重塑广播"的新态势[J].河南社会科学,2011(5).

[33]陈虹.新媒体环境下的美国广播发展新趋势[J].现代传播,2009(4).

[34]刘蒙.美国广播新形态一瞥[J].山东视听,2006(1).

[35]美国卫星广播听众2012年将达到3900万人[J].朱晖,译.广播电视参考,2008(3).

[36]谢耕耘,丁瑜.融合和转型——未来广播的生存之道[J].视听界,2006(4).

[37]CBS和AOL合作运营网络电台[J].中国广播影视,2008(4).

[38]周嘉琳.融合,平台与价值链——BBC新媒体战略分析[J].东南传媒,2012(9).

[39]唐莘.BBC的新媒体战略[J].视听界,2011(2).

[40]戴蔚然.新媒体时代的广播走向[J].现代传播,2007(4).

[41]郭倩.新媒体环境下微博与报纸的互动——以〈成都商报〉为例[J].群文天地,2012(7).

[42]张磊.英国广播公司的新媒体战略[J].青年记者,2011(31).

[43]芦何秋,胡晓.突发事件中传统媒体和新媒体的交互影响——以甬温动车事故为例[J].当代传播,2012(1).

[44]谢耕耘,蓉婷.微博舆论生成演变机制和舆论引导策略[J].现代传播,2011(5).

[45]陆高峰.从微博到微信[J].青年记者,2013(6).

[46]高福安,刘亮.关于新媒体环境下广播媒体的新思考[J].中国广播电视学刊,2012(10).

[47]赵兴涛,隋晋光,杜治国.突发社会安全事件预警系统的设计与实现[J].安防科技,2010(5).

[48]潘力.从专业化走向多元化:中国交通广播二十年的探索与实践[J].中国交通新视听,2011(8).

[49]孙孔华,谭奋博.频率专业化——广播与时俱进的必由之路[J].中国广播电视学刊,2002(10).

[50]陈明亮,戴婷.我国广播频率专业化的发展趋势[J].现代营销(学苑版),2012(11).

[51]李玲.微博时代传统媒体的挑战,机遇与对策[J].理论探索,2011(3).

[52]江凌.地方台广播电视节目如何创优[J].今传媒,2009(4).

[53]吴潇芳.新媒体环境中的广播变革[J].声屏世界,2012(12).

[54]张彦鹏.广播如何在"城市化"进程中崛起[J].青年记者,2012(10).

[55]夏建中.新城市社会学的主要理论[J].社会学研究,1998(4).

[56]陶青.节目内容架构频率质感 逆向编排打造收听高峰——上海故事广播节目内容制作与版面编排探索[J].中国广播,2011(11).

[57]宋波,李瑟妮,石影.见树木更要见森林——对电台节目整体架构和编排的几点思考[J].中国广播,2007(5).

[58]陈鸿滨.新媒体时代"类型化"电台的发展趋势研究[J].东南传播,2012(7).

[59]邓炘炘,罗哲宇.频率专业化:向纵深发展[J].中国广播电视学刊,2005(1).

[60]汤晓芳.从交通广播看广播经营品牌战略[J].声频世界,2005(9).

[61]董传亮.浙江广播:车载收听环境下服务理念的再运作[J].中国广播,2012(6).

[62]张立,鲍平,郭华省.亿元广播的成功实践——浙江广电集团交通之声跻身全国交通广播一流强台的启示[J].新闻实践,2011(3).

[63]陈刚,单丽晶,阮坷,周冰,王力.对中国广告代理制目前存在问题及其原因的思考[J].广告研究(理论版),2006(1).

[64]韩福荣,王仕卿.品牌理论研究:品牌理论发展评述[J].世界标准化与质量管理,2006(9).

[65]宁黎涛.广播技术的新发展[J].民营科技,2012(11).

[66]郭敢峰,杨涛.思考广播未来媒体方向[J].新闻爱好者,2010(11).

C. 报告类

[1]牛文元.2012 中国新型城市化报告[R].北京:科技出版社,2012.

[2]王俊秀.中国汽车社会发展报告[R].北京:社会科学文献出版社,2011.

D.学位论文类

[1]吴苑如.网站互动性与企业公关管理之研究[D].新竹:台湾交通大学,2001.

[2]龙丽双.20世纪90年代以来中国交通广播发展研究[D].成都:四川大学,2007.

[3]李婷婷.交通广播发展的动因、瓶颈和对策研究[D].南京:南京师范大学,2006.

[4]刁苏彬.交通广播发展研究[D].武汉:华中师范大学,2008.

[5]许川.新媒体挑战下交通广播的创新与发展[D].济南:山东师范大学,2012.

[6]费移山.城市形态与城市交通相关性研究[D].南京:东南大学,2003.

[7]李勇.中国城市建设管理发展研究[D].长春:东北师范大学,2007.

二、外文部分

[1]WILLIAMS R. *Keywords: A Vocabulary of Culture and Society*[M]. Oxford: Oxford University Press,1985.

[2]DANCE F E X, LARSON C E. *The Functions of Human Communication: A Theoretical Approach*[M]. New York: Holt, Rinehart & Winston,1976.

[3]KOTKIN J. *The City: A Global History*[M]. Phoenix: an imprint of Orion Books Ltd. ,2006.

[4]COOLEY C H. The Theory of Transportation[J]. *Publications of the American Economic Association*,1894,9(3).

[5]PARK R E. Urbanization as Measured by Newspaper Circulation[J]. *American Journal of Sociology*,1929,35(1).

[6]DRUCKER S J,GUMPERT G. Freedom of Expression in Communicative Cities[J]. *Free Speech Yearbook*, 2012,44(1).

[7]ANAS A, ARNOTT R, KENNETH A. Small Urban Spatial Structure[J]. *Journal of Economic Literature*,1998(3).

[8]HANSEN W G. How Accessibility Shapes Land Use[J]. *Journal of American Planning*,1959(1).

[9]KENT M L, TAYLOR M. Building dialogic relationships through the

worldwide web[J]. *Public Relations Review*, 1998, 24(3).

[10]KENT M L, TAYLOR M, WHITE W J. The relationship between web site design and organizational responsiveness to stakeholders[J]. *Public Relations Review*, 2003, 29(1).

附录一　媒介融合背景下我国广播媒体的发展路径

吴红雨　巩　晗　王颖江

一、新媒体背景下国外的广播融合范式

(一)美国广播融合范式

2014年,美国的传统广播媒体不可避免地面临着来自传统广播媒体转型和数字化媒体的"内忧外患"。一方面,传统媒体转型,选择了切割收入较少的广播业务,例如哥伦比亚广播公司(CBS)在2014年对其下属广播业务进行全面战略收缩。另一方面,数字化媒体侵蚀了传统广播媒体在人才、广告、受众方面的市场份额。例如,First Look Media 和苹果 iTunes Radio 等数字媒体纷纷从美国国家公共广播(NPR)、积云媒体(Cumulus Media)挖走负责广告营销等业务的高管。潘多拉(Pandora)、声破天(Spotify)和 TuneIn 等流媒体数字音频争相瓜分广播广告市场。就连数字视频网站 YouTube 也已成为广播"劲敌",调查显示,有近三成的12岁以上美国人使用 YouTube 观看、收听音乐片段①。

但是,在形成了网络广播、数字广播等多种传播技术基础上,美国的广播媒体在媒介融合上依旧保持世界领先地位,其与新媒体的融合模式有如下两种:

1.跨平台传播模式

(1)背景

这种模式主要存在于美国的公共广播中。由于公共广播的特殊性,它与新媒体融合的模式,是保持传统广播媒体的核心业务,通过移动客户端、网页端、平板、车载等进行跨平台传播。

---

① 宋青.美国音频广播数字化媒介融合现状与趋势[J].中国广播,2014(12):17-22.

（2）优势

美国国家公共广播（NPR）的融合范式是以传统广播终端作为核心产品，辅助其它数字平台实现跨平台传播。在实行跨平台发展后，NPR的到达率发生了巨大变化，数字终端的受众规模增长，大幅度弥补了传统广播渠道的听众规模收缩。

（3）缺点

广播内容的跨平台传播，首先存在传统广播内容在不同平台上的适应性问题。不同平台的听众，拥有不同的喜好。例如，传统广播的的主体听众是45岁以上的中老年，而车载收听终端的主体听众则偏向中青年群体。

其次跨平台传播模式仍然是低水平的渠道融合。美国国家公共广播全面铺垫跨平台的战略，最大规模的到达率均表现在移动客户端上，而传统的广播媒体受众到达率，只占据了跨平台信息传播份额中的小部分。它虽然有利于信息的传播，却分散了传统广播的收听渠道。放弃了自己的渠道领域，就失去了广播赖以生存的传播力。

2. 多样化内容生产模式

（1）案例

和跨平台模式最大的不同在于，多平台模式的重心在于广播内容生产本身，而传统基于调频技术的广播媒介不再扮演核心业务的角色。

近年来，很多商业广播公司都在名称上发生了变化，例如，"clear channel"改名"iHeartRadio"，"Envision Radio Networks"改为"Envision Networks"、"Journal Broadcast Group"改为"Journal Communications"。从"频道"到"媒体"、从"广播网"到"网络"、从"广播集团"到"传播"这些改变说明，这些公司的核心业务发生了根本性的变化。

其中，最具有代表性的是美国第一大商业广播电台clear channel（清晰频道）的转型。清晰频道早在2008年就已经实现了跨平台覆盖的模式，其官方移动端iHeartRadio自2008年已集成1500家直播电台、订制电台，成为占据主导地位的全国性消费者品牌[①]。2014年9月，清晰频道改名为iHeartRadio，标志着iHeartRadio实现了从以传统广播为核心的跨平台模式，到以内容为核心的多平台媒体公司的转型。

---

① 宋青. 美国音频广播数字化媒介融合现状与趋势[J]. 中国广播，2014（12）：17-22.

转型后,iHeartRadio 的特点是个性化定制播放列表,这个列表既可以用于"在线收听世界各地的电台广播",同时还可以收听海量歌曲。此外,在媒体产品开发上,它也有更大的品牌拓展和资本扩张的机会,例如,在移动终端领域,它就试图打入亚马逊的平板、三星的手机、苹果的车载系统 CarPlay 等[①]。

(2)优点

在移动互联网时代,优质的广播内容推送永远是吸引听众、塑造品牌的核心所在。以 iHeartRadio 为代表的商业广播公司,开发多样性的音频内容,设置个性化的功能,都是为了解决传统广播节目音频的多平台适应性问题;它努力发掘音乐听众和广播听众的交叉市场,扩大了目标用户的规模,还有利于吸引大批潜在听众。

(3)缺点

这一模式是商业广播公司在市场和听众的双重压力下的必然选择,在受众和市场导向下,商业广播公司走向了另一个极端,就是直接放弃或不再主推传统广播渠道,反而去发展各种数字渠道。通过品牌延伸和资本运作,传统广播收听渠道在这样的模式下必然会逐渐被消解。

(二)欧洲广播融合范式

1. 受传互动模式

社交媒体深度介入到广播媒体中,是欧洲"受传互动"模式的突出特点。与美国广播媒体的跨平台相比,它不是单一地将广播媒介信息通过多媒介分发,而是通过社交媒体等收集信息,听众也可以成为信息发布者,并进入到广播内容中。其中,葡萄牙等国的广播媒体与社交媒体的深度融合做得最好。

孟伟、董明锐认为,2012 年,葡萄牙新闻广播在社交媒体上使用自己的品牌和形象推广节目内容,其最常用的方法之一是在 Facebook 上推出类似热线电话的节目。通常听众都对这类活动感兴趣并且十分期待,甚至在节目开始之前就在社交媒体上进行讨论并发表自己的意见。葡萄牙新闻广播也会在 Facebook 上要求"朋友"(也就是听众)发送有关公共事务的照片或者是视频,通过这种方式,为他们的新闻添加新的元素。[②]

---

① 宋青. 美国音频广播数字化媒介融合现状与趋势[J]. 中国广播,2014(12):17-22.
② 孟伟,董明锐. 2012 年欧洲广播业发展与变革[J]. 中国广播,2013(2):22-26.

2.受众定制模式

英国作为欧洲广播发展的重镇,其广播业是广播最新发展趋势的一个范本。孟伟认为目前英国已经进入了"后广播时代",突出特点包括:个人在线广播系统(Personalised Online Radio)的崛起;以 iPlayer 为代表的广播延迟播放软件的开发和创造性应用。[①] 具体来说,可以总结为互动广播和延迟广播。

(1)互动广播

2012 年,英国推出了互动广播(interactive radio)的概念,这一服务概念贯穿在所有广播平台中,致力于深度打造更易接近的、个人化的广播接收方式。[②]

以英国 BBC Radio 1 为例,虽然它以提供音乐为主业,但是适当的互动,除了拉近电台和听众的距离,还可以通过反馈来调整播放内容,让听众实现真正的"使用与满足"。

需要注意的是,作为听众与电台的沟通重要桥梁——主持人——依旧在广播与新媒体的融合中发挥重要作用。以 BBC Radio 1 的早间节目 *Breakfast Show* 为例,*Breakfast Show* 和听众有着很多互动,比如主持人会现场接通听众电话和听众共同喊出一些鼓励的口号,还会接通两位听众的电话让他们进行知识竞答,方式活泼,也比较"放得开"。

此外,还有 Facebook、twitter 等社交媒体的沟通渠道,主要与主持人这个"个体人"互动,而非国内常见的机构互动。

(2)延迟广播

2007 年年底,英国广播公司开发出了新型的播放工具 iPlayer,iPlayer 本质上是一种延迟播放的软件,其设计的初衷是弥补传统广播电视稍纵即逝的弱点。

目前,iPlayer 已经成为传统广播电视与新媒体实现内容链接的实质性平台。英国广播公司多数广播电视节目都可以通过这一软件实现一周内节目内容的任意在线点播或下载。

---

① 孟伟.走向后广播时代——英国广播受众媒介接触的两大新趋势[J].现代传播,2010(10):113-116.

② 孟伟,董明锐.2012 年欧洲广播业发展与变革[J].中国广播,2013(2):22-26.

二、中国广播媒体融合发展历程

（一）广播的媒体融合方向

1. 我国广播的媒体融合

我国的媒体融合，要从"三网融合"的概念说起。所谓三网融合，《推进我国三网融合势在必行》一文综合多视角的论证认为，就是电信网、广播电视网、互联网的物理融合和终端融合、业务融合、运营商融合以及政府推动的综合概念①。广播作为广播电视网的一部分，是我国"三网融合"决策的重要项目。

"十一五"规划第一次明确提出"三网融合"，但此后的近十年内"三网融合"并没有实质性的进展。此后经过多番规范，以 2010 年 1 月 13 日召开的国务院常务会议颁布《推进三网融合总体方案》（以下称《方案》）为契机，正式在实施层面推行"三网融合"试点。② 此后，我国的媒介融合正式进入实质性变革阶段。2014 年 8 月，中央全面深化改革领导小组第四次会议审议通过了《关于推动传统媒体和新兴媒体融合发展的指导意见》，标志着我国的媒介融合被上升到国家层面。2015 年 9 月初，"三网融合"结束试点工作，正式在全国范围推广。

2. 交通广播与新媒体融合的三个阶段

在国家大力推广媒体融合之前，我国广播媒体发展中以交通广播发展最为显著。随着新媒体的发展，以及媒体融合政策的出台，我国交通广播的发展遭遇到新媒体的挑战。一是因为，新媒体消解了广播对交通、天气等信息的垄断优势，二是由于，以打车软件为代表的交通应用改变了原有基于出租车司机的固定听众群。因此，交通广播也不得不"自救"，主动寻求与新媒体的合作。

本文认为，截止 2015 年，我国交通广播与新媒体的融合，表现为以下三个阶段。

285

附录一

---

① 王厚芹,车士义.推进我国三网融合势在必行[J].电视技术,2010(6):109-112.
② 关于印发推进三网融合总体方案的通知(国发〔2010〕5 号).

表 1　我国广播与新媒体融合的三个阶段

	新媒体形式	融合形式	融合程度
第一阶段 （2001—2011 年）	网站	建设官方网站	低水平平台建设
第二阶段 （2011—2013 年）	微博	官方微博微电台	高水平平台建设
第三阶段 （2013—2015 年）	一网一端 "两微"	主动开发和融入 广播移动软硬件	高水平终端建设
		UGC 模式内容生产	高水平内容建设

（二）早期模式：web1.0 时期的低水平重复建设

进入 21 世纪以来，互联网发展仅仅用了不到十年的时间就发展惊人。各大广播媒体开始重视互联网这一块，纷纷开始建设自己的官方网站。

官方网站的建设，使得广播电台在互联网上有了一张名片，在品牌建设以及互联网语境中的传播中，起到了重要的作用。

然而，广播电台在这一阶段并未享受到互联网发展带来的红利。一是少更新，不创新，迅速被日新月异的互联网时代所淘汰。二是虽是广播电台的附属产品，但官方网站根本不具备信息传播功能。所以广播电台对网络的应用除了技术方面的革新之外，它本身并没有跻身于网络营销发展的大营，自然也不会分到网络营销带来的任何红利。

因此，可以认为，虽然早期广播媒体和大多数媒体一样，开办官方网站，主动拥抱互联网，但这一形式是一个低水平的互联网窗口建设，并没有对广播媒体产生实质上的影响。

（三）初步融合：Web2.0 时期的跨平台建设

2010 年，新浪微博开始内测，我国"微型博客"正式进入上网主流人群的视野。2015 年 4 月，与交通广播相关的认证微博号有 519 个，其中有 136 个交通广播的企业认证号，其中粉丝在 10 万以上的有 36 个，但是活跃度在 2012 年以后逐渐下降到日均 20 左右。

此间，广播媒体在 2010 年至 2013 年的微博用户最多。以交通广播电台为例，借力微博后，他们"注重信息发布，依托本地特色，注重自己的品牌战略，从专业主义出发，早晚进行天气信息的发布，以及路况信息的发布。此外，还可以带动听众线上线下互动，增加用户黏度"。

但是交通广播借势新浪微博带来的盛况仅仅维持到 2014 年左右,2011 年诞生的微信迅速崛起,受到影响的不仅仅是微博平台,还有这些已经拥有几千万粉丝的各大媒体大 V。虽然目前像北京、浙江等地的交通广播微博仍然运行,但是其影响力已经大不如前。

这些原因包括:其一,交通广播地域性限制以及节目本身的限制。其二,对互联网媒体科技没有主动参与,只是被动选择载体。当然这一时期也有部分交通广播台尝试过研发自己的移动交通广播设备,可是相对于迅猛的移动智能网络,终究还是慢了半拍。

然而,恰恰是有了这样的经验,使得微信公众号出现后,交通电台能够迅速做出反应。

(四)融合现状:多向传播模式

《中国广播电影电视发展报告(2015)》统计显示,截至 2014 年,中国网络视听产业规模为 378.4 亿元,同比增长 48.8%,我国共有 604 家机构可以开展互联网视听节目服务,其中广电机构 224 家,占 37%。

国内广播电台在各级广播电视集团体系中,均开始了媒体融合业务,走在前列的广电融合模式已经形成了"一网一端两微"或"两微两端"的"矩阵"式规划,表现稍微落后的也融合了微信等新媒体服务。

具体而言,截至 2015 年 9 月,广播媒体的融合现状最为突出的特点是与微信的深度融合和广播新媒体的开发。

1. 与微信的深度融合

据中国互联网络信息中心(CNNIC)第 36 次《中国互联网络发展状况统计报告》显示,2015 年上半年我国手机网民规模达 5.94 亿。手机移动客户端中,微信表现活跃。截至 2015 年第二季度,微信和 WeChat 合并月活跃用户数已达 6.00 亿,同比大涨 37%。[①] 广播电台努力寻求与具备广泛群众基础的微信的融合,有很大的扩大受众面的潜力。

微信的一大功能是语音,而广播向来是通过声音实现信息的传输的。因此,在信息传播上,广播电台与微信有着得天独厚的融合条件。其融合方式主要集中为以下几种形式。

---

① 腾讯,2015 年第二季度财务报告。

（1）微信作为广播的采编手段

通过语音消息的发送，广播电台的采编人员和普通听众，都可以把微信内容推送到广播电台播出。

记者通过微信向广播电台实况播报，提高了广播电台记者的采编效率。在突发情况面前，记者随时可以通过语音信息实时播报。以交通广播为例，FM93交通之声所采用的就是随时接入记者播报的新闻播报模式。24小时的节目随时可以打断、随时可以插进重要的内容，这也是一开始就有的理念。所有人离开线上工作岗位在马路上，发现跟交通跟工作有关的事情的时候，必须第一时间跟导播室作信息通报。[①]

普通听众通过微信构建与广播电台的联系，并且主动参与到微信的内容生产中，这就是 UGC（User Generate Content，用户内容生产）模式。主持人在节目中发出互动邀请，听众可以发送语音或文字，再经导播台进行内容处理，最后既可以通过主持人口播内容，也可以直接将听众语言呈现到广播节目中。在突发事件面前，由听众通过语音向广播电台"爆料"，进一步发挥了广播在突发事件面前得天独厚的时效性。

UGC 模式在广播电台的运用，实际上就把新闻生产的"采、写、编"等步骤中的"采"、"写"交给听众来完成。听众自己生成并制作广播内容，发送到广播电台服务端，而原广播节目制作者只需扮演"编辑"和"把关人"的角色，负责文字、音频内容再加工、裁剪、整理等编辑工作，并且去粗取精、把握导向。浙江FM93交通之声也大量采用了这种模式：每天晚高峰（16：00—18：00）播出的"一路有你"，随时插播热心听众的"爆料"，实时播报杭州各类交通状况、消防安全等问题。

这种以记者或听众为信息发布主体、以微信为信息传输载体、以广播电台为播出终端的形式，是对广播电台原先的单向传播的延伸。它延伸的是节目的"采"和"写"的环节，它让广播节目的生产流程公开化，从一个"透明的编辑室"，走向了"公开化透明的编辑室"。

目前，绝大部分广播电台开放了听众反馈的接口，微信的普及使得普通大众更方便、快速地成为"自媒体"记者，这推动了广播与受众的互动效果。

---

① 与浙江广电集团交通之声总监助理兼93节目中心主任张家英的访谈。

（2）广播通过微信实现新型传播

《2014年微信影响力发布》数据显示，我国平均每天打开微信10次以上的用户达到55.2％，微信好友超过100人以上的用户达到40％，其中，有超过80％的用户关注了微信订阅号、服务号等公众号。相比广播，微信的人际圈交往关系、具有黏度的碎片化使用习惯具有非常强的优势，是开展信息传播、广告营销的重要平台。

目前，广播电台通过多种新媒体平台开展信息传播和广告营销的新模式已经普及，作为"一网一端两微"的重要组成部分，广播电台主要通过以下两种方式开辟在微信上的传播。

一是在微信公众平台开辟公众订阅号。2012年微信公众平台推出后，广播电台公众号迅速规模化地成长起来。

截止到2015年4月，微信认证的交通广播类公众号有201家。其中有近130家开通了微信公众平台的后台功能，接入了路线查询、轨道交通查询、收费站查询、加油站查询、快递查询等便民服务功能。其中浙江广电集团的表现尤为突出。据统计，截至2015年10月，浙江广电集团有5个广播频道开办的7个微信公众号，粉丝数超过了15万[①]。

表2　浙江广电集团广播频道微信公众号[②]

频道名	公众号名称	粉丝数（万）	盈利模式
浙江之声	浙江之声	80	直接推送
音乐调频	动听968	18	直接推送
	浙江FM996	16.3	
经济频道	FM95浙江经济广播	4.4	粉丝效应
交通之声	FM93交通之声	100	直接推送
	FM1045女主播电台	19	
城市之声	私家车第一广播	62	直接推送

①　应钢.浙江广电集团微信广告营销活力千万,怎么做到的[EB/OL].广电独家,2015-10-02.

②　应钢.浙江广电集团微信广告营销活力千万,怎么做到的[EB/OL].广电独家,2015-10-02.

在信息传播方面,去年交通之声成立了多媒体新闻中心和用户运营中心,做新闻的多渠道发布。其中微信公众号"FM93交通之声"粉丝数最多,高达100万。公众号目前公开的头条阅读数均超过10万,全国排名第一①。在广告营销方面,在内容中直接推送广告信息,每条都可获利3000～5000元。② 此外,举办微信活动,借由粉丝效应,还可推动广告经营创收。

二是媒体记者通过微信的朋友圈,拓展了广播内容的传播圈。广播既是主流媒体单位,又作为微信发布平台,既是新闻采编制播者,又是微信采编人和朋友圈链接转发人。媒体、记者由过去的在一个阵地变成在两个阵地,由过去一种身份变为双重身份③。

短期看来,利用微信最大限度地延伸广播的传播模式,是极具发展空间的。但我们也需要清醒地认识到,包括广播媒体在内的微信服务,都将伴随性地受到微信发展势头的影响:一方面,广播媒体的公众号火热,与目前微信发展势头一致,但整个微信的发展前景还未可知;另一方面,广播电台的公众号必须遵守微信所制定的规则,这使得信息传播和广告营销都不能实现自身利益的最大化,其自身发展也面临着除了本行业之外其它行业的竞争。这种模式对于微信外的任何一个行业来说,都是被动的、暂时的,都需要进行长远的战略规划,以期实现独立、长期、可持续的发展。

2.广播新媒体的开发

广播新媒体的提法取自"广电新媒体",指由广播、电视等传统媒体所有,在技术、内容生产、渠道分发、广告营销上具备新型媒体特征的媒介产品。

目前,广播新媒体的形式主要是针对不同品牌手机定制的客户端、应用程序(APP)。基本上,从中央到我国主要省份的各级广电集团,都已经开发出广播客户端,但这些客户端的发展程度各异。

---

① 与浙江广电集团交通之声总监助理兼93节目中心主任张家英的访谈。

② 应钢.浙江广电集团微信广告营销活力千万,怎么做到的[EB/OL].广电独家,2015-10-02.

③ 武俊叶.微信与广播融合:"三建"与"三多"[J].中国记者,2015(1):63.

表 3　全国主要广播客户端开发现状①

	电台	客户端	类型	备注
中央级	中国国际广播电台	CRI Radio	多频率集成	—
		UNI Radio		
省级	北京广播电台	听听 FM	单频率集成点播	各类客户端 18 个
	上海广播电台	阿基米德	多频率社交平台	社交概念明确 广播节目专业 商业模式清晰
	黑龙江人民广播电台	龙广客户端	单频率集成	
	江苏广播电台	微啵云	新媒体音频平台	
	天津广播电台	劲听 Jradio	单频率集成	

从表中可得,我国开发广播新媒体的广播电台,其平台的类型各有不同。其中,主打电台产品的包括天津、黑龙江、北京、江苏的广播新媒体则在此基础上增加了新的网络广播节目,表现最为突出的是上海广播电台的"阿基米德",主打社交平台,定位偏向年轻化。

"阿基米德"与国内外市场化广播集合产品形成对比,例如国外的潘多拉、国内的"蜻蜓 FM",他们在产品业务上具备类似点,例如开发大量音频节目、提供许多生活服务信息、良好的交互体验、清晰的商业运作模式。而其根本的不同在于产品所有权的不同,前者是传统广电集团所属的广播新媒体,后者是定位于广播内容的市场化集合产品。

从目前的状况看,走在前列的广播新媒体,已经走出当初的在线直播客户端、语音手机报等简单包装开发阶段,走向媒介互动开发的新阶段。甚至,从"阿基米德"等热门产品来看,其大有将广播新媒体作为主要业务的势头,有可能走向"美国范式",塑造新品牌,进行资本运作。

但是,广播新媒体先天所具备的缺陷,使它的发展前景不容乐观。短期内广播新媒体得到飞速发展的关键在于,依靠有胆识魄力的高层领导决策,依靠新媒体人才参与管理,同时探寻让其他新媒体为其所用的方式。但这并不能称作一种"模式",因为主观决策贯穿其始终,未来发展方向也带有各种主观可能。

291

附录一

---

① 崔忠芳.全国广播业媒体融合调查报道［EB/OL］.广电独家,2015-09-28.

目前看来,将业务重心转移到广播新媒体,是很多广播的新媒体业务发展模式。

三、未来中国广播媒体发展路径

(一)可预见的挑战

1.“车联网”的挑战

当广播电台积极开发广播新媒体时,很容易忽略掉硬件终端。

根据国外的一项调查,截至 2010 年年底,27％的美国车主在汽车里已经放弃收听传统广播,而是通过车载互联网收音机选择收听互联网广播。

在中国大陆,中央人民广播电台也在不断地尝试提供可定制的车载视听服务,目前已经与一汽、吉利、斯巴鲁等厂商达成合作,通过中国广播网的银河网络电台为智能汽车提供车载视听服务。

目前我国最具生机的广播电台大多是交通广播。随着我国的城市化进程加快和私家汽车数量的增多,未来交通广播首先迎来的是车载终端的异化。这种异化突出表现为“车联网”的到来。

“车联网”是车联网产业技术创新战略联盟定义的:以车内网、车际网和车载移动互联网为基础,按照约定的通信协议和数据交互标准,在车＋X(X:车、路、行人及互联网等)之间,进行无线通信和信息交换的大系统网络,是能够实现智能化交通管理、智能动态信息服务和车辆智能化控制的一体化网络[1]。

可见,在“车联网”产业布局中,并未对广播媒体进行概述,但可以预见其必将成为移动互联网产品的一部分。等到“车联网”建成以后,很多广播台就变成其操作系统下的一个应用。而单就盈利模式来看,传统车载广播通过广播将大量汽车、零售、金融广告传播给广大车主,从而实现广告收益,而“车联网”将会改变这一切。

2.移动互联网的技术革命

随着 4G 时代的到来和移动 Wi-Fi 的进一步普及,移动互联网已经处于高速发展的阶段。这意味着其对传统调频广播的颠覆性影响。

---

① 百度 CarLife 亮相 携手三大车厂布局车联网［EB/OL］.［2015-01-28］. new. xinhuanet. com/tech/2015-01/28/c_127429647. htm.

从传输信号来看,中国的传统广播电台依旧以调频为主,数字广播在中国的生存空间并不大。这与美国传统广播发展推行"数字优先"战略,大力推行高清晰度(HD)数字广播形成鲜明对比。

而中国的网络广播却在近年来得到了较快发展,随着未来 4G、5G 的普及,移动资费的下降,为什么要听调频呢? 一切都可以通过移动互联网来收听。

随着人们对生活品质的追求提高,诸如对高品质音乐等的需求,必须正视调频广播在抗干扰能力、传输过程中失真等方面的先天技术缺陷。

3.新兴产业的竞争

以交通广播为例,新兴产业蚕食广播电台的优势领域,已经成了现实。

例如 2013 年以来"打车软件"对交通广播市场份额的占领。打车软件是指通过定位用户位置,显示在用户规定搜索范围内的所有空车信息,用户即能直接与出租车司机联系确定服务的移动软件。

过去,"边开车,边听广播"是很多出租车司机的"日常工作",随着打车软件的兴起和广泛使用,交通广播的出租车司机听众数量急剧下降,相反边开车边听打车软件的报单成了大部分司机的新喜好,这种现状必将导致交通广播市场份额缩小和广告收入下滑[①]。

因此,广播电台面临的挑战将不仅仅是其他媒介形式、媒体产品,还不排除未来外部的新兴产业对广播电台可能产生的冲击。在经历了打车软件的"威胁"后,广播电台应当反思如何延长自身的生命线。

(二)广播电台的微观突破

1.电台"移动化"

伴随全球化进程加快、汽车社会的形成和移动互联网的普及,广播电台可以选择移动化作为突破口。

在移动终端方面,以交通广播为代表的车联网建设,是下一步的发展目标。车联网是由车辆位置、速度和路线等信息构成的巨大交互网络。由于车联网融合了互联网技术,在车内收听广播将不再依赖车载广播,收听渠道将被互联网渠道分流甚至取代。因此,广播电台,尤其是交通广播电台,不应当忽略线下市场,尤其是汽车市场的变化。

不过,到底会产生怎样的冲击,现在还很难判断,也很难判断这会是一个

293

附录一

"店大欺客"还是"客大欺店"的问题。车联网建成后，新媒体广播将逐步掌握渠道话语权，而传统广播台依旧拥有较强的内容话语权，双方角力最终结果还很难说。

广播电台的移动化思维不仅包括终端的移动化，还包括发射端的移动化。国内的西湖之声曾经做过这一类尝试。2008 年到 2010 年，西湖之声的一个栏目把直播室搬到了汽车上，做移动终端的基于定位的收听，而且做成了。因为有 LBS（Location Based Service，基于位置服务）系统，把整个直播室设置在汽车里，一边开车一边可以在后台看到有多少人收听、离直播车几米远，可以跟直播车打招呼。然而，这样的尝试最终以失败告终，原因是节目形态没有跟上，技术太超前了。当时，移动技术还处于 3G 网络的普及时期。随着移动互联技术的进一步发展，发射端的移动化，会是广播电台的一个创新形式。

2. 广播"社区化"

未来广播电台将走向"社区化"，这里的"社区"不是传统社区的行政、地域意义，广播电台的"社区化"，不仅仅是受众空间界限的拓展，还包括另一个维度的精神空间，从而定义出新的"社区"意义。

杭州的西湖之声对自己的社区定位有过这样的想法。它的受众视野突破"在本地的本地人"，定位于"在世界的本地人"。例如，西湖之声的目标受众是杭州人，其广播电台的"社区化"不是地理地图上的社区，而是心灵的社区，是全世界杭州人倾听杭州的声音。这是一种偏向理想主义的概念。它倾向于将广播打造成一个杭州人的社区，是一个世界村的社区，让全世界每一个角落的杭州人的手机终端里有一个杭州的声音。

"社区化"广播概念的提出，本质上是在挖掘广播互动的两个维度：一种是直接行为意义的互动和交流，还有一种是心灵的互动，表现为产生共鸣。而在前者被充分开发的情况下，后者的开发潜力、用户黏度都会大于前者。所以，像西湖之声、104.5 女主播电台这类充分开发过地缘优势的都市电台，应该坚持去做一个社区化电台的创新。让所有杭州人觉得有一个语音平台，一个移动互联网环境下的社区，即使地理距离很远，但是心理感受很近。

在诸多采访中，业内人士均对汽车广播前景表达了乐观态度，这种基于"空间化"的使用习惯会"长期存在"。而他们担心的同样也基于这种"空间化"：当"渠道多元化拓展"之后，传统的广播频道怎样"继续让车上的听众锁定他们的频道"？

实际上，广播"社区化"为这个问题找到了突破口，用"心灵社区"将本地广播的"在地性"发挥到一个极致，是广播"空间化"在另一个维度上的延伸。

3.电台"个人化"

无论是广播接收终端的移动化，还是电台直播车搬进汽车里实现移动化，不管是广播新媒体所推行的互动，还是集成客户端里的按需定制，新媒体时代的调频广播和数字广播，实际上都在走向广播电台的"个人化"。

"个人化"电台所具备的特点，应该包括精准内容、有效影响、价值反馈、私人订制四个要素，从而完成信息共享。

（1）精准内容，就需要广播电台具备其他媒体少有的数据储备和数据分析技术，从而满足"个人化"的各类需求。

首先是个人的碎片化需求，例如，在广播提供交通路况信息方面，未来网络地图技术更加发达以后，听众需要的就远远超过路况本身，而是发生在城市的各类事件。此外，还包括广播的延时回放功能、点播功能，这类似于互联网电视之于电视媒体的功能拓展，它满足的是听众在不同时段、为满足不同爱好而对广播内容的需求，不受广播的线性播出限制。

其次是个人的个性化需求，比如，当用户触发信息需求时，广播电台所提供的精准内容是："您现在在某街道，您那边车流量如何，您再等三辆车即可通行，预计时间十分钟。"这样的服务所需要的仅仅是城市交通实况平台。

此外，还有个人的预知性需求，要把杭州乃至浙江省随时发生的变化告诉听众，譬如下雪了，那几条路是必堵的，哪里是不堵的。服务要更加细致、精准，要更加关注听众的需求和体验。精准的内容传需要的是便利的端口接入、庞大的数据储备，而这些基础一旦打好，将使广播在此类需求中，成为超越其他各类媒体的第一选择。

（2）有效影响，就是要让广播扮演好培养公共意识、实现行为干预的角色。这种干预对听众个体的影响很大。例如，FM93交通之声一直很注重广播的行动意义。任何一个大的事件后面一定会跟一个行动，比如08年的大雪，一定会做一个延伸，当时我们的台长讲八大服务，其中有一项是延伸服务。①

（3）价值反馈，就是要让听众个体对广播内容的反馈产生价值。比较典型的案例就是应急广播的建设。个人险情发生时，个体首先想到求救，在报警、送

295

---

① 与浙江广电集团交通之声总监助理兼93节目中心主任张家英的访谈。

医等应急公共服务之后,怎样通过媒体来实现对险情的呈现呢? 这个行为可以成为未来应急广播的突破点。

传统意义上,应急广播已经是广播非常强势、核心的功能。因为发生个人险情时,可能与社会的相关性并不高,但对个体来说,确是一件关乎生命财产安全的大事。广播对个体命运的关注,将会极大地推动广播电台社会服务功能的彰显,同时也是人文关怀的体现。报纸的时效性无法与之匹敌,电视在采编上也会有时间延误,新媒体虽然时效性最强,却无法构成对权威内容的广泛传播。

因此,价值反馈所需要实现的是,当城市中的个体发生紧急情况后,能够把广播作为第一时间想到的反馈渠道——而不是报纸、电视乃至新媒体,那么未来广播的核心优势就更加强化了。

广播电台的个人化是移动互联网发展的必然结果,也是媒体受众导向的必然结果,这是广播走向"窄播"的标志。

(4) 私人订制

类型化电台最大的特点就是能够给听众(或电台 APP 的用户)提供"私人订制"的个性服务,并在不同用户间完成信息共享。

以下为笔者对于类型化电台如何提供私人订制服务所提出的模式建设构想(如图 1 所示):电台可以把自己的 APP 打造成一个针对不同用户个体进行"私人订制"的兴趣总站,在这个 APP 里,用户从信息接收者转变成信息发布者,实现了自媒体的信息转化。从图中可见,电台作为信息中心,处于信息输出的中心位置,它串联起各个用户之间的信息共享及沟通。电台如何准确掌握各个用户的兴趣爱好情况,如何筛选符合用户兴趣口味的信息,以及推送时如何

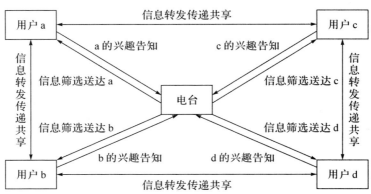

图 1 "私人订制"服务模式建设构想

处理同一用户多项兴趣之间的主次关系,值得电台进行调查研究。

　　在这样的全新模式下,以往纯粹的听众变为广播电台的内容创造者,内容信息获取渠道和加工制作渠道增加了。在数字类型化电台中,电台与听众是一种双向互动的关系。依托信息双向传导的网络平台,听众成为信息的提供者与传播者。通过平台型的收听终端,任何听众都可以把自己喜爱的内容上传到平台供他人收听。不同用户就所喜爱的内容在电台提供的网络平台上进行共享交流。类型化电台的用户越多,用户之间可共享的资源就越丰富。

　　4. 广播"可视化"

　　"可视化"广播在国内外都有,它是广播的创新命题,它的实践意义存在于公共空间和未来的私人驾驶空间,但却一直饱受争议。

　　在公共空间方面,移动传媒的普及说明,视听结合的电视媒体在公共交通中具有生存空间。在实体公共空间,如办公楼、写字楼里,电视也是有效的视觉传达媒介。正因为如此,相比之下单靠声音传播的广播电台,在公共空间中的份额已经被电视媒体占据大半,而即使是未来的智能操作,也必然伴随着视觉传达。

　　私人驾驶空间包括出租车和私家车,这个空间内的媒介份额是否还有广播的一席之地呢?答案是肯定的。前文提到因为广播的伴随性、在地性,私人驾驶空间在未来一段时间内仍然以广播为主要的信息接收媒体。

　　然而在未来依然如此吗?有人提出,未来私人驾驶空间的发展方向是无人驾驶的汽车。2014 年 Google 推出自己的新产品——无人驾驶汽车,之前英国、德国等欧美国家都在这方面进行技术开发和测试,中国也分别在 1992 年、2005年、2011 年完成了无人驾驶汽车的研发突破。试想未来无人驾驶汽车对私人驾驶空间的行动解放,也会进一步解放车人上的媒介行为,首先就是广播。

　　在实践中,"可视化"广播不是视觉的完整线性使用,而是以音频为主,加入"可视化元素"。这首先需要终端的改革,未来终端大多是车载集成系统,只需在广播应用(APP)开发端口加入视觉传输线路即可。例如,在广播播出重大新闻时,通过广播播报引导听众去看一张图片、一个画面、一段视频等等。

　　广播的可视化突破遭受质疑的首要原因,是它直接涉及广播赖以生存的基础——声音,当视觉使观众形成依赖,声音媒介将成为视觉媒介的附属品,有人认为这会是一次广播媒介对自身核心优势的"自我阉割"。

　　另一个原因是,听众对车载广播的收听大多追求"伴随"感,而不是视觉传递所带来的"即时感"。无论是私人驾驶空间还是公共驾驶空间,都有受众会因视觉内容而"眩晕";更为现实的考虑,则是安全的问题。

还有一个原因,即一旦广播"可视化",就意味着广播电台的编辑又多了一道工作流程,加上终端类型种类繁多、参差不齐,从投入产出比上看亦会是一笔不划算的生意。

但为什么还认为"广播可视化"是一个发展突破口呢?因为未来媒介融合的结果,将是受众接触的媒介产生交叉、互为补充,传统的受众界限会慢慢地模糊掉。例如,听收音机的同时在上网。另外,"可视化"自身也可以"因地制宜",当前对技术、采编等方面的投入产出的衡量,在未来科技环境中未必合适。

因此,"可视化"不是广播媒体的"自我阉割",而是着眼于媒体融合的背景,把受众从单一线性的听众,转化为同时扮演观众、听众、读者、参与者、用户等多重角色[①]。

(三)广播电台"延长生命力"宏观路径

1.定位延伸:市场精准区分

目前,我国广播市场份额基本是新闻、交通、音乐"三分天下"。其中,"新闻"和"交通"类别呈现一个上升的态势,其他类型频率的市场份额呈下滑态势。

这三大类型的广播市场也在不断地分化,市场进一步精准区分。例如,在频道上,浙江广电集团旗下广播频道,就有交通广播和私家车广播;在具体的节目上,针对车载人群的不同需求也有不同的节目,例如针对年轻的私家车人群、女性私家车人群等等。新闻广播也在精准区分,除了综合新闻,还有财经新闻、体育新闻、国际新闻等类型化的新闻。音乐频率也根据音乐类型、国别精确划分。

我国广播电台的另一种精准区分表现在地域上。除了中央广播电台,各级广播电台的频率覆盖范围都是有限的。而事实证明,以央广为例,其节目和内容都非常出众,但落地性稍逊,它的投入和回报差距很大。这就意味着,广播的在地性很重要。

而且,广播的频率定位已经逐渐从受众定位转化为功能定位,说明频率的专业化、类型化更为深入。

---

① 陈虹.新媒体环境下的美国广播发展新趋势[J].现代传播,2009(4):47-49.

2.媒介延伸：主动拥抱大众新媒体、广播新媒体的资本运作

广播媒体在互联网时代，与微博、微信、网络广播等新媒体的融合，尤其是和微信的融合，在一定的时期内是有大量成功案例的。因此，这些成功经验说明，要积极拥抱被大众接受的社交媒体，广播的伴随性特点本身就极具适应性。

但伴随着这些大众化社交媒体的发展，广播始终扮演一种被动的角色。因此，广播电台开发的广电新媒体，必须要摆脱对其他社交媒体的依附关系。目前看来，上海的"阿基米德"在国内广播新媒体发展中走在前列。

广播新媒体要取得长足进步，极可能走向独立发展。所谓独立发展，一种模式是从体制内割裂出来，在我国的媒介经营管理体制中，要实现经济上完全独立，即意味着不再属于广电集团所有，这本身是个悖论。

另一种形式是为广播新媒体打造高于现有地位的战略布局。例如，将广播新媒体放在与传统媒体同样重要甚至更为重要的位置，具体来说就是将广播新媒体产品提升到与传统广播同等级的地位。然而，后者显然并不具备市场竞争的潜力，因此还需要使传统广播尽早实行更彻底的市场化改造。

3.受众延伸："受众"身份复杂化、拥抱新一代

(1)"受众"身份的复杂化。

应当明确，移动互联网时代，受众的界限模糊且存在交叉，他们既是受众，也是用户，同时还是网民、消费者。

在移动互联网时代，媒体经营模式不再是传统广告经营，用户才是最大的资源。目前来看，当下的用户还是"自娱自乐"的用户，而互联网最大的特点是参与和共享，自娱自乐是在固有的思维下发生的事情，行为是受大脑支配的，受众在听的时候会选择自己能参与的东西，当然在传播的时候他没想到这一点。所以说我们以后要越来越精准，一定要考虑用户体验。[①]

新媒体经营的核心正在发生变化，"内容"的地位正在被动摇，而"关系"的经营成了新的着力点。

用户关系经营最典型的代表就是"粉丝经济"，粉丝不仅是产品的忠实消费者，而且是产品的宣传者，甚至是新产品的制造者，小米、苹果成功的秘诀其实都是培养了一大批的"米粉"、"果粉"。而通过挖掘用户行为的大数据，可以获取用户需求信息，从而形成个性化、精准化的产品营销信息，也将是对传统广告

附 录 一

---

① 与浙江广电集团交通之声总监张立的访谈。

模式的颠覆。

(2)注重未来受众群体培养。

当今传统媒体的目标群体是逐步具备消费能力的 90 后,他们的特点是早期接触过广播但并未使其渗透到日常生活的媒介接触中。按照约定俗成的代际划分,很少接触广播的 00 后,将不可避免地成为下一代具备消费能力的对象,抢占这一群体的广播媒体无疑将在未来占据优势。

一些电台已经有所行动,例如浙江 FM93 交通之声即将开发一档进校园的广播节目,让学生们熟知一些主持人。当他们踏上社会以后,他们也会继续关注这个主持人和电台节目。所以现在的广播确实需要让 90 后和 00 后的孩子来熟知和喜欢。

4.终端延伸:主动发掘新兴市场

无论是攻克车载系统,还是与汽车产业合作,广播媒体不能老是被动地受到其它产业的冲击,"坐以待毙",而应当努力加入其它市场,从其他突破口发现城市生活中的"蓝海"。

打车软件所造成的冲击已经是一次惨烈的教训,广播媒体应当把"触角"伸出汽车,去其他行为空间进行突破。虽然目前还没有一个确切的方向,但我们应该把目前的广播媒体当作一个"创业者"。

比如说开拓地铁市场,把地铁这个封闭空间里的乘客在固定的时间里变为广播忠实的听众。举例来说,杭州地铁现有媒体主要是浙江第一张免费地铁报,由杭州日报报业集团与杭州地铁集团共同出品的《城报》,以及车载杭州地铁电视。无论是《城报》,还是地铁电视,都极度倚仗乘客的视觉感官,而乘坐地铁的乘客中有极大部分是早晚高峰期间乘坐的上班族,晚间睡眠的不足和一天工作的劳累使他们渴望解放眼睛的视觉负担。我们发现,许多乘坐地铁的乘客有闭目养神的习惯。因此,如能出现一种既不会增加乘客的视觉负担,又能很好地陪伴乘客的媒体的话,对于广大地铁乘客无疑是一个巨大的福音,而广播显然是满足这两大条件的最佳媒体。因此,电台如能及早与地铁"联姻",在地铁的信息传播系统中分得一杯羹,对于杭州的电台未来的发展大有裨益。

杭州的广播电台可在杭州各条地铁线上开辟"地铁广播专线",专门为乘坐地铁的乘客提供广播服务。乘客可以通过调频收听,也可以通过下载地铁广播APP 进行收听。

同时,地铁广播特别需要提升伴随属性,根据乘客的区域、年龄、职业、乘车目的等的不同进行划分,考察不同人群的乘车需求,为其提供量身定制的信息服务,使得广播的伴随对象从现阶段的以有车一族为主逐渐扩展至未来的包括公共交通乘客在内的全交通旅客。

从操作上来看,广播媒体既需要引入一批社会发展、公共事务、城市传播研究、市场营销等方面的人才,也需要关注国外前沿科技动态,提升自身的技术研发水平,同时还要关注整个社会的结构变化,并从中捕捉到未来市场的潜力。引入人才、关注动态的形式多种多样,前期可以通过专家顾问、新动态讲座等形式着手。对广播媒体来说,新的"创业"需要一个潜移默化的过程,但其具备的优势是,比普通"创业者"的资源多得多。

这是一个有风险的行动,因为它更像一笔自我教育投入,短期内很难直接产生回报。但一旦成功,它必将使得广播媒体成为一个关注社会、关注城市、关注城市居民的创意产业孵化器。

四、总　结

总的来说,广播电台所面对的是下一代传播技术革命。其媒体融合路线,应当从广播媒介传播的各个环节突破,从而延长广播的"生命线"。具体来说,要依靠传播技术的革命,革新接收途径,转变传统受众观,革新传统平台的互动模式,革新新平台的互动模式,努力打入新兴市场。

参考文献

刘蒙.美国广播新形态一瞥[J].山东视听:山东省广播电视学校学报,2006(01).

潘力.受众移动化到媒体移动化——交通广播的发展空间[J].中国记者,2007(8).

陈虹.新媒体环境下的美国广播发展新趋势[J].现代传播,2009(4).

刘激扬.新媒体挑战下广播优势的再认识[J].现代传播,2009(5).

孟伟.走向后广播时代——英国广播受众媒介接触的两大新趋势[J].现代传播,2010(10).

孟伟.新媒体语境下广播传受互动理念的建构[J].现代传播,2012(7).

王梅,陈昌辉,王欣欣.试论广播发展的新媒体空间[J].新闻知识,2013(12).

孟伟,董明锐.2012年欧洲广播业发展与变革[J].中国广播,2013(2).

肖佳,何德慧,吴月娥.广播媒体微信"热"应用的"冷"思考[J].科技传播,2014(2).

宋青.美国音频广播数字化媒介融合现状与趋势[J].中国广播,2014(12).

王丹.新媒体时代下的交通广播的困境与出路[D].哈尔滨:黑龙江大学,2014.

魏文娟.交通广播与新媒体融合三部曲[J].新闻大学,2015(5).

附录二　全媒体时代交通广播的现状及发展趋势

梁毓琳

一、全媒体时代广播的听众特点及其发展趋势

据 CNNIC(中国互联网络信息中心)数据显示,截至 2015 年 6 月,我国网民规模达 6.68 亿,互联网普及率为 48.8%;手机网民规模达 5.94 亿,较 2014 年 12 月增加 3679 万人,网民中使用手机上网的人群占比由 2014 年 12 月的 85.8%提升至 88.9%。随着手机终端的大屏化和手机应用体验的不断提升,手机作为网民主要上网终端的趋势进一步明显。在这个移动互联网盛行的时代,随着受众生活习惯的改变,媒体的格局也发生了很大的变化。

❖　互联网对受众来说已不可或缺

据 2015 年赛立信城市媒体受众调查的数据显示,受众经常接触的五大媒体依次是互联网、电视、报纸、广播、杂志,接触率分别是 90.4%、85.7%、36.5%、35.4%和 23.6%;在城市受众中,超过九成的受众拥有智能手机,超过 60%的家庭可以宽带上网,拥有 Wi-Fi 的家庭也有近 50%的比例。随着互联网普及率的提升,互联网的影响力将会更盛。报纸和广播的接触率只有 1.1 个百分点的差距,随着移动收听的发展、受众对移动电台接受度的提升,广播的接触率将会赶超报纸,成为受众经常接触的第三大媒体。

数据显示,大多广播听众同时也会上网,特别是有了智能手机以后,超过 90%的广播听众同时也会用手机上网,平均每天上网的时间超过 3 小时。由此可见,随着智能手机的普及、移动互联网覆盖率的提高,互联网在受众生活中已经显得越来越重要。互联网的受众覆盖 70 岁以下的大多受众,移动互联网的受众目前较多还是年轻一族;在 50 岁以下的人群中,超过 70%是移动互联网的

受众群。在广播听众中,40 岁以下的听众同时还是移动互联网的受众群,他们每天上网的时间接近 4 小时,可见广播听众对移动互联网的依赖度更大,广播可以利用移动互联网提升受众群的忠诚度。同时,在网民中超过 30% 是广播听众,在移动互联网中有 38.3% 是广播听众,可见广播与互联网的听众融合度是比较高的。不少近年回流的广播听众群就是移动互联网的受众群,可见,广播亦可以借助移动互联网提升媒体的影响力与人气。

❖ 广播媒体的市场价值在不断提升,广播听众呈现年轻化、收入高涨的趋势

据赛立信在全国的抽样调查数据推算,2015 年上半年,全国广播听众总规模超过 6.5 亿人,其中城市听众超过 4.0 亿。庞大的听众群体,彰显了广播媒体的影响力和市场价值。车载收音平台、手机 APP、将来的车联网平台等现代广播传播通路多元化,为中青年听众收听带来了很大的方便,广播的伴随性特点也令越来越多的中青年成为广播的忠实听众。近年中青年听众的回流比例逐年上升,数据显示,2015 年上半年 45 岁以下的中青年听众占比达 67.3%,其中 25 岁以下的年轻听众占比为 17.8%,较 2013 年同期增涨了 30%。随着移动互联网的进一步普及、汽车驾驶员年轻化,广播听众年轻化趋势将更为明显。

随着私人汽车拥有量的增多,作为广播核心听众的车载人群亦增多。车载收听平台汇聚了广播收听市场中最具媒体价值的人群,以七八十年代出生、年龄在 30～45 岁的中生代为主,他们大多具有较好的文化教育背景和职业背景,具备较好的经济收入和较强的消费能力。我国进入汽车时代以后,这一平台凝聚的人群将会更广泛。2015 年上半年的数据显示,车载人群中 45 岁以上的听众占比较 2013 年同期增涨了 5.4%。

❖ 广播节目传播平台的多样化为听众结构改变提供通路

随着互联网的兴起,广播又焕发了新的生机。首先互联网丰富了广播节目的传播通道,除了传统的 FM/AM 频率传播以外,互联网为广播提供了一个很好的传播平台:网上直播和点播;各类的移动网络电台,为广播节目的传播另辟了一条通道。以浙江交通之声为例,其与荔枝 FM、喜马拉雅、听说交通、蜻蜓 FM、新浪微电台等建立了节目合作关系。精准选择与节目气质更相符的新媒体平台,音乐节目与 QQ 音乐深入合作,新闻类节目则与凤凰 FM 合作,使节目的二次传播更为精准,进一步扩大节目的影响力。

传播平台的多元化、收听终端的多样化,为受众结构的改变提供了可能。

面向不同目标听众的广播节目日益丰富,推动了受众结构及受众收听习惯的改变。2015年上半年与2010年同期相比较,使用车载移动终端收听广播的受众增加了1.1倍;使用手机移动终端收听广播的受众增加了1.25倍。使用车载移动终端和手机移动终端收听广播的受众增加,可见广播受众的年龄结构向年轻化发展。

由传统收听终端向智能手机终端和车载收听终端转化,势必带动广播收听由居家收听行为向移动收听行为转化,特别是向车载移动收听行为转化。

❖ 现代广播听众收听内容娱乐化、资讯化

在娱乐风潮下,广播节目已经逐步呈现资讯娱乐化的特点,部分资讯节目,特别是新闻节目与娱乐节目的界限呈现模糊化的趋势:在节目内容设置、选题取材上,重点丰富节目的资讯性,务求提供更多的信息;在表现形式上,强调故事特点和情节性,强化事件的戏剧效果。资讯与娱乐的结合更能够吸引听众的耳朵。例如,浙江交通之声傍晚16:00-18:00播出的《一路有你》,一个新闻脱口秀节目,考虑到下班路上受众需要放松心情、缓解压力,节目的氛围是以轻松、愉悦为主,主持人许诺和董越通过幽默搞笑的语言来解读新闻与资讯,令听众在获得娱乐享受的同时也能够听到所需的新闻与资讯,节目的收听率长期维持在3.0%左右,在杭州地区同时段节目中稳列前三甲之位,是杭州地区傍晚时段中竞争力相当强的节目。

二、全媒体时代广播收听市场的发展趋势

互联网为广播跨媒体、跨区域传播提供了一个有利的平台,使广播收听市场的竞争也日趋激烈。据赛立信2014年全国各级电台的收听市场份额数据显示,中央及省级电台的市场份额接近50%,较2013年提升了8个百分点,可见,虽然目前广播收听市场的区域化依然很明显,但已经有打破区域壁垒的趋势,集聚优势资源的电台在收听市场的竞争优势会逐步显露出来。移动互联网兴起之后,各类移动电台给传统广播带来了很大的机遇与挑战:一方面,移动电台为传统广播节目提供了一个不一样的传播平台,可以进一步扩大传统广播节目的影响力,扩大听众规模、提升广播节目的影响力;另一方面,移动电台从某种程度来说会分流部分现有的听众群,对于传统广播来说又是一个挑战。

附录二

❖ 车载收听市场将逐步成为广播电台的主战场

赛立信媒介研究 2015 年上半年不同场所的收听数据显示：移动收听市场的到达率较 2011 年提升了 9.8 个百分点，增幅为 31.8％，比居家收听市场的到达率稍高。移动收听市场在整体广播收听市场的地位已经奠定，逐步成为广播媒体关注的焦点。以杭州地区为例，2014 年汽车拥有量达 251.7 万辆，其中私人汽车拥有量是 179.94 万辆，与 2009 年相比翻了 1.5 倍；车载收听量占比超过 40％，较五年前也翻了接近一倍。车载听众的规模日益壮大，车载收听在收听市场中逐步成为主导。

车载收听市场的受众群以 30～45 岁七八十年代出生的人为主，连同九十年代初和六十年代末出生的受众，占比达到 83.0％；从职业上看，以国家公职人员、不同层级的管理者、公司职员、私营业主、个体工商户及自由职业者和城市普通职工为主，占比达 79.0％；人均收入水平在 5636 元/月，个人月均收入在 5000 元以上的占比近 50％，个人消费平均支出为 2879 元/月，占个人月收入的 50％左右；超过 60％的受众接受过高等教育。车载收听市场的受众群已经贴上"三高"的标签，良好的职业背景、高收入和强消费力，使其成为广告主关注的重点受众群，也是各大广播电台青睐的受众群。

伴随着移动互联网的高速发展以及手机网民规模的持续扩大，以依托移动互联网的智能手机为代表的智能收听终端市场在持续上升。但是，目前大部分受众仍使用手机自带的 FM（即手机调频收音机）功能收听广播，受网络费用的影响，使用移动互联网收听广播的听众依然是少数，网络电台的受众群还比较小。可见，在未来的一段时期内，车载收听市场仍是众多广播电台角逐的市场。

❖ 交通广播在整个收听市场表现优异

数据显示，2014 年的广播收听市场的主角依然是新闻、音乐、交通三类，三类频率的累计市场份额超过 80％，其中交通广播以超过 30％的份额居首位。近五年，交通广播一直领跑广播收听市场。

车载人群日益受到广播媒体的关注，在竞争异常激烈的收听市场中，交通广播的市场表现一直突出，并且还有着较大的上升空间。华东地区是国内经济发达区域，其交通广播的发展也异常迅猛。以浙江地区为例，交通广播的市场份额接近 40％，其中浙江交通之声在全省的市场份额接近 10％，是浙江地区收听率最高的频率，浙江私家车 107 城市之声居第三位；在车载收听市场，浙江交通之声又以 10.7％的市场份额居全省第一；收听率居前五位的频率中，有三个频率属于交通广播。交通广播的影响力可见一斑,究其原因,主要是以下几点:(1)车载听众的不断增多,为交通广播奠定了雄厚的听众基础;(2)交通广播的节目具备"伴随性＋资讯、音乐、娱乐"之特点,令驾车人士对交通广播的依赖性越来越大;(3)交通广播的线上线下活动带动了不少人气,以浙江交通之声为例,2014年,浙江交通之声连同浙江女主播电台两频率共开展了400多场品牌推广活动,其中,"氧气音乐节"、"文明出行"、"的士司机运动会"等品牌活动吸引了大量的驾车人士,同时也凸显了其"交通第一广播"的品牌,为其积聚了不少人气;(4)通过微信平台扩大宣传力度,拓展经营手段,广播电台除了与类似蜻蜓FM等多个新媒体平台合作以外,也建立了自己的微信平台,通过微信平台的内容推送,在扩大宣传力度的同时实现经营创收。浙江交通之声的"FM93交通之声"现已经积累粉丝95万,设有"节目互动"、"出行利器"、"车友俱乐部"等功能,每天除了推送头条以外,还有商业广告推送,并且还开发了"微信植入"、"栏目冠名"、"微信活动"等广告产品,2015年上半年实现微信广告创收数百万元。

❖ 浙江交通之声是华东地区收听表现突出的交通广播

在浙江地区,浙江交通之声以0.55％的平均收听率和9.7％的市场收听率名列全省第一名,优势明显,且在杭州地区的市场份额维持在较高水平,总体呈现上升趋势,市场竞争力逐步加强。

表1 浙江交通之声在浙江全省的收听与市场表现

	平均收听率(％)	市场占有率(％)	排名
浙江交通之声	0.55	9.7	1

数据来源:赛立信媒介研究,2014。

在细分人群中的市场表现方面,浙江交通之声在"三高"人群中的影响力较大。在本科学历、收入在8000元及以上、公职人员、职业司机、私营业主、中/高层管理人员等人群中的市场占有率均高于14.6％的整体水平(如图1所示)。

面对全媒体的激烈竞争,浙江交通之声坚持做好内容,尤其是路况、气象、航班交通等生活信息方面的内容制作,使服务更周到、资讯更符合受众需求,以互联网思维,碎片化处理声音产品,做强品牌节目。其中优势节目《93早高峰》在工作日播出节目的平均收听率排名中位居首位,也是同时段节目平均收听率第一名;《一路有你》也在16:30－19:00同时段播出的所有节目中平均收听

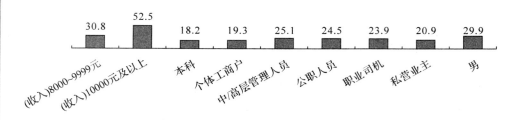

图1　浙江交通之声的细分听众市场表现(%)

数据来源:赛立信媒介研究,2014。

率位居第一(见表2)。

表2　2014年浙江交通之声工作日播出节目平均收听率排名TOP5

排名	节目名称	播出时间	平均收听率	市场占有率	同时段节目排名
1	93早高峰	06:30—09:00	1.77%	16.5%	1
2	一路有你	16:30—19:00	1.51%	18.7%	1
3	93第一财经	09:00—10:00	1.22%	15.0%	2
4	一听可乐	12:00—14:00	0.97%	14.9%	2
5	丁建刚房产时间	14:00—15:00	0.90%	14.8%	2

数据来源:赛立信媒介研究,2014。

三、全媒体时代交通广播面临的"危"与"机"

❖　全媒体时代交通广播"危""机"并存

新媒体的兴起和普及,使媒介竞争格局发生了巨变,移动互联网、云计算和数字音频技术正将广播媒体推向前所未有的发展高度,交通广播正处于新媒体的包围之中,面临严峻的挑战。

首先,路况信息这一本属交通广播专有的资源,正面临割据局面。交通广播受到来自网络、移动媒体等新媒体以及政务信息公开的全面围攻,尤其是跨行业的高德地图、谷歌地图和车联网等等的出现,使得交通广播的资源垄断优势被消解。

其次,在全媒体时代,用户已经养成了人机交互的生活方式,而交通广播总体还沿用单向播放的模式,广播节目还延续传统的生产方式,产品比较单一,不能提供点对点、个性化、多样化、全方位的服务,缺少紧密融合的互动方式,一定程度上影响了听众体验。

再次，交通广播的主要受众群体是驾车司机和乘客，他们除了接收即时路况信息以外，对新闻资讯、音乐娱乐、都市时尚等节目也有强烈的需求。在听众综合性的信息收听需求面前，交通广播的短板凸显，诱发其他类型频率与交通广播抢占听众资源。

然而，"危"与"机"总是相辅相成的。在移动互联时代，交通广播也迎来快速成长的契机。交通广播与其他广播媒体相比较，其机遇体现在交通信息的专业性与广播特性相结合。

一是路况信息的发布与共享。这是交通广播最突出的优势。得益于各地建设的城市智能交通管理系统的自动采集功能以及听众提供精准位置和即时动态路况信息，交通广播有了更为广泛的交通信息的采集渠道，能全面、准确、及时地掌握道路交通状况，形成地面道路交通疏导、指挥相结合的城市交通疏导指挥系统。

二是社会资源优势。交通广播在社会上有着特殊的地位，承担着"应急广播"的责任，掌握着公路、铁道、航空、气象、医疗等众多公共关系资源，形成了自己独有的新闻网络，在突发事件、交通疏导、灾区救援、预警发布、事故处理等方面彰显了独特的功能。

三是广告增值。交通广播的主要受众是驾车人士，除了出租车司机，更多的是私家车主，这批听众的消费能力强，受教育程度高，是社会的中坚力量，被广告商视为广告投放最直接的目标受众。相对于各种新媒体，交通广播在组织车友俱乐部的互动、旅游资源推荐、无缝的车务和车旅服务等活动中具有直接、受信赖等优势，便于开展增值服务，开拓营收渠道。

❖ 浙江交通之声应对收听市场中"危"与"机"的对策及其效果

面对上述形势，浙江交通之声结合新媒体尝试了门户网站、数字广播、微博、微信、APP等应用，并积极举办各类活动，扩大品牌影响力。

浙江交通之声一直强化"交通特色的新闻资讯台"的频道定位，紧紧围绕交通出行打造"交通第一广播"频道品牌，与杭州GPS中心、嘀嘀打车、杭州汽校、浙江省公路局、杭州巡特警等单位签署了战略合作协议；在浙江交通应急综合指挥中心、浙江智慧高速监控中心、杭州GPS中心设立直播室，为频道在路况信息发布、应急救助、突发新闻报道等方面提供重要支持。

浙江交通之声"用活动促创收"，全年活动超过200个，主要有两大系列外加两个"节"。两大系列是"文明出行"系列和"爱心浙江"系列,两个节是"氧气音乐节"和"浙江听友节"。其中,"氧气音乐节"吸引食品、汽车、服装、互联网等多行业客户参与,2014、2015年仅广告相关创收就超过320万元。"文明出行全省巡回宣传大型公益活动"一个月走遍浙江十一地市,2014年活动创收近200万元,2015年创收达260万元,影响人群超千万次;"温暖回家路"活动吸引多家企业联合助力,为春运出行提供有利保障,创收超百万元。

四、全媒体时代广播与新媒体的融合之路

❖ 广播与新媒体融合的现状

广播与新媒体的融合,分为节目内容、技术应用、经营推广三个层面。广播电台开放更多 UGC 内容,传统节目引入互联网思维,大胆创新,鼓励生产适合多终端推广的多样化节目,更好地契合移动互联网用户的媒介使用需求和行为习惯,提高用户体验。

在技术与经营方面,传统广播与新媒体融合采用"APP＋微信公众账号"并举模式,强化资源整合,开展多平台多渠道宣传推广。例如,湖南电台推出的芒果 TV、上海电台开办的阿基米德 FM,还有服务类 APP 蜗牛车车(江苏电台,汽车)、贝果(山东电台,母婴)。而微信开放授权"接口"给第三方开发者,可用于电台微信公众账号功能的拓展和相关业务的定制开发。传统广播借移动互联网的发展机遇,针对不同的移动智能终端推出可以实时互动和在线直播或者点播的客户端,广播媒体向"可视、可听、可读"的趋势发展,传播范围越来越广,受众结构更趋合理。

❖ 浙江交通之声在媒体融合方面取得的成果

交通广播的发展既在于传统广播自身优势的深度挖掘与释放,更在于融合新媒体的战略转型。浙江交通之声坚持"服务主业,有机发展"的新媒体拓展原则,立足本土优势,利用自身资源,在全媒体融合发展方面取得新成效。把微博、微信、网络收听、手机终端等充分融入节目和活动,让听众的想法、需求、问题、期待都在节目制作、播出、互动的每个环节得到有效呈现,改变"主持人＋资料＋报道＋微信"的广播节目生产习惯,在节目策划、组稿、播出、播后各环节引入听众意见、听众声音、专家观点,变"我主导"为"我引导,你参与,我呈现"、"你主导,你设计,你参与,我呈现"等生产方式,使节目成为公众共同参与的节目,

真正实现"碎片化、互动、跨界、体验"的节目生产理念。

（1）借船出海，巧用微信通道。浙江交通之声微信公众号"FM93交通之声"于2012年8月上线，是全国首批上线的公众号。截至2015年8月16日，公众号粉丝数为96万，微信文章日均阅读量在200万次左右，头条平均阅读量在15万以上，单条平均阅读量为6万左右。2015年上半年，浙江交通之声的微信广告推送创收400多万元。

（2）大力寻求与流媒体广播的合作。浙江交通之声与荔枝FM、喜马拉雅、听说交通、蜻蜓FM等建立了节目合作关系，音乐节目与QQ音乐深入合作，新闻类节目则与凤凰FM合作，精准选择与节目气质更相符的新媒体平台，推出节目互动、信息下载、活动参与等实用功能，有效搭建频道与听众间的纽带关系，形成围绕频道品牌的多个"圈子"。2014年"你是女主播"活动推广中，交通之声与荔枝FM及腾讯微视等合作进行面向全国的网络海选，吸引全国报名人数近万人。

（3）充分黏合网络媒体，全面探索广播增值空间。浙江交通之声开展与腾讯网、淘宝网的全面深度合作，并与新蓝网、浙江在线、大浙网、19楼等浙江省内网络媒体互动合作，在"爱在后备厢"、"氧气音乐节"、"文明出行"、"高速婚礼"等大型活动中取得显著成效。

❖ 对广播与新媒体融合的思考

移动互联电台来势汹汹地冲击传统广播市场，传统广播渠道价值被移动网络电台挤压。喜马拉雅、考拉FM、荔枝FM、蜻蜓FM、优听Radio等音频应用受到资本市场的热捧，相继完成B、C轮千万美元量级甚至更多的融资。如果音频APP利用融资买断电台的优质内容，改变用户利用传统渠道收听广播的习惯，有可能导致音频APP平台火爆，而广播电台渠道受冷，传统广播渠道将受制于人。

电台鼓励节目主持人入驻移动网络电台，参与在线内容生产，在操作上将面临一些实际的问题：一是主持人参与音频APP的内容生产，其版权责任需明确；二是电台花重金打造的金牌主持人，一旦有更好的机会，就会另择良木，可能造成电台大量优秀主持人资源的流失；三是去体制化，增加了监管方面的难度；四是主持人是否会为了"外快"而利用电台节目资源为自己宣传，侵占电台资源。

车联网的发展与汽车无人驾驶技术的完善，也将可能从根本上改变驾车用户的媒体接触行为。在未来的车联网时代,车载收音机也许会演变成另一个类似智能手机的移动智能终端,加上语音识别技术的完善,通过声音指令就可以从车载智能终端调取、获得任何网络信息与服务,传统广播的伴随性优势将会荡然无存。

广播与新媒体融合不仅仅给传统媒体的内容传播提供了众多新途径,它带来的变化也是多方面的。广播要想获得长远、持续发展的后劲,必须依靠市场的强大支撑与驱动,才能真正做大做强,也才真正符合广播媒体自身的发展逻辑。

在全媒体时代,随着各种移动智能终端的推出与迭代,受众的媒体接触行为与生活方式都发生了深远的变化,对媒体的期待与需求也产生了较大的变化。新兴技术不断的涌现与普及,给广播等传统媒体带来不少冲击,既是威胁,同时也是机遇。如何在时代变迁过程中顺利实现转型升级,保持广播媒体的影响力与生命力,值得我们每一位广播人思考、创新与实践。

索　引

后　记

　　本书是浙江大学新闻传媒与社会发展研究所吴红雨副教授,徐敏副所长带领"中国交通广播的社会价值研究"课题组成员,从 2012 年 11 月到 2013 年 11 月,耗费一年时间,采访全国多个交通广播电台,并重点聚焦浙江广电集团交通之声,通过对大量丰富的第一手资料的研究而形成的关于中国交通广播的学术作品。

　　2012 年 11 月中旬,我们在浙江广电集团交通之声会议室开始了围绕交通之声创办历史的第一次集体访谈,从而拉开了课题研究的序幕。自此以后,我们相继走访了上海、北京、广州等大都市中的交通广播电台,了解当年交通广播的创办历史,寻访第一任建台者。在上海电视台总编室,现已卸去上海交通广播电台台长职务的乐建强先生,侃侃而谈这个当年全国第一家交通广播的创建趣闻。而原羊城交通广播电台台长林玲则不无自豪地说到当年全国多家交通广播电台带队来羊城交通广播取经的往事。

　　采访是一件有趣的事情,了解历史,能更清楚地明白现在的处境。

　　这也是本书为什么采用现在这样的一个结构与形式的原因,我们希望保留原生态的谈话生命,留下这些媒体人鲜活的气息。在对个案浙江广电集团交通之声的研究中,我们总共录制了超过 40 个小时的访谈,仅录音的文字输出就将近 50 万字。庞大的数据资料,生动的人物访谈,使我们无法割舍而希望在书中以最真实的原生态呈现。

　　本书目前的体例与结构,是我们课题组成员在多次讨论后确定下来的。虽然我们走访了多家交通广播媒体,但浙江广电集团交通之声始终是我们研究的典型与重点,其理由在书中已给予具体阐述。其为一。我们把访谈内容与理论阐述杂糅在一起的类似学术对谈的做法,也是希望既可以增加生动气息,同时也能保证学术的理性价值。其为二。

凡此种种，说起来容易，做起来都很难。课题组所有成员分工协作，同心协力，才有了今天的阶段性成果。我们难忘一个个被"攻克"的采访对象，难忘一次次采访后的文字整理，难忘一轮轮头脑风暴的讨论会。

课题组所有成员包括：

徐敏、吴红雨、邵志择、汪凯、俞婉泺、甘甜、朱舒蕾、许怡、余列平、崔敏、俞吉吉、陈越、朱丽、陈抗、黄莉、王雁、郭华省等。

要特别感谢复旦大学新闻学院黄旦教授、浙江大学传媒与国际文化学院吴飞教授在课题进行过程中给予的指导与帮助。他们无私地贡献了自身的学识与思想，帮我们一起找到交通广播媒体与城市传播的联结点。

感谢亲爱的同事邵志择、汪凯，在我们最焦虑的时候，承担了一部分书稿的修改与撰写，这种平淡之中显山露水的友情让我们格外珍惜。

我们的研究生甘甜、朱舒蕾、许怡、俞婉泺、余列平、崔敏、俞吉吉、陈越、朱丽、陈抗、黄莉，他们参与了许多繁琐但有价值的工作：调查访谈、文献梳理、录音转述、记录撰写等等，如果没有他们的积极跟进，就没有今天的成果。

要特别感谢浙江广电集团交通之声的总监张立先生、副总监鲍平先生，没有他们的信任与支持，没有浙江广电集团交通之声这样一个生动的个案，我们的理论研究将苍白贫乏，甚至无法聚焦。感谢郭华省先生在工作如此繁忙的情况下，还阅读了整本书稿并提出了修改意见。

同时感谢所有接受过我们采访的交通广播人，从他们身上，我们看到了中国媒体人积极变革的勇气与力量。

他们是：浙江广电集团副总编辑董传亮；原浙江省公安厅副厅长凌秋来；北京广播电视台常务副台长兼北京人民广播电台台长；上海广播电视台总编室副主任，曾任上海交通广播电台台长乐建强；浙江广电集团交通之声总监张立；浙江广电集团交通之声副总监鲍平；广东人民广播电台总编室主任，原羊城交通广播电台台长林玲；浙江广电集团交通之声副总监兼广告部主任张欣；浙江广电集团交通之声副处级调研员（原副总监）程珉；浙江广电集团交通之声副处级调研员（原广告部主任）马良奎；浙江广电集团交通之声总编室副主任王雁；浙江广电集团交通之声93节目中心主任张家英；浙江广电集团交通之声综合办主任郭华省；浙江广电集团交通之声93节目中心副主任何巍；浙江广电集团交通之声多媒体部主任秦晓峰；等等。

要特别感谢在课题进行的整个过程中，给予很大帮助的王雁女士，没有她的联系安排,我们无法完成对全国多家交通广播电台的调查与访谈。

最后,感谢徐婵,我们的编辑。希望此书能成为对学界与业界都有用的一本书。

作者

2013 年 11 月